《豪门盛宴》巴西世界杯回顾

他们的战场 我们的盛宴

2014年

2014《豪门盛宴》栏目组 主编
刘卿羽 著

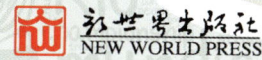

图书在版编目（CIP）数据

他们的战场 我们的盛宴：《豪门盛宴》2014年巴西世界杯回顾 / 2014《豪门盛宴》栏目组主编；刘卿羽著 . -- 北京：新世界出版社, 2015.7

ISBN 978-7-5104-5389-2

Ⅰ.①他… Ⅱ.①2…②刘… Ⅲ.①足球运动—杯赛—概况—世界—2014 Ⅳ.① G843.732

中国版本图书馆 CIP 数据核字（2015）第 174796 号

他们的战场 我们的盛宴
《豪门盛宴》2014年巴西世界杯回顾

作　　　者：	2014《豪门盛宴》栏目组◎主编　刘卿羽◎著
选题策划：	李凯声
责任编辑：	丁　鼎
装帧设计：	魏芳芳
责任印制：	李一鸣　黄厚清
出版发行：	新世界出版社
社　　址：	北京西城区百万庄大街24号（100037）
发行部：	（010）6899 5968　（010）6899 8705（传真）
总编室：	（010）6899 5424　（010）6832 6679（传真）

http://www.nwp.cn
http://www.newworld-press.com

版权部：+8610 6899 6306
版权部电子信箱：frank@nwp.com.cn

印　　刷：	三河市骏杰印刷有限公司
经　　销：	新华书店
开　　本：	710mm×1000mm　1/16
字　　数：	320千字　印张：20
版　　次：	2015年8月第1版　2015年8月第1次印刷
书　　号：	ISBN 978-7-5104-5389-2
定　　价：	59.80元

版权所有，侵权必究

凡购本社图书，如有缺页、倒页、脱页等印装错误，可随时退换。

客服电话：（010）6899 8638

"飞翔的荷兰人"——范佩西

"新法军"惊艳亮相世界杯

墨西哥门神奥乔亚"一战封神"

一代门神圣卡西跌落神坛

卫冕冠军西班牙的"帝国坍塌"

"瑞士梅西"沙奇里上演帽子戏法

苏亚雷斯世界杯赛场上演惊世一"咬"

韩国队遗憾回家，亚洲球队集体上演"亚洲悲"

利物浦双星惺惺相惜：苏亚雷斯安慰杰拉德

英格兰"双德"告别世界杯

克林斯曼与勒夫上演世界杯版"老友记"

德国门神诺伊尔创造"门卫"新名词

J罗率哥伦比亚小组头名出线

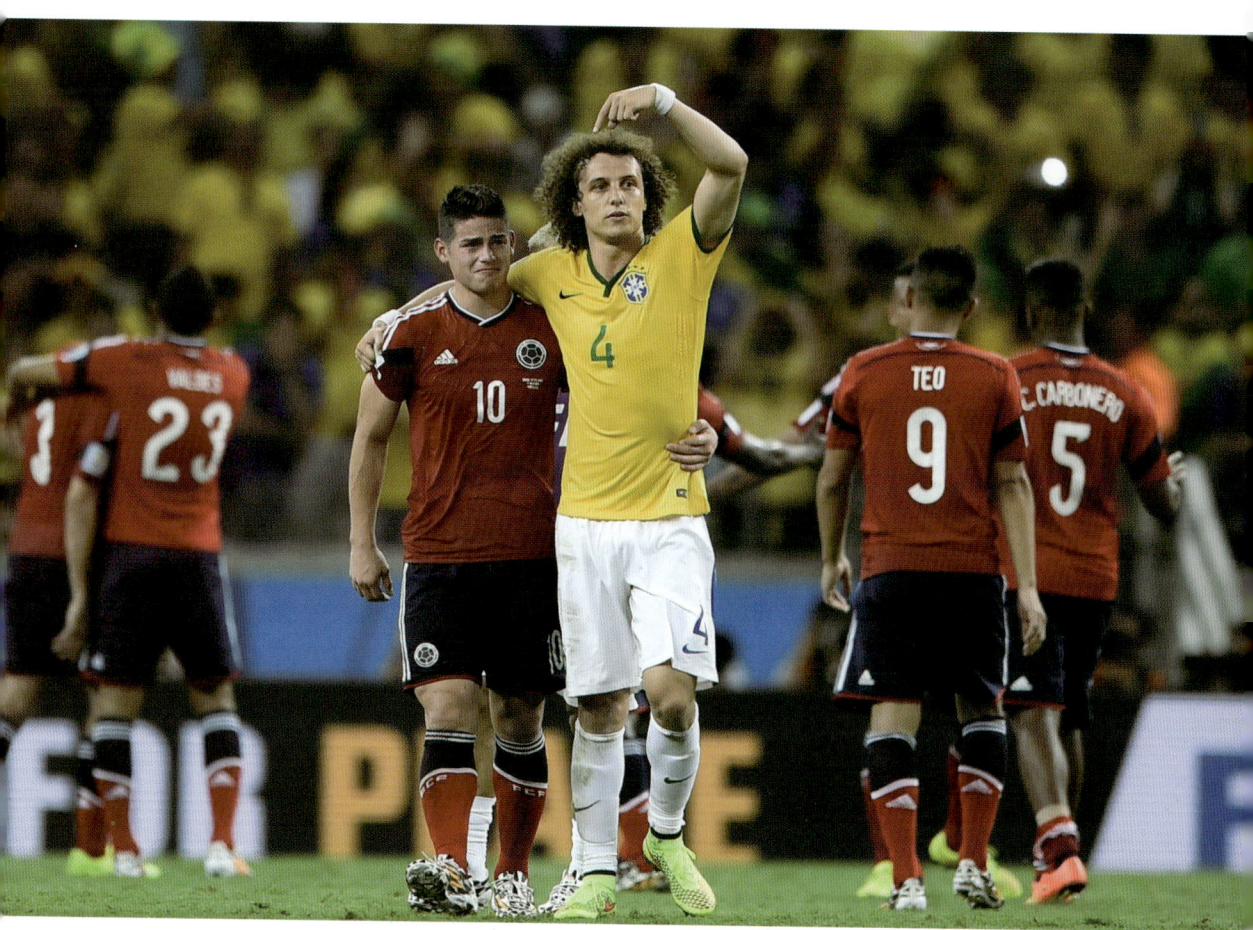

大卫·路易斯安慰J罗

内马尔向球迷示爱

内马尔受伤,东道主巴西憾失头号球星

德国老将克洛泽勇夺世界杯历史最佳射手

1:7，东道主巴西惨负德国

意大利 VS 乌拉圭：皮尔洛与俱乐部队友卡塞雷斯上演双人舞

梅西、罗本，英雄惜英雄

梅西独战"日耳曼群雄"

梅西距离大力神杯"一步之遥"

日耳曼战车加冕大力神杯

《战场》环节，主持人张斌与嘉宾张路解析比赛

主持人张斌与嘉宾林志玲、郎朗开心互动

邓超教俞白眉、王梁、杨茗茗、于嘉跳舞

主持人王梁与嘉宾陈柏霖在《动物世界杯》环节中与现场球迷互动

"豪门盛宴"上嘉宾李艾大秀脚法

《舌尖上的世界杯》环节,意大利大使介绍各式甜点

《舌尖上的世界杯》环节,主持人、嘉宾与墨西哥大使共聊美食

《豪门盛宴》嘉宾张路、国际级裁判孙葆洁与现场观众

《豪门盛宴》央视总部 E03 导播间，各工种在紧张直播中

2014年《豪门盛宴》栏目组工作人员于央视总部E03演播室（摄影：孙楠）

说来话长

中央电视台主持人　张　斌

《豪门盛宴》，说来话长。

那是2004年，欧洲杯摆在了眼前。那时候敢想敢干，想法、热情、时间和干活儿的人一样也不缺，只嫌节目时间短。好像10年前并没有人天天要求你创新，但团队上下无不"自奋蹄"，那真是好日子，如今回想起来，大家伙儿是呼啸着直奔2006年德国世界杯而去的。再兴奋，做节目也是一件痛苦的事情，尤其是在你有心无力之时，总不能超越自己，翻版、翻版、再翻版。2004年其实已经有些苗头了，进到电视台之后和师傅们学到的几手功夫基本上已经不够支撑大场面，需要搞些新意思了。频道给出宽阔的空间，傻小子们只要不困，从"一黄"① 一直可以杀到东方鱼肚白。那一年还真有一个环节就叫《杀出个黎明》，很是矫情地向昆汀致敬，领导没太在意，也就这样了，容忍我们打打杀杀的。

有个提气的名字，对于一个急于打开局面的节目是何等重要。大赛前，想象着给球迷们来一档指南类节目，那得多么贴心啊。节目七拼八凑干成了，日后成为著名出版人的苦命编辑贡献了一个闪光的名字——《豪门盛宴》。终日里苦思冥想的我等终于得救，那就来他一场"豪门盛宴"吧。大家听了都说好，广告客户也说好。比赛开场前，我们拉足了架势尽管折腾，葡萄牙与北京之间始终热线不断。

必须承认，我们也曾是，或者说如今也是一群渴望讨好观众的制作者，也

---

① "一黄"是业界对央视综合频道黄金时段的简称。

毫不例外地在这个娱乐为王的时代里，按照自己的理解，力所能及地企图让本已足够娱乐的体育再多几分中国式"快餐娱乐"。至于说样板嘛，早有同行准备好了，各种养眼和悦耳的表现手法易学易懂。因此，那一年，在《豪门盛宴》的舞台上，有了"足球宝贝"，节目组竭尽全力淘换到所有参赛队的球衣让她们穿上，披着国旗走台。那年夏天，恰逢北京车展，白天，模特姑娘们为好车站台；晚上，在节目里强度不大，也算是休息吧。大家心里都暗含着坚信，有这些姑娘了，是不是可以吸引更多眼球，算是给爱看足球的坚定受众群的小小福利。根本不记得10年前的收视率到底是多少了，那年头根本不必为此焦虑，总是气吞万里如虎的。因此，也就不曾度量过那些小福利是否真能有拉动收视率的微妙作用。节目做到半程时，我已经意识到，姑娘们大致上不过是礼仪或是背景的作用，做这一类节目我们还是有心无力，直至后来多年，也就很少再有模特登台了，渐渐地，"低俗"这个词的使用频率也高了。听同事说，2004年是一个看不见的"分水岭"，自那之后，电视体育的传播统治力开始缓慢消减，收视率的落差之大让人如今看来心惊肉跳的。

　　2004年之后发生了些什么呢？一言难尽。电视制作本身发生革命了吗？答案应该是肯定的，受众的娱乐与沟通方式日新月异，稍有懈怠，电视人的日子就会越来越紧。事实如此。还是2004年，让歌星进演播室唱歌助兴还算新鲜，好听的歌配上歌星身后大屏幕上的足球超级慢动作，那就算成功了。有大腕儿，还是很有面子的。也有人会问我，歌星唱的歌和足球有啥关系啊？唉！这咋回答啊。最终，爱足球的就多说几句，对足球无感的，唱完就走，休要啰嗦。那年沙宝亮来了，带来了绝对的代表作《暗香》，我俩站在舞台上，就等广告播完他开唱了。沙宝突然问我，唱完了咱们交流些啥呢？是啊，爱体育的他对足球还算不上业余初段的水准。我赶忙出主意，你的歌里不是有那么一句吗——"当花瓣离开花朵"，就算是以此献给那些爆冷被淘汰出局的强队吧。好的，就这么说了。一曲唱罢，我们俩惟妙惟肖地一问一答，成功过渡了。

　　10年后，李宇春和张靓颖要来《豪门盛宴》了。2006年，节目组与《夜宴》电影出品方合作，让冯小刚和谭盾等来演播室聊聊世界杯，片尾曲由张靓颖演唱。"超女"还从没有进入CCTV演播室的先例，只好再等等，再等等。当谭盾先生将片尾曲的精神内涵与大力神杯的残酷竞争死命编织在一起时，片尾曲也只能让观众从大屏幕上的MV里听上一耳朵罢了。2014年，有先例了，好多啦。某天直播结束后，导演告诉我稍等一下，李宇春要来彩排，还要当面交流一下第二天节目里采访的问题。果真，她来了，很认真地走了台，几个问题很快地过了一遍，一个认真诚恳的艺人。听说李宇春有近4000万粉丝，她来台里做直播，南门聚着一群忠实粉丝。那一晚的《豪门盛宴》收视率不错，我愿意将头功记在她的名下。

继续说娱乐。2006年的《豪门盛宴》开始使用观众看着新鲜、自己用着兴奋的增强现实和技战术分析技术系统，足球比赛的虚实两度空间算是完全形成了。此后多年，我们一直在跟这些技术较劲，就像孩子们玩着心仪的游戏。但这些大部分还是我们自己的事情，观众并不敏感。"娱乐"不断地在牵着我们的鼻子向前，2010年的《豪门盛宴》有意无意间成了那个夏日里档期电影必选的推荐平台。周星驰在台上大谈梅西，廖凡将《让子弹飞》的主演们排成一个首发11人的模样。到了2014年，娱乐还在继续。《绣春刀》来了，口碑好票房平平;《变形金刚4》来了，新的票房纪录有了，逼着姜文必须将目标定到20亿。

《豪门盛宴》到底是怎样的节目？它有不变的基因吗？足球专业性的体现方式到底该向哪里行进？这都需要回答。其实呢，不必故弄玄虚，不过是个节目，一个空间、一段时间，没有一定的模式。但它需要制作者有些智慧，不缺乏创造力，有端正的态度、必要的品位。10年来，我们一直在积极应对种种要求，力不从心之感常有，批评之声不断。依我之见，大家要的是好看的足球，要的是周到的陪伴，任何炫技就都算了，任何不诚恳都会被一眼识破。2016年又是欧洲杯了，《豪门盛宴》依旧在考验我们。迎战吧，勇气尚在的我们！

豪门重启　盛宴新张

著名足球评论员　张　路

第一次参加央视的世界杯转播是1994年的《绿茵金辉》，韩乔生老师和我坐在解说台前分析评论比赛，侃侃而谈，也曾轰动一时。那时的节目是以专业性、权威性为主旨，这种形式延续了10年。

到2004年欧洲杯，张斌老师接手了专题节目，推出《豪门盛宴》，大幅度拓展了世界杯报道的时间与空间，新闻内容比过去大大地丰富了，节目形式也从过去的坐台评论式变成了站台综艺式，舞台设计花团锦簇，穿插了文艺节目和明星访谈等内容，还增加了许多新的技术手段，令节目的观赏性全面提升。当然，主要突出的还是新闻性和专业性。节目推出后广受好评，《豪门盛宴》逐渐成为央视体育的一大品牌，延续了10年5届大赛，我也都有幸参与其中。

2014年世界杯来临，各家媒体都开始大炒特炒，央视这边却迟迟没有动静，直到还有一个多月了才通知我节目形式有所变化，要向娱乐化方向靠，由一位擅长娱乐节目的女导演接手。说实话，我有点心存疑虑——我的风格历来是专业的、严肃的，能和娱乐化相容吗？再说足球在球迷心中近乎神圣，他们能接受娱乐化吗？另外，一个女导演能懂得足球吗？能反映出世界杯的精髓吗？带着种种疑虑，我去见女导演和她的团队。她热情地迎出门外，自我介绍道："辛少英，是《城市之间》的总导演。"《城市之间》我也常看，很轻松有趣的节目，尤其是一些老外被牛追得乱跑，狼狈不堪，表现出恐惧与逃生的欲望，太搞笑了。于是我对辛导的幽默感颇为认同。

辛导向我介绍了她的团队和节目的设想，确实增加了不少娱乐化的板块，但也最大限度地保留了张斌老师的主导风格和我的专业化内容，兼收并蓄，应当是不错的。人的第一面很重要。辛导给我的第一印象非常好——真诚、热情、理智、平和，会是一个好相处的人。再说领导确定的事就要坚决执行，这叫觉悟，现在叫职业精神。于是我表态：一切按辛导的要求办，今后加强沟通，相信会合作愉快。我只提了一点，就是强烈要求参加美食板块，因为就这么点业余爱好，机不可失。辛导高兴地接受了我的要求，会谈在亲切友好的气氛中结束。

2014年6月12日，辛版《豪门盛宴》正式开播。第一期因为不熟练出了一些小状况（观众看不出来），后来就一路顺风了。娱乐内容的增加令节目的受众群体更加扩大，国际交流的增加令节目的影响力也大大提升，各国大使争先恐后前来为本国球队宣传助威，明星大腕如郎朗、李冰冰等也都应邀前来大谈与足球的种种情缘。据说观众最爱看的是"明星踢准"的环节，每当看到如花似玉的美女们惊声尖叫，滚落尘埃，他们就抓耳挠腮，乐不可支。当然美食板块也是一大亮点。各国大使带着本国美食摆满一桌，与主持人和明星们围坐品评，令我们垂涎欲滴。奇怪的是，诸位明星的胃口都是极好的，从来没有人拒绝美食，所以我也很少能等到空座挤到餐桌上去。好在辛导还记得对我的承诺，每次总让人送些过来，我也算尝到过正宗的西班牙火腿、阿根廷烤肉和墨西哥卷饼了。

伴随着辛版《豪门盛宴》，我和剧组全体人员一起度过了紧张而愉快的33天。当节目结束时，大家恋恋不舍，很多球迷也怅然若失。节目取得了巨大成功，收视率屡创新高，领导和观众好评如潮，《豪门盛宴》的宗旨——"宣传足球、服务大众"得到了进一步弘扬。这一品牌节目在改革和探索中不断进步，我有幸参与其中，也是人生不可多得的经历。

希望本书能把这段精彩的故事记录下来，以飨后人。

作者自序

刘卿羽

夏梦无痕，只因散落的，是那曲终人散时的不舍与茫然。光阴的帷幕徐徐落下，才发现——足坛传奇如水，不变的是10年光影中，那席流动的绿茵盛宴。

狂喜、悲伤、激动、遗忘……

10年间，3届欧洲杯、3届世界杯，多少球迷、多少观众，一边看着节目，看着比赛，一边慢慢长大，走过自己的学生时代、青年时代，渐渐步入而立甚至不惑之年……

10年间，多少荡气回肠的比赛成为经典，多少一战封神的球星成为传奇，又有多少走下神坛、卸下戎装的巨星和老将，渐渐远离世界足坛的舞台中央，在时间的流转中，相忘于那片熟悉的绿茵场……

或许，只有在时间的节点，才能看清岁月的模样。

在这样的时刻，一个人在桌案旁，安静地细数往昔绿茵场上那些点滴的美好。就那么复杂着，简单着，整理着，细细地品味着内心深处对于足球、对于《豪门盛宴》的思绪。温暖的春风吹去岁月的残冬，却吹皱了心湖的平静，岁月匆匆间，离别的是往事如烟，而身边紧紧相依的却是我们与足球那份真情中的平平淡淡。

人生种种，恰似绿茵场上的4年一轮回。不再狂悲狂喜，而是在心中种下一份笃定，让光阴给予我们绿茵场上的最好答案。一如变换的四季、增长的年轮，慢慢地趋于自然。也许生活原本如此：平凡而普通，简单而平淡。正因为这样，足球带给我们的惊喜与感情，才让我们在行走中的笑容如此甜美，力量如此强大！

真的希望,在中国足球蓬勃发展的时节,《他们的战场 我们的盛宴》一书可以为我们校园足球的孩子们带来一份对足球的希冀,为我们社会草根足球的大朋友们沉淀一份属于自己的绿茵记忆!

走过10年,我们在《豪门盛宴》收获了金色的回忆,也许我们如风般的青春岁月早已曲终人散,但是我们收获的是生活与足球,懂得了最珍贵的永远是平淡中的陪伴。

目录

1　　6月13日 / 3
赛场　巴西 3:1 克罗地亚 / 3
《豪门盛宴》解读世界杯 / 6
　　【张斌语录】/ 6
　　【绝对巨星】内马尔 / 7
　　【舌尖上的世界杯】西班牙海鲜饭 / 8

2　　6月14日 / 9
赛场　墨西哥 1:0 喀麦隆 / 9
赛场　荷兰 5:1 西班牙 / 11
赛场　智利 3:1 澳大利亚 / 14
《豪门盛宴》解读世界杯 / 16
　　【张斌语录】/ 16
　　【绝对巨星】范佩西 / 17
　　【动物世界杯】澳大利亚袋鼠 VS 智利鸵鸟 / 18
　　【舌尖上的世界杯】荷兰美食蔬菜马铃薯泥 / 19

3　　6月15日 / 20
赛场　哥伦比亚 3:0 希腊 / 20
赛场　乌拉圭 1:3 哥斯达黎加 / 22
赛场　意大利 2:1 英格兰 / 24
赛场　科特迪瓦 2:1 日本 / 28
《豪门盛宴》解读世界杯 / 30
　　【张斌语录】/ 30
　　【绝对巨星】巴洛特利 / 31
　　【N角度】哥伦比亚队 VS 希腊队——《百年孤独》与《荷马史诗》/ 31
　　【舌尖上的世界杯】哥伦比亚鸡汤饭 / 32

4　　6月16日 / 33

赛场　瑞士 2:1 厄瓜多尔 / 33

赛场　法国 3:0 洪都拉斯 / 35

赛场　阿根廷 2:1 波黑 / 37

《豪门盛宴》解读世界杯 / 39

　　【N角度】法国队 VS 洪都拉斯队——法国文学、古印第安文化解读 / 39

　　【动物世界杯】瑞士奶牛 VS 厄瓜多尔秃鹫 / 41

　　【传奇】世界杯上我们追过的男神 / 41

　　【舌尖上的世界杯】波黑肉饼 / 42

5　　6月17日 / 43

赛场　德国 4:0 葡萄牙 / 43

赛场　尼日利亚 0:0 伊朗 / 46

赛场　美国 2:1 加纳 / 48

《豪门盛宴》解读世界杯 / 50

　　【张斌语录】/ 50

　　【传奇】武僧佩佩 / 50

　　【N角度】加纳队 VS 美国队——动画片角度回顾 / 51

　　【动物世界杯】波斯狼 VS 尼日利亚雄鹰 / 52

　　【舌尖上的世界杯】厄瓜多尔虾沙拉 / 53

6　　6月18日 / 54

赛场　比利时 2:1 阿尔及利亚 / 54

赛场　巴西 0:0 墨西哥 / 55

赛场　韩国 1:1 俄罗斯 / 57

《豪门盛宴》解读世界杯 / 59

　　【张斌语录】/ 59

　　【历史上的黄油手】/ 60

　　【花蝴蝶坎波斯】/ 60

　　【N角度】俄罗斯诗意 VS 韩国想象力 / 61

　　【动物世界杯】比利时狮子 VS 阿尔及利亚骆驼 / 62

　　【舌尖上的世界杯】比利时西红柿配灰虾仁 / 63

7　　6月19日 / 64

赛场　澳大利亚 2:3 荷兰 / 64

赛场 西班牙 0:2 智利 / 66
赛场 喀麦隆 0:4 克罗地亚 / 68
《豪门盛宴》解读世界杯 / 70
  【张斌语录】/ 70
  【再见西班牙】/ 70
  【卫冕冠军的魔咒】/ 71
  【N角度】克罗地亚队 VS 喀麦隆队——克罗地亚"狂想曲"送别非洲雄狮 / 72
  【动物世界杯】澳大利亚袋鼠 VS 荷兰狮子 / 73
  【舌尖上的世界杯】智利什锦海鲜煲 / 74

8 6月20日 / 75
赛场 哥伦比亚 2:1 科特迪瓦 / 75
赛场 乌拉圭 2:1 英格兰 / 77
赛场 日本 0:0 希腊 / 78
《豪门盛宴》解读世界杯 / 79
  【张斌语录】/ 79
  【N角度】希腊队 VS 日本队——斯巴达勇士大战圣斗士 / 79
  【动物世界杯】哥伦比亚雄鹰 VS 科特迪瓦大象 / 81
  【传奇】杰拉德宿命 / 82
  【世界杯上的眼泪】/ 82
  【舌尖上的世界杯】希腊食之神话什锦蔬菜包饭 / 83

9 6月21日 / 85
赛场 意大利 0:1 哥斯达黎加 / 85
赛场 法国 5:2 瑞士 / 87
赛场 洪都拉斯 1:2 厄瓜多尔 / 89
《豪门盛宴》解读世界杯 / 90
  【张斌语录】/ 90
  【传奇】德尚再造新法军 / 91
  【哥斯达黎加的荣耀】/ 92
  【N角度】法国队 VS 瑞士队——奢华时尚 VS 古朴唯美 / 92
  【动物世界杯】洪都拉斯美洲豹 VS 厄瓜多尔秃鹫 / 94
  【舌尖上的世界杯】哥斯达黎加巴婚男人饭 / 95

10　6月22日 / 96
赛场　阿根廷 1:0 伊朗 / 96
赛场　德国 2:2 加纳 / 97
赛场　尼日利亚 1:0 波黑 / 99
《豪门盛宴》解读世界杯 / 100
　　【张斌语录】/ 100
　　【传奇】又见空翻 / 101
　　【N角度】阿根廷队 VS 伊朗队——共舞世界杯探戈激情 / 102
　　【动物世界杯】尼日利亚雄鹰 VS 波黑狼 / 103
　　【舌尖上的世界杯】伊朗萨布兹普鲁 / 104

11　6月23日 / 105
赛场　比利时 1:0 俄罗斯 / 105
赛场　韩国 2:4 阿尔及利亚 / 106
赛场　美国 2:2 葡萄牙 / 108
《豪门盛宴》解读世界杯 / 110
　　【张斌语录】/ 110
　　【传奇】世界杯上的绝处逢生 / 111
　　【变形金刚 & 世界足坛 TOP 5】/ 112
　　【N角度】比利时队 VS 俄罗斯队——当"安娜"遇上"蓝精灵" / 113
　　【动物世界杯】韩国太极虎 VS 阿尔及利亚骆驼 / 115
　　【舌尖上的世界杯】韩国拌饭 / 115

12　6月24日 / 116
赛场　荷兰 2:0 智利 / 116
赛场　西班牙 3:0 澳大利亚 / 118
赛场　克罗地亚 1:3 墨西哥 / 119
赛场　喀麦隆 1:4 巴西 / 121
《豪门盛宴》解读世界杯 / 123
　　【张斌语录】/ 123
　　【桑巴百战 剑指六星】/ 123
　　【绝对巨星】内马尔 / 124
　　【传奇】四朝领袖马克斯 / 125
　　【N角度】巴西队 VS 喀麦隆队——国旗解读 / 126
　　【动物世界杯】墨西哥凤头卡拉鹰 VS 克罗地亚狮子 / 127

【舌尖上的世界杯】墨西哥经典名吃 Tacos（玉米卷）/ 128

13　　6月25日 / 129

赛场　意大利 0:1 乌拉圭 / 129
赛场　英格兰 0:0 哥斯达黎加 / 131
赛场　哥伦比亚 4:1 日本 / 132
赛场　希腊 2:1 科特迪瓦 / 135
《豪门盛宴》解读世界杯 / 136
　　【绝对巨星】詹姆斯·罗德里格斯 / 136
　　【再见"双德"】/ 137
　　【永不消失的深蓝】/ 138
　　【N角度】哥伦比亚队 VS 日本队——多元化建筑学角度解读 / 139
　　【动物世界杯】哥斯达黎加大王蛇 VS 英格兰狮群 / 140
　　【舌尖上的世界杯】英国炸鱼薯条 / 141

14　　6月26日 / 142

赛场　尼日利亚 2:3 阿根廷 / 142
赛场　波黑 3:1 伊朗 / 144
赛场　洪都拉斯 0:3 瑞士 / 146
赛场　厄瓜多尔 0:0 法国 / 147
《豪门盛宴》解读世界杯 / 148
　　【绝对巨星】梅西 / 148
　　【世界杯上的著名帽子戏法】/ 149
　　【N角度】瑞士队 VS 洪都拉斯队——美丽的地缘邂逅 / 150
　　【动物世界杯】高卢雄鸡 VS 厄瓜多尔秃鹫 / 151
　　【舌尖上的世界杯】阿根廷菲力牛排 / 153

15　　6月27日 / 153

赛场　德国 1:0 美国 / 153
赛场　葡萄牙 2:1 加纳 / 155
赛场　阿尔及利亚 1:1 俄罗斯 / 156
赛场　韩国 0:1 比利时 / 158
《豪门盛宴》解读世界杯 / 160
　　【绝对巨星】C罗 / 160
　　【关键先生】穆勒 / 161

【传奇】"北非之狐"创历史 / 161
　　【最痛"亚洲悲"】/ 162
　　【一起去 2018】/ 163
　　【N 角度】比利时队 VS 韩国队——光影中的绝代佳人赫本、全智贤 / 164
　　【动物世界杯】葡萄牙野山羊 VS 加纳鳄鱼 / 166
　　【舌尖上的世界杯】德国烤肘子 / 166

16　6月28日 / 167
《豪门盛宴》解读世界杯 / 167
　　【万万没想到】/ 167
　　【N 角度】小组赛小结——悲剧与喜剧 / 169
　　【动物世界杯】回家的感觉 / 170

17　6月29日 / 171
赛场　巴西 4:3 智利 / 171
赛场　哥伦比亚 2:0 乌拉圭 / 173
《豪门盛宴》解读世界杯 / 175
　　【绝对巨星】桑切斯 / 175
　　【传奇】塞萨尔：桑巴守护神 / 176
　　【桑巴军团的号码传承】/ 177
　　【N 角度】哥伦比亚队 VS 乌拉圭队——宝石文化解读 / 178
　　【舌尖上的世界杯】乌拉圭汉堡 / 180

18　6月30日 / 180
赛场　荷兰 2:1 墨西哥 / 180
赛场　哥斯达黎加 1:1（点球 6:4）希腊 / 182
《豪门盛宴》解读世界杯 / 185
　　【绝对巨星】斯内德 / 185
　　【关键先生】纳瓦斯 / 185
　　【张斌语录】/ 186
　　【传奇】谢谢，我们不要奖金 / 186
　　【N 角度】希腊队 VS 哥斯达黎加队——爱琴文明与加勒比海文化之战 / 187
　　【动物世界杯】猎豹罗本 VS 眼镜王蛇鲁伊兹 / 188

19　　7月1日 / 189
赛场　法国 2:0 尼日利亚 / 189
赛场　德国 2:1 阿尔及利亚 / 191
《豪门盛宴》解读世界杯 / 193
　　【关键先生】诺伊尔 / 193
　　【绝对巨星】恩耶亚马 / 194
　　【勇士礼赞】/ 194
　　【那些机关算尽的任意球】/ 195
　　【"淡定哥"恩耶亚马】/ 197
　　【N角度】德国队 VS 阿尔及利亚队——《浮士德》文学语言解读 / 198
　　【动物世界杯】法国雄鸡 VS 尼日利亚雄鹰 / 199

20　　7月2日 / 200
赛场　阿根廷 1:0 瑞士 / 200
赛场　比利时 2:1 美国 / 201
《豪门盛宴》解读世界杯 / 203
　　【绝对巨星】迪马利亚 / 203
　　【关键先生】霍华德 / 204
　　【张斌语录】/ 205
　　【这一刻只有足球可以】/ 205
　　【"四好先生"克林斯曼】/ 206
　　【告别传奇希斯菲尔德】/ 208
　　【安德烈斯·埃斯科巴】/ 209
　　【动物世界杯】比利时红隼 VS 美国白头海雕 / 210

21　　7月3日 / 211
《豪门盛宴》解读世界杯 / 211
　　【绝对巨星】保罗·博格巴 / 211
　　【五大转会神人】/ 212
　　【数据之王】/ 213
　　【动物世界杯】虽败犹荣 / 214

22　　7月4日 / 215
《豪门盛宴》解读世界杯 / 215
　　【绝对巨星】罗德里格斯 / 215

【勒夫：在质疑声中前行】/ 216
【N 角度】法国绘画与德国哲学 / 217
【动物世界杯】法、德、巴、哥大点兵 / 218

23　7月5日 / 219
赛场　法国 0:1 德国 / 219
赛场　巴西 2:1 哥伦比亚 / 221
《豪门盛宴》解读世界杯 / 224
　　【张斌语录】/ 224
　　【关键先生】大卫·路易斯 / 224
　　【内马尔：国家英雄】/ 225
　　【罗德里格斯：最美的乐章】/ 226
　　【绝对巨星】蒂亚戈·席尔瓦 / 227
　　【那年他们 22 岁】/ 227
　　【动物世界杯】荷、哥、阿、比大点兵 / 228
　　【历史上的阿比之战】/ 229

24　7月6日 / 230
赛场　阿根廷 1:0 比利时 / 230
赛场　荷兰 4:3 哥斯达黎加 / 232
《豪门盛宴》解读世界杯 / 235
　　【绝对巨星】伊瓜因 / 235
　　【关键先生】纳瓦斯 / 235
　　【传奇】范加尔的足球经 / 236
　　【替补门神救世主】/ 237
　　【N 角度】荷兰队 VS 哥斯达黎加队——围棋解读 / 238
　　【动物世界杯】归家的 4 种感受 / 239

25　7月7日 / 240
《豪门盛宴》解读世界杯 / 240
　　【张斌语录】/ 240
　　【N 角度】巴西队 VS 德国队——"2002 年的他们都去哪儿了？"/ 240
　　【绝对巨星】穆勒 / 242

26　7月8日 / 242
《豪门盛宴》解读世界杯 / 242
　　【巴西队传奇教父——斯科拉里】/ 242
　　【绝对巨星】大卫·路易斯 / 244
　　【迪斯蒂法诺：传奇远去】/ 244
　　【N角度】德国队VS巴西队——体育多元化角度解读 / 246
　　【动物世界杯】巴西鹦鹉VS德国灰熊 / 248

27　7月9日 / 249
赛场　巴西1:7德国 / 249
《豪门盛宴》解读世界杯 / 253
　　【绝对巨星】克洛泽 / 253
　　【关键先生】克罗斯 / 254
　　【张斌语录】/ 255
　　【震撼巴西的6场失利】/ 255
　　【N角度】荷兰队VS阿根廷队——冰与火之歌解读 / 257
　　【动物世界杯】潘帕斯雄鹰VS荷兰狮群 / 258
　　【荷兰阿根廷经典对决】/ 259

28　7月10日 / 260
赛场　荷兰2:4阿根廷 / 260
《豪门盛宴》解读世界杯 / 263
　　【绝对巨星】罗梅罗 / 263
　　【关键先生】罗梅罗 / 264
　　【张斌语录】/ 265
　　【悲情四侠】/ 265
　　【动物世界杯】为尊严而战 / 267
　　【历史上的德阿之战】/ 267
　　【世界杯五大刀客】/ 268

29　7月11日 / 270
《豪门盛宴》解读世界杯 / 270
　　【张斌语录】/ 270
　　【向里约出发，迎接生命之战】/ 270
　　【舌尖上的世界杯】俄罗斯红菜汤 / 271

30   7月12日 / 272

《豪门盛宴》解读世界杯 / 272

  【张斌语录】/ 272

  【克罗斯】/ 273

  【阿根廷队的精神领袖：马斯切拉诺】/ 274

  【改变世界杯的"五大配角"】/ 275

31   7月13日 / 276

赛场 巴西 0:3 荷兰 / 276

《豪门盛宴》解读世界杯 / 278

  【绝对巨星】罗本 / 278

  【张斌语录】/ 279

  【传奇】诺伊尔：一步成神 / 279

  【重回马拉卡纳，等待梅西一步成王】/ 280

  【N角度】从"我们是冠军"的角度解读决赛 / 281

  【动物世界杯】英（潘帕斯雄鹰）雄（德国灰熊）际会 / 282

32   7月14日 / 282

赛场 德国 1:0 阿根廷 / 282

《豪门盛宴》解读世界杯 / 287

  【关键先生】格策 / 287

  【张斌语录】/ 287

  【N角度】向阿根廷的英雄与幕后"英雄们"致敬 / 288

  【动物世界杯】德意志灰熊绝杀潘帕斯雄鹰 / 289

后记一 与足球一起前行 / 291

后记二 世界杯的味道——《豪门盛宴》/ 295

后记三 小将在成长 / 300

2014年巴西世界杯（FIFA World Cup）是第20届世界杯足球赛。比赛于2014年6月12日至7月13日（北京时间6月13日至7月14日）期间，在"桑巴王国"巴西境内的12座城市中的12座球场内举行。此届世界杯是继1950年之后，第2次在巴西举行的世界杯足球赛，也是继1978年阿根廷世界杯之后，第5次在南美洲举行的世界杯赛事。

此届世界杯共有32支球队参赛。除去东道主巴西队自动获得参赛资格之外，从2011年6月开始，其他31个国家则通过预选赛获得参赛资格。从2014年6月12日开始，巴西境内举办了共计64场比赛，角逐出最后的冠军。此届世界杯还首次运用了门线技术。

2014年7月14日3时，第20届世界杯决赛在里约热内卢马拉卡纳球场打响，德国队加时赛1∶0绝杀阿根廷队，24年后再次捧走大力神杯。德国队也成为首支在南美洲登顶的欧洲球队。阿根廷队、荷兰队、巴西队则分获亚军、季军与殿军。

1 | 6月13日

赛场 | 巴西 3:1 克罗地亚

赛前硝烟：

纵观世界杯历史长河，有5个捧得金杯的年份属于东道主巴西队，它们分别是1958年、1962年、1970年、1994年和2002年。而对于克罗地亚队来说，他们最好的成绩便是1998年的世界杯季军，在那届激情四射的世界杯上，球队传奇射手达沃·苏克还获得了金靴奖。

本届世界杯的这支巴西队既不像济科、法尔考、苏格拉底时代的巴西队那样优雅、技术流，也不像2010年世界杯上的巴西队那样简单粗暴，充满了力量、肌肉元素，而是另辟蹊径、独具一格。

这支巴西队队中既有大卫·路易斯、内马尔、小卢卡斯这样的"桑巴球员"，也有拉米雷斯、大卢卡斯、浩克这样的硬汉。而更多的球员则是像奥斯卡、席尔瓦、马塞洛、阿尔维斯等这些自身特点迥异，配合起来却又风格互补、相辅相成的"全能战士"。主教练斯科拉里则非常擅长将古典美和现代足球特点融会贯通，从而创造球队更大的战斗力。

来看一看克罗地亚队。中国球迷对于克罗地亚队的印象是美好的。这既因为1998年世界杯那支拥有苏克、普罗辛内斯基、博班、斯坦尼奇、乌拉奥维奇等一批梦幻般球员的"黑马"克罗地亚队给中国球迷留下了深刻的印象，还因为克罗地亚队是巴尔干足球在世界杯上的代表，勾起了许多中国球迷对于巴尔干足球风格的美好回忆。

两队在世界杯决赛阶段仅有一次对决。2006年世界杯小组赛首轮，两队在柏林奥林匹克球场展开较量，时任巴西队队长卡福送出助攻，卡卡禁区外左脚兜射破门，为巴西队小组赛首场拿到3分。

克罗地亚队的汉堡后腰巴德伊有伤无法出席揭幕战，而队中头号射手曼朱基齐因红牌停赛对球队攻击力的影响更大。对于巴西队来说，内马尔、蒂亚戈·席尔瓦领衔锋线与后防，克罗地亚队方面则是由"魔笛"莫德里奇和拉基蒂奇统领中场。

北京时间6月13日凌晨4时，2014年巴西世界杯揭幕战——东道主巴西队与克罗地亚队的比赛在圣保罗竞技场拉开帷幕。第10分钟，克罗地亚队前锋奥利奇左路将球传向禁区中路，马塞洛解围不慎将球送入自家大门。第29分钟，内马尔中路带球，行进中射门，皮球直钻大门死角，1:1！东道主凭借头号球星的精彩发挥将比分扳平。第69分钟，弗雷德禁区内与对方中卫洛夫伦发生身体接触后倒地，主裁判处以克罗地亚队点球"极刑"，内马尔操刀将球稳稳罚进，比分改写为2:1。第91分钟，整场比赛表现优异的奥斯卡反击中捅射，为东道主锁定胜局。

马塞洛送乌龙大礼，东道主意外落后

比赛刚一开始，克罗地亚队便反客为主，超新星科瓦契奇开场便以一脚远射敲山震虎。第4分钟，浩克在前场左侧被侵犯，主裁判判给巴西队一个任意球。马塞洛主罚将球传至禁区远端，队长蒂亚戈·席尔瓦与大卫·路易斯在对方禁区完成头球接力，由后者在12码处头球攻门，被克罗地亚队老门将普莱蒂科萨化解。第6分钟，佩里西奇右路回扣后传中，阿尔维斯已经冒顶，门前的耶拉维奇头球攻门稍稍偏出。第 10 分钟，老将奥利奇在左路将球传至中路，蒂亚戈·席尔瓦、耶拉维奇、大卫·路易斯三点漏过，马塞洛受到干扰，不慎自摆乌龙，1∶0！克罗地亚队意外收获东道主送上的大礼。而对于马塞洛来说，他打进的这粒乌龙球也是巴西队在世界杯决赛圈的首粒乌龙球。

巴西克罗地亚 1

"内少"个人能力凸显，稳住场上局面

克罗地亚队在取得领先后，稳固防守的同时也渐渐让出控球权。巴西队凭借主场优势大举进攻，但是雷声大雨点小。第 26 分钟，头号球星内马尔在卡位时，抬肘打中克罗地亚队中场核心莫德里奇，主裁判西村雄一出示了本届世界杯第 1 张黄牌，警告了东道主核心球员。

第 29 分钟，内马尔获得机会，他在禁区前沿横向扯动后一记左脚打门，皮球打中立柱后弹进球网，1∶1。内马尔为东道主打进稳定军心的扳平进球，同时也收获个人世界杯的首粒进球。

巴西克罗地亚 2

第 36 分钟，巴西队前场断球后策动攻势，在右路异常活跃的切尔西中场奥斯卡将球横传到门前，莫德里奇及时退回禁区，抢在对方抢点的保利尼奥之前，将皮球解围出危险地带。第 41 分钟，上赛季在塞维利亚队有优异表现的拉基蒂奇在禁区线上放倒内马尔，主裁判出示本场比赛第 2 张黄牌。第 44 分钟，内马尔在前场继续制造威胁，他一记脚后跟妙传找到浩克，泽尼特锋霸左脚射门，球在球门远角偏出。上半场比赛结束，两队各建一功，平分秋色。

西村雄一争议判罚，内马尔梅开二度

下半场易边再战。第 69 分钟，弗雷德禁区内接到奥斯卡传球，"格子军团"后卫洛夫伦在身后有一个轻微的拉拽，弗雷德随即倒在禁区内，日本主裁判西村雄一处以克罗地亚队"极刑"，并黄牌警告了后防核心洛夫伦。克罗地亚队球员立即将日本主裁判围住理论，但结果已经无法更改。内马尔冷静主罚，将球打向球门右侧，老门将普莱蒂科萨判断正确，但皮球依然应声入网，2∶1！内马尔梅开二度，帮助桑巴军团反超比分。

巴西克罗地亚 3

切尔西悍将断球，奥斯卡闪耀圣保罗竞技场

比赛临近结束之际，替换内马尔出场的切尔西中场拉米雷斯中场完成抢断，帮助俱乐部与国家队双重队友奥斯卡形成反击之势，全场比赛表现优异的后者在大禁区附近一记脚尖冷射，再次洞穿"格子军团"大门，3∶1，同时也为东道主锁定胜局。最终，巴西队凭借内马尔的梅开二度和奥斯卡全场比赛的精彩发挥，3∶1完胜克罗地亚队，在本组中占得先机。

巴西克罗地亚4

双方出场阵容：

巴西队（4-2-3-1）：12-塞萨尔/2-阿尔维斯、3-席尔瓦、4-路易斯、6-马塞洛/17-古斯塔沃、8-保利尼奥（18-埃尔纳内斯，第63分钟）/7-浩克（20-贝尔纳德，第69分钟）、11-奥斯卡、10-内马尔（16-拉米雷斯，第87分钟）/9-弗雷德

主教练：斯科拉里

克罗地亚队（4-2-3-1）：1-普莱蒂科萨/11-斯尔纳、6-洛夫伦、5-科尔卢卡、2-福尔萨伊科/10-莫德里奇、7-拉基蒂奇/4-佩里西奇、20-科瓦契奇（14-布罗佐维奇，第60分钟）、18-奥利奇/9-耶拉维奇（16-雷比奇，第77分钟）

主教练：科瓦奇

《豪门盛宴》解读世界杯

【张斌语录】

1. 10年间，《豪门盛宴》陪伴着您一直在看比赛。10年，很多人像我一样头发有点白了；10年，我们对于蓝天白云更加珍视了。10年之间，我们办成了一届奥运会，我们3次冲击世界杯都失败了，就像这次一样，世界杯上依然没有中国队，但是并不影响我们热爱足球。

2. 足球是什么？足球可以是不眠不休，足球可以是废寝忘食，足球也可以是牺牲一切，当然这一时刻，我认为足球是人类感情的总和，无论你是欢乐，还是忧伤，这一时刻可以将它们包容在一起。那么世界杯是什么？世界杯就是一个又一个真实的日子。陪伴中央电视台体育频道，陪伴世界杯的每一分钟，才是真实的世界杯。

【绝对巨星】内马尔

贝利、罗纳尔多、罗纳尔迪尼奥，桑巴军团从来都不缺乏统治世界足坛的绝对巨星。这届世界杯中小罗和卡卡的落选不免让人遗憾，但更多的巴西球迷将锋线的希望寄托在了内马尔身上。

尽管在很多人眼中，年少成名的内马尔拥有让人艳羡的人生，但他也曾备受质疑。尤其是2012年伦敦奥运会决赛，巴西队输给了墨西哥队，内马尔持续低迷的表现甚至让他自己都有些失去信心，英格兰队球员乔伊·巴顿将内马尔比喻为"足球界的贾斯汀·比伯"，讥讽他名不副实。

但就在去年的联合会杯上，内马尔成了巴西队进攻端的绝对核心。在对阵世界冠军西班牙队的决赛中，内马尔不但在未来的巴萨队友面前展示了自己丝毫不逊色于梅西的才华，更以一记精妙的进球向世界宣告新球王的诞生。

在圣保罗竞技场，本届世界杯的揭幕战上，6万名家乡球迷的面前，内马尔再次奉献了惊艳表现。东道主开场先失一个乌龙球，正当军心不定之际，内马尔站了出来。他中路接球并突进，在禁区弧顶多人夹击之下，轻巧地左脚低射，皮球弹柱飞入球门，各种质疑不攻自破。凭借这粒进球，东道主扳平了比分，天才小将也成为2002年以来首位在世界杯上进球的巴西10号，现场震耳欲聋的欢呼声表明，球迷们已接受了这位桑巴足球的新一代灵魂人物。下半时，裁判判给了巴西队一个点球，沉着的内马尔站在12码（1码=0.9144米）位置，顶住压力，推射入网，将比分改写为2:1。梅开二度，反超比分，内马尔用自己的神奇表现带领巴西队旗开得胜！

22岁的内马尔必将攻克成长道路上的一切困难，一步步迈向更高的荣誉殿堂。第6颗星是他的梦想，而此时此刻，梦想就在眼前。

【舌尖上的世界杯】西班牙海鲜饭

一边欣赏热情奔放的弗拉门戈舞，一边品尝西班牙驰名世界的海鲜饭，当我们所有的感官都被充分调动起来之后，我们便会在浓浓的西班牙文化风情之中，真正品味到西班牙足球的味道，那就是：一半是海水，一半是火焰。

弗拉门戈舞源自平民阶级，热烈如火，是典型的西班牙人的性格，而海鲜饭则彰显出了西班牙浓郁的海洋风情。7800公里的海岸线让西班牙人接受了来自地中海这片古老海域的丰富馈赠。

品种繁多的海味，为佳肴的制作提供了可能，享誉世界的西班牙海鲜饭就起源于地中海西海岸的西班牙名城瓦伦西亚。捕捞的渔民将新鲜的海味混合本土优质的粳米，放在锅里蒸煮，一锅洋溢着海洋味道的海鲜饭就此产生。

现代的西班牙人将海鲜饭进行了精细化改良，使得口味更具国际化，在作料和搭配上更为考究。

海盐成为西班牙海鲜饭秘密味道的来源之一，东方的舶来香料藏红花令海鲜饭在色泽上呈现出特有的亮黄色，润滑醇厚的橄榄油能够最大程度地释放粳米的香气。而传统的瓦伦西亚粳米，则是海鲜饭里最原始的素材，这种粳米能够很好地吸收和它一起烹饪的材料的味道，能够让海鲜饭的各种料理之间的神奇反应汇聚在米的味道里，激发味觉的层次感。

材料齐备，逐一在平底锅里登场，橄榄油预热锅底，滋生香气，倒入粳米和鱼汤，焖至汤汁收拢，开锅，码上海鲜，数分钟后起锅，热腾丰盈的海鲜饭就做好了。

在弗拉门戈舞的欢快韵律中，一道西班牙海鲜饭就这样一气呵成，就像是西班牙足球完成了一次精彩的进攻。细细去品西班牙足球，自然也是这样一个主题：一半是海水，一半是火焰。

西班牙足球有着火一般的激情与热烈的节奏感，而西班牙的足球联赛又像大海一样吸纳着来自欧美亚非的著名球员以及他们所带来的新鲜的足球营养。西班牙队的主色队服就是上红下蓝，火一样的鲜明性格与质感，海一样的包容与融会贯通，造就了当今世界顶尖的西班牙足球。

西班牙的美食，西班牙的风情，西班牙的足球文化，就是这样被我们品尝和了解，并让我们生发出一种由衷的赞叹！

2 | 6月14日

赛场 | 墨西哥 1:0 喀麦隆

赛前硝烟：

纵观两队交锋史，两队只在21年前的友谊赛中有过碰面。当时墨西哥队1:0小胜对手，时隔21年，双方终于在国际A级赛事中迎来第一次交锋。

墨西哥队在中国球迷心中有着很深的回忆。但是这样的基础并不是和克罗地亚队一样来源于一个地区深厚的足球底蕴，而是墨西哥这个国家、这个民族所特有的对足球的理解和这种独特思维下产生的一批具有个性的球员。

作为第三世界一支不可忽视的足球力量，喀麦隆队从1990年世界杯以来就用自己新鲜独特的非洲足球风格刺激着中国球迷的神经。这支球队可能不会在任何一届世界杯上创造佳绩，也可能会成为所在小组"众望所归的鱼腩球队"，但是这支极富个性的球队中个体的星光闪耀和惊艳表现却可以久久占据球迷的心。

"非洲雄狮"喀麦隆队尽管有"猎豹"埃托奥领衔，但埃托奥毕竟年事已高，不复当年之勇；反观"仙人掌"墨西哥队，虽然头号球星"小豌豆"正值当打之年，但主帅埃雷拉依然选择将他放在板凳上，将前场交给有"墨西哥小罗"之称的多斯桑托斯打理。比赛究竟鹿死谁手，我们拭目以待。

北京时间6月14日0时，2014年巴西世界杯A组第2场小组赛墨西哥队与喀麦隆队的比赛在纳塔尔的沙丘体育场拉开帷幕。上半场，墨西哥队多斯桑托斯的两记精彩绝伦的进球被裁判抹杀，引起巨大争议。下半场比赛中，上半时表现不佳的主力前锋佩拉尔塔完成破门，帮助墨西哥队有惊无险地取得开门红。

埃尔南德斯枯坐板凳，"老猎豹"统率"非洲雄狮"

墨西哥队主帅埃雷拉不出意外地将队中头号球星、前锋埃尔南德斯放在了板凳上，给了多斯桑托斯、佩拉尔塔无限的开火权。喀麦隆队方面则由老将埃托奥与效力巴萨的后腰亚历山大·宋压阵。墨西哥队后防中坚马克斯与埃托奥两位巴萨老队友将在本场比赛中重逢。

裁判意外充当主角，多斯桑托斯进球被抹杀

世界杯A组第2场比赛在大雨中进行。开场第9分钟，墨西哥队中场埃雷拉禁区外一记远射，皮球高出横梁。第12分钟，墨西哥队右路展开攻势，多斯桑托斯接队友埃雷拉传中球，抢点劲射攻破喀麦隆队大门，但被边裁示意越位在先。从慢动作回放来看，墨西哥队此次破门疑似好球，裁判判罚引起不小争议。第16分钟，喀麦隆队获得角球，前锋莫廷在门前混战中觅得良机攻破对方大门，裁判同样判罚越位在先，慢镜头显示，本次裁判判罚准确。

墨西哥队好球再被吹掉

第18分钟，阿苏·埃克托接亚历山大·宋传球，一脚20米开外的远射，被后卫封堵。随后姆比亚利用角球机会，头球攻门，球稍稍高出。第21分钟，阿苏·埃克托左路灵光乍现，突破后送出精妙传球，老将埃托奥门前12码尝试左脚发炮，皮球擦球门左立柱偏出。

第30分钟，裁判的判罚再度引起争议。多斯桑托斯利用角球进攻机会，抢后点头球得分，却被主裁判再次抹杀。电视转播的慢动作显示，该进球没有任何问题，国际足联官网的手球解释也存在较大争议。

"小豌豆"替身完成救赎，"仙人掌"收获宝贵3分

易地再战，喀麦隆队将切鲁撤下，换上诺恩克，但场面依然被墨西哥人控制。第49分钟，多斯桑托斯送出精妙传球，佩拉尔塔灵活插上，形成单刀射门，可惜球被伊坦耶用腿挡出，佩拉尔塔错失绝佳机会。此后，喀麦隆队进攻略有起色。第59分钟，状态出色的埃克托禁区前沿任意球险些得手，惊出墨西哥队门将奥乔亚一身冷汗。

墨西哥人在第61分钟打破场上僵局。埃雷拉直传，多斯桑托斯门前近距离

推射被门将封出，此前错失单刀球机会的佩拉尔塔补射终于为墨西哥队首开纪录，1:0！第69分钟，完成救赎的佩拉尔塔被换下，球迷们终于迎来头号球星"小豌豆"埃尔南德斯的登场亮相。随后，喀麦隆队加强进攻，巴萨后腰亚历山大·宋被换下，韦伯入替。此后，喀麦隆队场面虽有一定改观，但缺乏章法，难以形成有效进攻。比赛临近尾声，"仙人掌"前场左路策动攻势，"小豌豆"距离门前10米处浪费机会。最终墨西哥队力擒喀麦隆队，世界杯历史上首次击败非洲球队。

双方出场阵容：

墨西哥队（5-3-2）：13-奥乔亚/22-阿吉拉尔、2-弗朗西斯科·罗德里格斯、4-马克斯、15-莫雷诺、7-拉云/23-巴斯克斯、6-埃雷拉（3-萨尔西多，第91分钟）、18-瓜尔达多（8-法比安，第69分钟）/19-佩拉尔塔（14-埃尔南德斯，第74分钟）、10-多斯桑托斯

主教练：埃雷拉

喀麦隆队（4-3-3）：16-伊坦耶/4-德约古耶、3-恩库鲁、14-切鲁（5-努恩库，第46分钟）、2-阿苏·埃克托/18-埃永·埃诺、6-亚历山大·宋（15-阿基利·韦伯，第79分钟）、17-姆比亚/8-穆坎德约、9-埃托奥、13-舒波·莫廷

主教练：芬克

赛场　荷兰 5:1 西班牙

赛前硝烟：

从1997年"预选赛之王"名号的确立，2002至2006年劳尔伴随这支球队经历风雨的几届大赛到现如今封王、加冕的悠长岁月……西班牙队可以说是一支占据了中国所有年龄段球迷情感和回忆的球队。中国球迷对西班牙队既爱又恨，既思绪万千又有对未来无限的展望。

作为世界传统九大豪门之一，西班牙队的话题量无需赘言。但是对于本届杯赛的这支"斗牛士"而言，队内新老交替、打法已经暴露给全世界等诸多问题一一摆上桌面。

在中国的广大球迷当中，荷兰队的支持率并不逊于意大利队、德国队、巴西队和西班牙队这几支热门球队。而纵观本届大赛的这支荷兰队的最终名单，可以说这是近几届大赛中最神秘的一支荷兰队。除了广大观众耳熟能详的罗本、范佩西、斯内德、库伊特、亨特拉尔外，其他球员别说了解，就连名字都让最铁杆的荷兰球迷"丈二和尚摸不着头脑"。

新人太多，尤其中场、后防线的巨变是本届杯赛上荷兰队的特点。而怎样根据荷兰队的这一重大变化，让这支老牌劲旅重新被中国球迷所熟悉并迅速接受，则是我们讨论有关荷兰队话题的重点。

4年前的南非世界杯决赛，西班牙队以无可争议的发挥击败荷兰队夺得大力神杯。4年后，双方在小组赛再度相遇，荷兰队复仇的意味更加明显。

从双方目前的对比实力上来看，西班牙队仍然以黄金一代为阵容班底，球队默契程度、阵容打法相对稳定，但是由于本赛季巴萨表现不佳，队中"巴萨帮"主力球员状态起伏较大，对西班牙队整体也有一定影响；而荷兰队方面，除了几位核心老将压阵，范加尔如何调动主力阵容中的其他年轻球员的积极性，使之在大赛中有出色发挥，也是本场比赛一大看点。

北京时间6月14日凌晨3点，2014年巴西世界杯B组第1轮，在萨尔瓦多的冯特诺瓦球场迎来一场上届世界杯冠亚军交手的重头戏。哈维·阿隆索点球为斗牛士先拔头筹，荷兰队队中核心范佩西和罗本均有两球入账。最终，荷兰队上演5球橙色风暴击溃西班牙队。

"新斗牛士"迭戈·科斯塔造点，斗牛士取得梦幻开局

第25分钟，席尔瓦和哈维前场打出精妙配合，首次亮相大赛的迭戈·科斯塔杀入禁区，巧妙闪过小将德弗赖的飞铲，随即倒地。主裁判里佐利处以荷兰队"极刑"。慢镜头显示，迭戈·科斯塔并非因对方铲球而摔倒，荷兰队遭遇争议判

荷兰西班牙1

罚。中场核心哈维·阿隆索主罚命中。1:0，西班牙队取得领先。此后，荷兰队加强进攻。第39分钟，范佩西在左路连线罗本，助后者形成单刀再次挑战卡西利亚斯，但罗本被判罚越位。第42分钟，伊涅斯塔中场送出精妙直塞，席尔瓦禁区左侧单刀挑射，球被西莱森扑出底线，斗牛士错失扩大比分的好机会。

范佩西神兵天降，优雅头球奇袭斗牛士

第43分钟，小布林德中场左侧送出精妙传球，范大将军插上反越位成功，一记纵深鱼跃头球，皮球绕过卡西头顶飞入西班牙队大门，1:1！此球不但助荷兰队扳平比分，也打破了西班牙队门将卡西利亚斯连续476分钟不失球的纪录！范佩西也创造了个人连续3届世界杯均有破门的纪录。

荷兰西班牙2

"小飞侠"摆脱4年前梦魇，橙衣军团反超比分

第52分钟，又是小布林德中场制造杀机，罗本接应传球，连破皮克、拉莫斯"双保险"并攻破卡西十指关，2:1！罗本继欧冠决赛后，再次完成大赛决赛破门！

荷兰西班牙3

西班牙队遭遇争议判罚，小将德弗里将功补过

第64分钟，荷兰队前场左路获得任意球，斯内德将球吊入禁区，卡西小禁区内出击解围时，遭遇范佩西侵犯，小将德弗里后点头球，将球顶进大门。3:1！上半场比赛送出点球的小将将功补过。西班牙队队长卡西利亚斯向主裁判提出申诉，拿到黄牌。

荷兰西班牙4

此后，西班牙队心态明显受到影响。范佩西放倒佩德罗后，西班牙队球员险些与荷兰队球员发生冲突，范佩西也被黄牌警告。此后西班牙队加强进攻，但多次有威胁的射门均被后卫和本场比赛表现出色的荷兰队门将西莱森化解。

卡西为范佩西送礼

第72分钟，久攻不下的西班牙队再遭重创。拉莫斯回传门将，卡西禁区内出现致命失误被范佩西抢断打空门得手，4:1，荷兰队锁定胜局。范佩西利用卡

西失误,独中两元!

第 77 分钟,替换迭戈·科斯塔出场的托雷斯突破时与对方中卫弗拉尔发生身体接触后倒地,主裁判里佐利未予理睬。随后,西班牙队用法布雷加斯换下席尔瓦,荷兰队用伦斯换下本场比赛表现出色的范佩西。

"小飞侠"征服萨尔瓦多,荷兰队 5:1 虐杀西班牙队

第 79 分钟,罗本迎来本场比赛的高光时刻。斯内德后场一记轻描淡写的直传,"小飞侠"一路带球狂奔,甩掉拉莫斯,独闯龙潭。"小飞侠"在禁区右侧将球扣到擅长的左脚,内切戏耍卡西后,将球送入空门,5:1!随后双方再无力扩大比分。最终,荷兰队 5:1 虐杀西班牙队,也将"开局最差的卫冕冠军"这个尴尬的头衔送给了斗牛士军团。

双方出场阵容:

西班牙队(4-3-3):1-卡西利亚斯 /22-阿斯皮利奎塔、3-皮克、15-拉莫斯、18-阿尔巴 /8-哈维、16-布斯克茨、14-哈维·阿隆索(11-佩德罗,第 62 分钟)/21-大卫·席尔瓦(10-法布雷加斯,第 77 分钟)、19-迭戈·科斯塔(9-托雷斯,第 62 分钟)、6-伊涅斯塔

主教练:博斯克

荷兰队(5-3-2):1-西莱森 /7-扬马特、3-德弗赖(13-韦尔特曼,第 76 分钟)、2-弗拉尔、4-因迪、5-布林德 /10-斯内德、8-德容、6-德古斯曼(20-维纳尔杜姆,第 61 分钟)/11-罗本、9-范佩西(17-伦斯,第 78 分钟)

主教练:范加尔

赛场　智利 3:1 澳大利亚

赛前硝烟:

对于智利队这样的非热门球队来说,球迷首先想要看到的自然就是它能不能

给传统的豪门球队制造一定的麻烦，队中几位耳熟能详的大牌球员能不能有出色的发挥，球队的打法是不是会让熬夜的观众打起精神，在巴西队、阿根廷队明显"欧化"的今天，最原始的南美足球韵味到底在这支球队身上还能体现多少……而这些主体球迷想看到的点，这支智利队恰恰都具备。

中国球迷对澳大利亚队的印象最早是在澳大利亚足协还隶属于大洋洲时期。当时的澳大利亚队时常以"天价比分"战胜大洋洲的某某球队。而真正在中国球迷心中留下烙印的，自然就是2006年世界杯希丁克率领的那支澳大利亚国家队。而在澳大利亚队加入亚足联之后，与中国队潜在的竞争关系则是作为中国球迷在不看这支球队实力、影响力之外，不得不关注澳大利亚队的一个重大原因。

纵观历史交锋，在国际A级比赛中，两队4次碰面，智利队3胜1平保持不败。在1974年的世界杯上，两队互交白卷。1996年、1998年与2000年的3场热身赛，智利队保持全捷，打入6球仅失1球，心理优势十足。

此役，智利队核心球员桑切斯、比达尔、伊斯拉等核心联袂登台，而澳大利亚队则由效力英超水晶宫的中场悍将耶迪纳克压阵。

北京时间6月14日晨6时，2014年巴西世界杯小组赛B组首轮第2场智利队与澳大利亚队的比赛在库亚巴的潘塔纳尔竞技场展开。桑切斯、巴尔迪维亚、博塞茹尔为智利队建功，澳大利亚队则由老将蒂姆·卡希尔头球打入一球。最终智利队3:1战胜澳大利亚队。

"智利C罗"一传一射，老将卡希尔打进亚洲首球

第11分钟，阿兰吉斯禁区内制造杀机，吸引澳大利亚队门将出击，后者解围未果，阿兰吉斯随后将球传至危险地带，巴尔加斯与桑切斯完成头球接力，"智利C罗"桑切斯混乱中机警射门，帮助智利队将比分改写为1:0。

两分钟后，智利队再传捷报，又是桑切斯制造威胁，队友巴尔迪维亚一记世界波完成得分，2:0。

第34分钟，奥尔左路传中到后点无人策应，莱基拿球再次传中，老将卡希

智利澳大利亚1

智利澳大利亚2

尔高高跃起，力压智利队后卫梅德尔，用其最擅长的方式为"袋鼠军团"扳回一球，1:2！卡希尔的进球也是亚洲球队在本届世界杯的第一粒进球。

智利澳大利亚3

智利澳大利亚4

前英超名将为主再下一城，智利队取得世界杯开门红

下半场比赛，双方球员体能均严重下滑，传接球失误开始增多，澳大利亚队球员马休·莱基甚至出现抽筋的状况。比赛在伤停补时阶段再起波澜。第91分钟，前英超名将博塞茹尔禁区外围架炮，皮球应声飞入死角，3:1！智利队锁定胜局。此后，两队均无法破门，最终智利队3:1力克澳大利亚队，拿到3分。

双方出场阵容：

智利队（4-3-1-2）：1-布拉沃/4-伊斯拉、17-梅德尔、18-哈拉、2-梅纳/21-迪亚斯、20-阿兰吉斯、8-比达尔（16-费利佩·古铁雷斯，第59分钟）/10-巴尔迪维亚（15-博塞茹尔，第68分钟）/7-桑切斯、11-巴尔加斯（9-皮尼亚，第87分钟）

主教练：桑保利

澳大利亚队（4-2-3-1）：1-瑞恩/2-弗兰伊奇（19-麦克格文，第49分钟）、6-斯皮拉诺维奇、22-威尔金森、3-戴维森/15-耶迪纳克、5-米利甘/7-马休·莱基、23-布雷西亚诺（14-特罗伊西，第78分钟）、11-奥尔（10-哈洛兰，第68分钟）/4-卡希尔

主教练：帕斯特格鲁

《豪门盛宴》解读世界杯

【张斌语录】

当卡西满地翻滚去扑救的时候，如果他不是你钟爱的圣卡西，那这就是足球的一部分；但如果是你钟爱的，你内心当中的确会有一丝酸楚。巨星要有好的结局，太难了，因为你必须一次次出战，所以这个情绪是很难在今天一天就平复

的。今天博斯克赛后拍了拍每个替补队员的肩，其实意思是说，还可以，我们还可以再来。

【绝对巨星】范佩西

上届世界杯亚军小组首战便遇上4年前绝杀他们的对手，橙衣军团不仅满怀争胜的欲望，更带着无比坚毅的复仇心态，他们为捍卫荣誉而来。

本届大赛共有736位球员，很少有人比范佩西承受更大的压力。荷兰前锋在南非世界杯上表现平平，球队冲击冠军失败，带着遗憾落寞离场。今年，臂上的队长袖标时刻提醒着他，作为橙衣军团的领袖，他的发挥左右着国家队的命运，关乎荣誉，关乎尊严。

开局没多久，荷兰队便以0:1落后，范加尔以及全世界的目光都落在了范佩西的身上，橙色的雄狮期待让全世界听到他的怒吼。队长在上半时末段挺身而出，首次禁区内触球，就以一种近乎不可思议的方式亲手将圣卡西476分钟的世界杯未失球纪录葬送。

"世上只有一个范佩西。"主帅范加尔的这句称赞绝非溢美之词。14码处优美的鱼跃冲顶，皮球吊过卡西，划过萨尔瓦多新能源竞技场的上空飞入球门，范大将军以所有人都意想不到的方式击溃了卫冕冠军的防线。

这是范佩西为荷兰队打入的第44个进球，他也因此占据队史射手榜首位。刚毅的面容、清爽帅气的发型、狂喜的表情、张扬而疯狂的庆祝，不仅来自于扳平比分的喜悦、复仇宿敌的快意，更来自于压力的完全释放。这一刻，"罗宾侠"真的飞了起来。

随后的橙衣军团正式开启了"狂屠"模式，展现出了非凡的霸气和野心。范大将军的表演还没有结束，第72分钟，卡西利亚斯停球稍大，范佩西抢断，一脚犀利的捅射将球打入空门。狂奔跳起庆祝的大将军背后，是卡西无奈低头的背影，他和圣卡西之间的对话，今夜以大将军的完胜告终。

巴西世界杯开赛以来的最佳进球属于范佩西，在南美大陆上，抢眼的橙衣风暴强势来袭，"无冕之王"距离真正的王者，只差一个神奇的范佩西。

【动物世界杯】澳大利亚袋鼠VS智利鸵鸟

作为澳大利亚的象征之一，袋鼠一直是当地人的骄傲。袋鼠以跳代跑，最高可跳到4米，最远可跳至13米，是跳得最高最远的哺乳动物。袋鼠的尾巴又粗又长，它既能在袋鼠休息时支撑袋鼠的身体，又能在袋鼠跳跃时帮助袋鼠跳得更快更远。袋鼠通常以群居为主，有时可多达上百只。在野外，大袋鼠被敌害追赶的时候，有它们独特的反击办法。它们背靠大树，以尾巴作为支撑，用有力的后腿狠狠地蹬踢跑过来的敌害的腹部。

鸵鸟是一种体形巨大、不会飞但奔跑得很快的鸟，也是世界上现存体形最大的鸟。鸵鸟高可达3米，全身有黑色的羽毛，脖子长而无毛，翼短小，腿长。鸵鸟是群居、日行性走禽类，嗅听觉灵敏，善奔跑，跑时以翅扇动相助，平时速度达80km/h，最快达90km/h。粗壮的双腿还是鸵鸟的主要防卫武器。

在号称进入亚马孙热带雨林大门的库亚巴，澳大利亚袋鼠与智利鸵鸟狭路相逢。幸好是在深秋，同样都是难耐高湿高热天气的袋鼠与鸵鸟，均有了大显腿脚功夫的时机。智利鸵鸟凭借着长而灵活的脖颈以及准确的啄食，首先占得先机，连续两次啄食，让澳大利亚袋鼠感觉到了刻骨铭心的疼痛。

而澳大利亚袋鼠是哺乳动物中跳得最高最远的，它的英文名称恰恰就是澳洲土著语"不知道"，这是否意味着，此时此刻谈论胜负还太早，谁知道谁胜谁负呢？果然，澳大利亚袋鼠奋力地一跳，居然让智利鸵鸟感觉到了一种莫名的恐惧，袋鼠在搏击中也狠狠地给予智利鸵鸟强有力的一击，而这一击居然不是用脚而是用头部！

稍事休息，澳大利亚袋鼠与智利鸵鸟下半场的搏击继续展开。先是澳大利亚袋鼠亢奋无比，它们似乎很想让智利鸵鸟认识到谁才是真正的强者。然而，智利鸵鸟在醒悟之后的一阵猛啄，让澳大利亚袋鼠有些手足无措，而智利鸵鸟的两次连续式啄食——桑切斯的第一次啄食，紧接着波塞茹尔的第二次啄食，必然使得澳大利亚袋鼠最终败下阵来。

当然，一次胜负绝不能成为输赢定论，澳大利亚袋鼠的袋中始终装着胜利的希望，而智利鸵鸟呢，它们已然驶上了奔向绿茵16强的胜利曙光。

【舌尖上的世界杯】荷兰美食蔬菜马铃薯泥

风车、郁金香是荷兰留给世界的普遍印象，然而随着人们对于荷兰的深入了解，人们恍然发现，其实足球与美食是荷兰的另外两张同样精彩的名片。荷兰足球的"橙色军团"几十年来一直叱咤世界足坛。而在美食方面，荷兰至少有30家餐厅被评为米其林等级的顶级美食荣誉称号。土豆这种最普通的食物，却是荷兰人餐桌上的挚爱，正因为挚爱，荷兰人居然将土豆培育出40多个品种，荷兰名吃"Hotspot"，就是以土豆为原材料，精心烹饪出的荷兰人喜好的"妈妈的味道"。

将土豆、洋葱、胡萝卜依次切块，放入锅中，加入牛肉浓汤和清水，浸润蔬菜，大火炖煮20分钟，然后取出蔬菜，将煮至软糯的蔬菜捣碎，形成泥状。由于畜牧业的发达，荷兰的奶制品尤为精良，因此，荷兰人一定要在捣成泥状的蔬菜中，再加入他们最引以为傲的黄油和奶油，然后进行搅拌，再添加少许海盐与黑胡椒粉，Hotspot至此制作完成。多少年来，这道名吃陪伴荷兰人度过漫长的冬日，为辛勤劳作的人们补充必需的能量。而在享受Hotspot时，荷兰人一般会搭配一些肉制品，而牛肉制品无疑是上好的搭配，它很好地丰富了味觉的美感。

而号称"无冕之王"并且独树一帜的荷兰足球，恰似一份制作精美的Hotspot，却唯独缺少肉制品的衬托与配合。在本届世界杯上，历史上3次遗憾屈居亚军的荷兰足球，必然誓夺大力神杯，只有冠军制品的配合，荷兰足球才能在世界绿茵盛宴上口味最佳，达到完美状态！

3 | 6月15日

赛场 | 哥伦比亚 3:0 希腊

赛前硝烟:

在广大的中国球迷看来,哥伦比亚奉献给世界最好的礼物便是文学巨著《百年孤独》。加西亚·马尔克斯的魔幻现实主义文学也影响着一代又一代的人对于神秘的南美大陆及哥伦比亚这个有些魔幻色彩的国度的美好向往。

关于哥伦比亚足球,年长一点的中国球迷会第一时间想到"金毛狮王"巴尔德拉玛、"疯子"伊基塔、"打破当年米兰不败神话"的阿斯普里拉和"让全世界都为之落泪"的埃斯科巴。对于本届世界杯上的哥伦比亚队来说,如何让中国球迷接受这支球队,揭开它相对神秘的面纱会是第一步最好的选择。

广大中国球迷对于希腊队的印象"并不是太好",一部分是历史原因使然(2004年欧洲杯接连淘汰强队),一部分则是这支球队的技战术打法(长传冲吊、高举高打)不受待见。

哥伦比亚队此前只与希腊队在1994年世界杯前的一场友谊赛有过碰面,哥伦比亚队2:0完胜。哥伦比亚队在备战世界杯前遭遇一系列问题,"老虎"法尔考因伤无缘世界杯,波尔图前锋杰克逊·马丁内斯也因为与佩克尔曼不和而遭到弃用,但队中人员充足,"妖人"林立。再看希腊队,世界杯预选赛小组赛期间,希腊队城门仅4次失守,是欧洲区最坚固的堡垒。虽然核心球员帕帕多普洛斯无缘世界杯,但依靠整体发挥的希腊队并不会受到太大影响。

北京时间6月15日0时,2014年巴西世界杯C组的首场小组赛哥伦比亚队对希腊队的比赛,在贝洛奥里藏特的米内罗体育场拉开帷幕。第6分钟,阿尔梅罗帮助哥伦比亚队首开纪录,此球也是本届世界杯开赛以来的最快进球。下半场第59分钟,前锋古铁雷斯帮助哥伦比亚队扩大领先优势,第93分钟,新秀詹姆斯·罗德里格斯再下一城,最终,哥伦比亚队3:0力克希腊队,创造了本队在世界杯历史上的最大比分获胜纪录。

开赛 6 分钟哥伦比亚队取得梦幻开局

比赛开场第 6 分钟,哥伦比亚队便迎来进球。佛罗伦萨飞翼夸德拉多制造威胁,阿尔梅罗门前近距离抢点,皮球打中对方后卫后,稍稍变线,依然飞进球门,1:0!哥伦比亚队取得领先。

哥伦比亚希腊 1

古铁雷斯再下一城,希腊队雪上加霜

下半场比赛易边再战。第 59 分钟,哥伦比亚队获得角球机会,阿吉拉尔前点策应,古铁雷斯门前抓住机会,扩大领先优势,2:0!第 63 分钟,希腊队右路传中,耶卡斯在门前的头球攻门击中横梁弹出。1 分钟后,希腊队再次换人,上赛季欧冠上有着出色发挥的 9 号米特罗格卢出场换下了 17 号耶卡斯。

哥伦比亚希腊 2

J 罗补时压哨破门,哥伦比亚队大获全胜

此后,希腊队大举进攻。第 83 分钟,托罗西迪斯禁区内停球转身时倒地,主裁判未予理睬。第 85 分钟,卡拉古尼斯横传禁区,老将萨马拉斯打门偏出。补时阶段,哥伦比亚队再次进球,夸德拉多脚后跟完成助攻,詹姆斯·罗德里格斯在禁区内为球队锦上添花,哥伦比亚队 3:0 完胜希腊队,全取 3 分。

哥伦比亚希腊 3

双方出场阵容:

哥伦比亚队(4-4-2):1- 奥斯皮纳 /18- 祖尼加、3- 耶佩斯、2- 萨帕塔、7- 阿尔梅罗(4- 阿里亚斯,第 74 分钟)/6- 桑切斯、8- 阿吉拉尔(15- 梅西亚,第 67 分钟)、10- 罗德里格斯、11- 夸德拉多 /14- 伊巴尔博、9- 古铁雷斯(21- 杰克逊·马丁内斯,第 76 分钟)

主教练:佩克尔曼

希腊队(4-2-3-1):1- 卡尼齐斯 /15- 托罗西迪斯、4- 马诺拉斯、19- 帕帕斯塔索普洛斯、20- 霍莱巴斯 /2- 马尼亚蒂斯、21- 卡楚拉尼斯 /14- 萨尔平

吉迪斯（18-菲特法特齐迪斯，第56分钟）、8-科内（10-卡拉古尼斯，第74分钟）、7-萨马拉斯/17-耶卡斯（9-米特罗格卢，第64分钟）

主教练：桑托斯

赛场　乌拉圭1:3哥斯达黎加

赛前硝烟：

对于乌拉圭队这样一支极具个性的球队来说，中国球迷记住他们的从来都不是这支球队的整体，而是一群极富个人魅力的球星和他们带给观众的美好瞬间。

大多数中国球迷对哥斯达黎加队的收视印象来源于2002年世界杯与中国队一起的回忆：万乔普、戈麦斯甚至主教练吉马良斯，这些名字在当年那场首战0:2结束后，被深深印在了一代中国球迷的心里。哥斯达黎加队虽然算不上中国足球的"敌人"，但是它却打破了那一代中国球迷对于中国队最初编织的世界杯梦想（战胜哥斯达黎加、战平土耳其、小负巴西），而且也永远伴随着中国队在世界杯的处子演出而被中国球迷所铭记。

本届乌拉圭队的参赛主力阵容，依然以2011年美洲杯冠军为班底。由于队中头号球星、上赛季英超最佳射手及英超MVP获得者苏亚雷斯因伤无缘本场首发，老将弗兰与大巴黎锋霸卡瓦尼将搭档锋线。而后防线上，主帅塔巴雷斯则继续倚仗穆斯莱拉、戈丁、卢加诺、卡塞雷斯等老将压阵。

哥斯达黎加队虽然以中北美洲及加勒比海区预选赛第2名晋级世界杯，但是他们还是被认为是本组中的"鱼腩部队"。前英超富勒姆球员、现效力于埃因霍温队的布莱恩·鲁伊兹是队中头号球星。而阿森纳小将坎贝尔和门将纳瓦斯则分别领衔锋线与后防。

北京时间6月15日凌晨3点，上届世界杯殿军乌拉圭队与哥斯达黎加队的比赛在福塔莱萨的卡斯特劳体育场拉开帷幕。上半场，卡瓦尼罚进点球帮助乌拉圭队一球领先；下半场，哥斯达黎加队凭借阿森纳小将坎贝尔的一传一射和中后卫杜亚特的进球，3:1 实现逆转，爆冷战胜乌拉圭队。此外，乌拉圭队的马克西·佩雷拉因为对坎贝尔的恶意犯规被红牌罚下。

"苏牙"缺阵，卡瓦尼首开纪录

比赛开始前，乌拉圭队头号球星苏亚雷斯出现在替补席，首发的两名前锋是卡瓦尼和弗兰。开场后，中场成为双方激烈争夺的主要地区。第 15 分钟，乌拉圭队策动进攻，中后卫戈丁在后门柱位置打进一球，但被判罚越位在先，进球无效。第 16 分钟，弗兰开出前场任意球造成对方解围失误，卡瓦尼小禁区前沿半转身右脚凌空垫射打偏，乌拉圭队错过开场最好进球机会。

第 22 分钟，乌拉圭队终于打破场上僵局。老将弗兰再次主罚任意球，哥斯达黎加队球员迪亚斯将卢加诺放倒在禁区内，被主裁判布吕希处以"极刑"，卡瓦尼主罚将球打进球门右下角，1:0！乌拉圭队先拔头筹。这是卡瓦尼代表乌拉圭队出战第 63 场比赛的第 22 粒入球，排名乌拉圭队历史进球榜并列第 8 位。这也是卡瓦尼继上届世界杯季军战攻破德国队球门后，再度在世界杯上进球。第 43 分钟，乌拉圭队差点扩大比分。罗德里格斯边路策动进攻，弗兰禁区左侧的射门打在防守球员身上发生折射，门将纳瓦斯神勇地将球扑出底线。此后乌拉圭队依然有机会扩大比分，只可惜——浪费，上半场比赛 1:0 暂时领先哥斯达黎加队。

乌拉圭哥斯达黎加 1

哥斯达黎加队"闪电战"爆冷逆转比分

下半场第 49 分钟，坎贝尔被卢加诺侵犯，主裁判向后者出示本场比赛第一张黄牌。随后，杜阿尔特接队友任意球，门前头球偷袭险些得手，幸好穆斯莱拉反应神速，封住路线。第 53 分钟，哥斯达黎加队终于有所斩获，博拉尼奥斯右路下底传中，杜阿尔特头球接力，坎贝尔在禁区左侧潇洒停球后，马上起左脚打门攻破乌拉圭队大门，1:1！

乌拉圭哥斯达黎加 2

第 56 分钟，哥斯达黎加队反超比分。加尔加诺防守鲁伊兹犯规，被主裁判处以黄牌。博拉尼奥斯开出任意球，中后卫杜阿尔特门前后点，头球攻破穆斯莱拉十指关，2:1！

乌拉圭哥斯达黎加 3

失球后,乌拉圭队马上换人调整,效力巴西科林蒂安的洛代罗和意甲拉齐奥悍将冈萨雷斯分别替下此前吃到黄牌的加尔加诺和体能下降的老将弗兰。但此后,反超比分的哥斯达黎加队没有固守,反而越战越勇。第 81 分钟,卡塞雷斯飞踹对手犯规,乌拉圭队再次领受黄牌。

第 84 分钟,哥斯达黎加队锁定胜局。乌雷尼亚在禁区内抢点,左脚推射空门扩大比分,3:1！此后,乌拉圭队情绪开始急躁起来。第 93 分钟,小将坎贝尔在边线附近护球,佩雷拉情绪失控,故意放倒了坎贝尔,双方球员发生了冲突,最后主裁判将佩雷拉红牌罚下。最终哥斯达黎加队 3:1 爆冷战胜乌拉圭队,继 2002 年韩日世界杯首战击败中国队后,时隔 12 年再度取得世界杯正赛的胜利。赛后,坎贝尔被国际足联评选为全场最佳球员。

双方出场阵容：

乌拉圭队（4-4-2）：1-穆斯莱拉/16-马克西·佩雷拉、2-卢加诺、3-戈丁、22-卡塞雷斯/11-斯图亚尼、5-加尔加诺（20-阿尔瓦罗·冈萨雷斯,第 60 分钟）、17-阿雷瓦洛、7-克里斯蒂安·罗德里格斯（8-赫尔南德斯,第 76 分钟）/10-弗兰（14-洛代罗,第 60 分钟）、21-卡瓦尼

主教练：塔瓦雷斯

哥斯达黎加队（5-4-1）：1-纳瓦斯/16-甘博亚、6-杜阿尔特、3-吉安卡罗·冈萨雷斯、4-乌马尼亚、15-迪亚斯/10-鲁伊兹（21-乌雷尼亚,第 82 分钟）、5-博尔赫斯、17-特赫达（22-库贝罗,第 75 分钟）、7-博拉尼奥斯（11-巴兰特斯,第 88 分钟）/9-乔·坎贝尔

主教练：平托

赛场　意大利 2:1 英格兰

赛前硝烟：

与意大利和德国国家队一样,英格兰国家队在中国球迷中同样有着深厚的群

众基础。虽然引领80后看球时代的加斯科因、希勒、贝克汉姆、欧文等球星已经退役，但是随着英格兰足球超级联赛全球影响力的逐年扩大、中国各大体育门户网站对于英超铺天盖地的转播和报道，阵中拥有杰拉德、兰帕德、鲁尼等巨星的英格兰国家队的球迷数量不但没有下降反而呈上升的趋势。

即使意大利队不再是人见人爱的"男模队"，即使英格兰队昔日的追风"双子星"离我们渐行渐远，但是意大利队与英格兰队这两个没落贵族之间的对决，依然是本届世界杯赛全世界球迷最为关注的焦点战之一。

纵观两队历史交锋的24战里，英格兰队8胜7平9负，进30球失27球，稍占劣势；其中两队在世界杯历史上仅有一次交战，1990意大利世界杯英格兰队1:2负于意大利队，获得当届比赛殿军。

历史上，意大利队凭借"钢筋混凝土式"的防守独步天下。其2006年纵横德国世界杯，便是最好佐证。如今，普兰德利率领的蓝衣军团不再闭门造车，而是选择大举进攻的技术流打法。反观英格兰队，上赛季利物浦队在英伦刮起的进攻快打旋风显然让霍奇森很受用。阵中队长杰拉德、斯图里奇、亨德森、斯特林、约翰逊等利物浦球员的压阵必然给了老帅与意大利队对攻的更多理由。

此役，意大利队门将布冯因伤被西里古取代，新秀达米安亮相后防线，维拉蒂流感及时痊愈与皮尔洛坐镇中场，巴洛特利出任单箭头；英格兰队方面，维尔贝克大腿伤愈出任首发，利物浦五人全部首发，鲁尼在攻击线辅佐斯图里奇。

北京时间6月15日早晨6时，2014年巴西世界杯D组首轮意大利队与英格兰队的焦点战役在玛瑙斯的亚马孙体育场拉开帷幕。马尔基西奥帮助蓝衣军团先拔头筹，随后斯图里奇接鲁尼助攻扳平比分，巴洛特利头球破门为意大利队锁定2:1胜局。意大利队继1990年本土世界杯后，再次在世界杯正赛击败三狮军团。

尤文"小王子"先拔头筹

比赛当天，玛瑙斯当地空气湿度高达83%。意大利队率先开球。第4分钟，利物浦小将斯特林前场长途奔袭，晃过防守队员后，远距离右脚发炮，皮球击中球门右侧边网。第 5 分钟，另一名利物浦球员亨德森迎球右脚大力抽射，迫使对方门将西里古做出精彩扑救。第 8 分钟，意大利队核心皮尔洛禁区中路拿球，造成后卫约翰逊疑似手球，意大利队索要点球未果。

第 11 分钟，帕莱塔禁区弧顶解围，球直接到了维尔贝克脚下，后者右脚爆射，球稍稍偏出左门柱。第 19 分钟，本场表现活跃的坎德雷瓦远距离右脚打门，乔·哈特奋力将球化解。第 24 分钟，英格兰队险些破门。维尔贝克过掉帕莱塔后，将球传至禁区，巴尔扎利倒地将球铲向自家大门，球擦左立柱稍稍偏出，意大利队幸运逃过一劫。第 35 分钟，意大利队取得领先。皮尔洛接维拉蒂战术角球，轻巧一漏，马尔基西奥心领神会，抓住防守球员疏忽机会，直接起右脚低射，球直入球门左下死角，1:0！

英格兰意大利 1

鲁小胖奉献精妙助攻，"司徒"后点推射闪电扳平

两分钟后，英格兰队迅速做出回应。鲁尼接斯特林中场直塞，左路带球强突禁区肋部后，送出精妙助攻，斯图里奇后点用不擅长的右脚包抄破门，1:1！第 47 分钟，巴神获得机会，他几近零角度的挑射被英格兰后卫头球解围。坎德雷瓦跟上一脚爆射，皮球击中立柱弹出。上半场结束，两队 1:1 暂时言和。

英格兰意大利 2

巴神闪光，助蓝衣军团反超比分

下半场第 48 分钟，斯图里奇前场右路完成内切，随后的左脚劲射被西里古倒地封出底线。第 50 分钟，巴洛特利进球完成反超。他接坎德雷瓦前场传中，后点摆脱后卫盯防，头球攻破前队友乔·哈特十指关，2:1，蓝衣军团再次领先。这是 24 岁的巴神代表国家队出战 31 场的第 13 个进球。

英格兰意大利 3

鲁小胖头球中柱，错失绝杀

此后，英格兰队大举压上进攻。第 51 分钟，斯图里奇突入禁区，与基耶利尼发生身体接触后倒地，裁判拒绝判罚点球。第 54 分钟，鲁尼远距离右脚施射，球稍稍偏出左立柱。随后，意大利队做出人员调整，刚刚伤愈的维拉蒂被蒂亚戈·莫塔替下。

第 61 分钟，斯图里奇左脚施射，球再次偏出。此后，英格兰队刚刚伤愈的维尔贝克也被调整下场，小将巴克利加入比赛。第 62 分钟，左后卫贝恩斯送出精妙传球，鲁尼反越位摆脱防守，在 12 码处大力射门偏出，错失本场比赛最佳进球机会。

第 64 分钟，德罗西策动攻势，坎德雷瓦巧妙卸球后转身抽射被后卫封挡，英格兰队快速反击，巴克利禁区左路的大力抽射被西里古扑出。此时斯特林出现抽筋状况。第 68 分钟，坎德雷瓦禁区外冷射偏出。第 72 分钟，意大利队解围角球不远，后卫约翰逊外围抽射，皮球再次偏出。此后，打进反超一球的巴神被因莫比莱替下，霍奇森也将擅长进攻的威尔谢尔换上，替下亨德森。第 77 分钟，贝恩斯禁区前沿任意球直接射门，西里古再次做出精彩扑救。

此后，本场比赛表现活跃的坎德雷瓦被帕罗洛换下，此前出现抽筋状况的斯图里奇也被新秀拉拉纳换下。伤停补时第 4 分钟，皮尔洛禁区前沿任意球劲射，击中英格兰队球门横梁。最终，全场比赛结束，意大利队 2:1 战胜英格兰队，拿到 3 分。

双方出场阵容：

意大利队（4-1-4-1）：12- 西里古 /4- 达米安、15- 巴尔扎利、20- 帕莱塔、3- 基耶利尼 /16- 德罗西 /6- 坎德雷瓦（18- 帕罗洛，第 79 分钟）、21- 皮尔洛、23- 维拉蒂（5- 蒂亚戈·莫塔，第 57 分钟）、8- 马尔基西奥 /9- 巴洛特利（17- 因莫比莱，第 73 分钟）

主教练：普兰德利

英格兰队（4-2-3-1）：1- 乔·哈特 /2- 格伦·约翰逊、6- 贾吉尔卡、5- 加里·卡希尔、3- 贝恩斯 /4- 杰拉德、14- 亨德森（7- 威尔谢尔，第 73 分钟）/11- 维尔贝克（21- 巴克利，第 61 分钟）、10- 鲁尼、19- 斯特林 /9- 斯图里奇（20- 拉拉纳，第 80 分钟）

主教练：霍奇森

赛场　科特迪瓦 2:1 日本

赛前硝烟:

日本队是本届杯赛上第一支亮相的亚洲球队。世界杯之前的友谊赛上的精彩发挥和赛前的豪言壮语,让日本队赚足了亚洲球迷的眼球,而队中以本田圭佑和香川真司领衔的众多旅欧球员的表现也值得期待。

如果只看科特迪瓦队的纸面实力,这支球队是非洲 5 支球队里最强的队伍。但是前两届世界杯上倒霉的分组和糟糕的发挥也让很多支持德罗巴的中国观众失望不已。

在本届世界杯上,科特迪瓦队终于在分组抽签时"守得云开见月明",相对不错的分组形势大大增加了这支球队进入复赛的可能。而对于非洲球队来讲,中国球迷在观看他们比赛时的心态和观看亚洲球队比赛时的心态会有些类似,会想当然地把他们看作冲击欧美传统足球势力的新生力量。对于科特迪瓦队而言,除了最大看点德罗巴外,中国球迷这种收视心理自然也会为这支球队"加分"不少。

本届杯赛上的这支科特迪瓦队中前场球星云集,实力超群,但是中后场相对实力较弱。主帅拉穆齐习惯采用 4-2-3-1 阵型。来自洛克伦队的门将巴里和很多非洲门将一样,扑救能力出色,活动范围大,出击能力强且反应敏捷。左后卫则是来自斯图加特队的博卡,中卫由老将科洛·图雷和班巴搭档。右后卫则是来自加拉塔萨雷队的埃布埃。中场三人分别是佐科拉居左,蒂奥特偏右,中路为亚亚·图雷。左边锋是卡卢,右边锋是罗马球星热尔维尼奥,承担球队攻城拔寨任务的是"魔兽"德罗巴。

北京时间 6 月 15 日上午 9 时,2014 年巴西世界杯 C 组首轮第 2 场小组赛日本队与科特迪瓦队的比赛在累西腓的伯南布哥竞技场展开较量。

第 16 分钟,日本队中头号球星本田圭佑首次打门便命中。下半场,效力英超斯旺西队的前锋博尼和罗马边锋热尔维尼奥在两分钟内连入两球,帮助"非洲大象"逆转,取得开门红。

本田轰出世界波，助日本先拔头筹

第 16 分钟，日本队意外在场面被动中取得领先。头号球星本田圭佑接队友左路传球，禁区内停球后顺势大力爆射破门，1:0！日本队意外取得领先。算上此球，本田也以 3 粒入球成为日本队世界杯历史最佳射手。

科特迪瓦日本 1

"新德罗巴"大力头球扳平，"热鸟"助"非洲大象"反超比分

第 64 分钟，博尼接奥里耶右路精准传中后，摆脱森重真人防守，鱼跃俯冲轰炸，攻破川岛永嗣十指关，1:1[①]！科特迪瓦队将比分扳平。仅仅两分钟后，奥里耶再度送出精妙助攻，效力于意甲罗马队的边锋热尔维尼奥用并不擅长的头球，帮助球队反超比分，2:1！连续丢掉两球后，日本队主帅扎切罗尼立即将表现平平的大迫勇也撤下，遣上老将大久保嘉人。领先的科特迪瓦队连续做出人员调整，博卡和进球功臣博尼被撤换下场。第 81 分钟，德罗巴在禁区前沿主罚任意球选择了直接射门，川岛永嗣将球奋力扑出底线。第 85 分钟，又是德罗巴制造杀机，他在禁区内觅得良机，起左脚打门，足球稍稍偏出右侧立柱。补时阶段，日本队大举压上，但在科特迪瓦队的密集防守前，数次无功而返。最终，科特迪瓦队以 2:1 逆转日本队，取得本届世界杯开门红。

科特迪瓦日本 2

科特迪瓦日本 3

双方出场阵容：

日本队（4-2-3-1）：1- 川岛永嗣 /2- 内田笃人、6- 森重真人、22- 吉田麻也、5- 长友佑都 /17- 长谷部诚（7- 远藤保仁，第 53 分钟）、16- 山口萤 /10- 香川真司（11- 柿谷曜一朗，第 85 分钟）、4- 本田圭佑、9- 冈崎慎司 /18- 大迫勇也（13- 大久保嘉人，第 67 分钟）

主教练：扎切罗尼

科特迪瓦队（4-2-3-1）：1- 巴里 /17- 奥里耶、22- 班巴、5- 佐科拉、3- 博卡（18- 贾科帕，第 74 分钟）/9- 蒂奥特、20- 迪耶（11- 德罗巴，第 61 分钟）/8- 卡卢、19- 亚亚·图雷、10- 热尔维尼奥 /12- 博尼（13- 科南，第 77 分钟）

主教练：拉穆齐

[①] 第二粒入球的二维码链接视频为本场比赛的进球集锦，原网站视频如此。

《豪门盛宴》解读世界杯

【张斌语录】

1. 英格兰队打意大利队，前30分钟看得我血脉贲张，谁进球不重要，我的感受是，在这样一个世界杯的首场比赛当中，场上的22个真正的男人，刚一开场就全体进攻，没有任何功利的思考，投入而专注。世界杯有胜负，世界杯有传奇，但最感动我的是，球员们能用一腔热血去献给自己热爱的运动，这是足球的魅力，也是世界杯的魅力。

2. 43岁（蒙得拉贡），35岁（皮尔洛），其实世界杯就是一个人生的生命周期无数次的聚合。很多人都会觉得，皮尔洛的离去很可能是一代人的足球青春的结束。但是没办法，世界杯就是一个送别和迎来的坐标，当你看到皮尔洛的背影渐渐远去的时候，你同样看到那些新的一代、90后扑面而来。

3. 世界杯赛的又一个比赛日迎面而来了，每个比赛日，中国球迷总能有办法将之跟中国足球密切关联起来，有时候听得你很刺耳，有时候听得你很心酸。比如哥斯达黎加队赢球之后，有人说，我们中国队再跟他踢一场还是赢不了。其实当我们看到哥斯达黎加队这一次出场的时候，当国歌奏响时，我想每个人的思绪都会回到12年前，那同样是个马年，2002年的韩日世界杯赛。当你看到在这一时刻，哥斯达黎加队重回世界杯赛场，中国队与他的距离更遥远的时候，你会比对一下12年间，两支球队出场的首发队员是否一切安好，你也会看到哥斯达黎加队12年间主力球员全部更换掉了。你可能记不清楚当时中国队在韩日世界杯赛首发的时候到底都是哪些球员，还有哪些球员仍在继续踢球。那一张张面孔，当时就是我们内心当中无比坚定支持的人，李玮峰、邵佳一、徐云龙、肇俊哲，他们至今仍然在踢球，包括孙继海，他就在巴西观看比赛。12年，中国足球发生了太多太多的变化，米卢曾经说过一句话："我在快乐地旅游，有的人则在大墙之内。"世界杯使我们无数次回到中国足球的核心问题，虽然有笑骂、讥讽，但是对于中国足球，我们心中仍有尊重。这12年有太多太多值得我们去讲的故事，有朝一日，一定要有一部纪录片，名字就叫《2002年我们一起牵手，回到那段历史当中》。

【绝对巨星】巴洛特利

放眼世界足坛，被称作"神"的球员并不多，巴神却是当之无愧。所谓神，和普通人自然不同，巴神的世界你永远不懂，他可以在球门前思考人生，也可以成为球场上的真神。

在2012年欧洲杯意大利队对西班牙队的小组赛中，巴洛特利得到单刀良机，但却忽然减速，慢下来"思考人生"，此次威胁最终被拉莫斯化解。

你可以嘲笑他幼稚、狂妄，却不得不承认他真的很"有型"。还是两年前的欧洲杯，意大利队半决赛对阵夺冠热门德国队，巴神梅开二度，堪称无解的进球帮助球队打进决赛。他在打进那个诡异的世界波后，脱衣展示肌肉，这一雕塑般的庆祝动作已经成为经典。

就在巴西世界杯开幕前，特立独行的巴神终于干了件正经事。他在社交网络上晒出了向女友范妮求婚成功的照片，曾经的花花公子即将步入婚姻的殿堂。

成家立业后的巴神，不仅在个人问题上完成了从男孩到男人的转变，在球场上的表现也日趋成熟。2014年6月15日清晨，巴神迎来自己的世界杯处子秀，在湿热的马瑙斯对阵英格兰队。在1:1的局面下，在上半时补时阶段，巴神接应皮尔洛直传，乔·哈特出击，巴神转身小角度吊射，可惜被贾吉尔卡门线解围。比赛进行到下半时，巴洛特利终于将机会转化为进球，他接坎德雷瓦传中，小角度头球顶入球门近角，为蓝衣军团锁定胜局。又是一粒世界波，有如神来之笔将今夜的亚马孙体育场涂上一抹浓重的蓝。最近5场世界大赛，巴神打进4球，他用超群的实力和出色的发挥在自己的世界杯荣誉簿上写下了完美的第一页。

【N角度】哥伦比亚队VS希腊队——《百年孤独》与《荷马史诗》

《百年孤独》是哥伦比亚作家加西亚·马尔克斯的代表作，也是拉丁美洲魔幻现实主义文学的代表作，被誉为"再现拉丁美洲历史社会图景的鸿篇巨著"。

《荷马史诗》是古希腊文学中最早的一部史诗，也是最受欢迎、最具影响力的文学著作。它是欧洲叙事诗的经典范例，其中的故事情节和人物形象为欧洲后世的诸多作家提供了丰富的素材。

当哥伦比亚队以 3:0 横扫希腊队的时候，我们冷静下来仔细琢磨，哥伦比亚队的每一个进球，仿佛都在诠释马尔克斯在《百年孤独》中的那句经典："预感总是倏然来临，灵光一现，好像一种确凿无疑的信念在瞬间萌生却无从捕捉。"哥伦比亚人的确是以一种精神上强大无比的信念在作战！而反观希腊勇士呢？或许他们的确认为自己很强大，因为他们在 2004 年曾经以特洛伊木马般的神话一举摘得了欧洲杯的桂冠。而今天，哥伦比亚人成了他们痛苦记忆的特洛伊木马。

马尔克斯现在若仍在世，或许会很调侃地对希腊人说："生命中曾经有过的所有灿烂，原来终究，都需要用寂寞来偿还。"希腊人 10 年来的寂寞或许还没有到尽头。因为，希腊人还没有找到他们致命的弱点——阿喀琉斯之踵。他们也许正如奥德赛一样，在辉煌之后，必须经历千辛万苦才能最终回家，希腊人想要最终在绿茵场上找到回家的感觉，还有很长的路要走。

希腊人必须从《荷马史诗》中找到真正的英雄情结，读懂"对生命的挚爱，没有使英雄成为生命的奴仆"。而哥伦比亚人只不过是旗开得胜，他们应该时时牢记马尔克斯在《百年孤独》中的教诲："任何东西都有生命，一切在于如何唤起它们的灵性！"

名言汇总：

1. 预感总是倏然来临，灵光一现，好像一种确凿无疑的信念在瞬间萌生却无从捕捉。

——马尔克斯《百年孤独》

2. 对生命的挚爱，没有使英雄成为生命的奴仆！

——《荷马史诗》

3. 任何东西都有生命，一切在于如何唤起它们的灵性！

——马尔克斯《百年孤独》

【舌尖上的世界杯】哥伦比亚鸡汤饭

古老的印第安文明在与西班牙文明以及非洲文明完美交织之后，形成了独树一帜的哥伦比亚文化与风情，阅读加西亚·马尔克斯和他的"魔幻现实主义"风格的《百年孤独》，是我们认识哥伦比亚的一个很好的方式，而美食与足球，则为我们提供了另外一个认识哥伦比亚的方式。

多元文化的交融，反而让哥伦比亚人在对美食的追求上更为质朴，闻名大街小巷的 Ajiaco（鸡汤饭），便是哥伦比亚人的家常美味。鸡汤饭在食材选用上的粗放，以及直率浓烈的口味，让我们从中品味出哥伦比亚的淳朴民情。

鸡肉、土豆与玉米是哥伦比亚人酷爱的食物，选取精良的去骨鸡脯肉加入鸡精放在锅中炖煮半小时，将煮熟的鸡肉取出冷却，在熬制好的鸡汤里依次加入土豆、玉米，煮至软糯，再将做好的鸡肉重新放入鸡汤中，并且佐以经典的拉美水果牛油果以及酸奶油，一道令无数哥伦比亚人垂涎的哥伦比亚鸡汤饭便大功告成。

品尝着美味的鸡汤饭，哥伦比亚人当然一定要谈论足球。哥伦比亚是一个热爱足球的国度，也因此拥有了20世纪90年代崛起的辉煌，1993年曾经一度足球排名世界第一，那是无数哥伦比亚人记忆中最闪耀的时刻。与世界杯久违16年的哥伦比亚，再一次为热爱、激情和荣誉而战！但愿他们能为世界绿茵奉献一道最纯正美味的哥伦比亚"鸡汤饭"！

4 | 6月16日

赛场 | **瑞士 2:1 厄瓜多尔**

赛前硝烟：

中国球迷对于瑞士队的印象就像水面，看似平淡无奇却又屡掀波澜。而瑞士队屡屡在大赛中亮相的数年中，大多数中国球迷还是会有一个疑问：这支球队凭什么几乎每次都能率先在强手如林的欧洲预选赛出线？为什么这支球队会是种子队？为什么……是的，瑞士队就是这样，稳定中带着些许神秘。

中国球迷对于厄瓜多尔队最初的印象来自于这支球队相差悬殊的主客场成

绩。在首都基多，厄瓜多尔队常常能够击败巴西队、阿根廷队这样的劲旅，是当之无愧的"南美主场王"。而一旦离开高原，他们则常常变成一支鱼腩球队。厄瓜多尔队给中国观众的印象也并不是传统的南美球队。对于本届世界杯的厄瓜多尔队来说，中国球迷并不关心它能取得怎样的成绩，而是它能给大家带来怎样的足球风格。

德国老帅希斯菲尔德从2008年夏天开始执教瑞士队，带领球队打入2010年南非世界杯决赛圈，尽管首战爆冷1:0击败最后的冠军西班牙队，但接下来因0:1负智利队和0:0平洪都拉斯队而无缘16强。本届杯赛上，瑞士队将主要采用4-2-3-1的阵型，后防线上有经验丰富的门将贝纳利奥和尤文后卫利希施泰纳；中场中路由那不勒斯双子星因勒、贝赫拉米坐镇；前场进攻核心则是来自拜仁慕尼黑的沙奇里，而同样年轻的门兴格拉德巴赫前腰扎卡、巴塞尔左边锋斯托克尔和皇家社会前锋哈里斯·塞费罗维奇则会为他分担进攻压力。

厄瓜多尔主打4-4-2阵型，战术打法强调两个边路的突击和头号球星、效力于曼联队的瓦伦西亚的传中、突破能力，前曼城中锋凯塞多则负责接应头球摆渡和射门，影子前锋蒙特罗则在卡塞多身边游弋，伺机破门。

北京时间6月16日0点，2014年巴西世界杯E组首轮瑞士队与厄瓜多尔队的比赛在巴西利亚国家体育场展开争夺。恩纳·瓦伦西亚帮助厄瓜多尔队先拔头筹。下半场，瑞士队替补球员开始发威。穆罕穆迪替补亮相3分钟便有所斩获，补时第3分钟，替补前锋塞费罗维奇压哨完成绝杀，帮助瑞士队2:1反超。

恩纳·瓦伦西亚帮助"高原之队"先拔头筹

开场第4分钟，阿约维禁区前沿任意球直接攻门被贝纳利奥轻松得到。第16分钟，因勒策动攻势，"瑞士梅西"沙奇里远射，皮球被门将没收。第22分钟，厄瓜多尔队取得领先。恩纳·瓦伦西亚接阿约维左路任意球助攻，禁区内近距离抢点头球攻破瑞士队大门，1:0！此球也是恩纳·瓦伦西亚5次为国出战的第5球。

瑞士厄瓜多尔1

老帅希斯菲尔德导演逆转，瑞士替补亮剑建奇功

易边再战。老帅希斯菲尔德将斯托克尔撤下，穆罕穆迪领命出阵。仅仅3分钟后，穆罕穆迪便有所斩获。瑞士队罗德里格斯左路开出角球至禁区，穆罕穆迪抢点头球为瑞士队扳平比分，1:1！随后，厄瓜多尔队加强进攻，第67分钟，埃拉索为本队打入一球，但是被判越位无效。此后，老帅希斯菲尔德再次调兵遣将。塞费罗维奇替下首发的中锋德米奇。

瑞士厄瓜多尔2

伤停补时第3分钟，厄瓜多尔队前场错失绝杀良机，瑞士队随即展开快速反击，罗德里格斯禁区左侧横传中路，塞费罗维奇近距离左脚抢点，抽射将球打进球门左上死角，2:1！瑞士队完成压哨绝杀，有惊无险地取得开门红。

瑞士厄瓜多尔3

双方出场阵容：

瑞士队（4-2-3-1）：1-贝纳利奥/2-利希施泰纳、20-乔鲁、5-冯贝尔根、13-里查多·罗德里格斯/11-贝赫拉米、8-因勒/23-沙奇里、10-扎卡、14-斯托克尔（18-穆罕穆迪，第46分钟）/19-德米奇（9-塞费罗维奇，第75分钟）

主教练：希斯菲尔德

厄瓜多尔队（4-4-2）：22-多明戈斯/4-帕雷德斯、3-埃拉索、2-古阿古阿、10-瓦尔特·阿约维/16-安东尼奥·瓦伦西亚、23-格鲁埃索、6-诺沃亚、7-蒙特罗（9-罗哈斯，第77分钟）/11-卡塞多（15-阿罗约，第70分钟）、13-恩纳·瓦伦西亚

主教练：鲁埃达

赛场 法国3:0洪都拉斯

赛前硝烟：

惊艳、一片哗然、缺憾中的经典、丑陋与愤恨，这4个关键词可以高度概括法国队从1998年到2010年4届大赛的表现。而在广大中国球迷心中，齐达内这

个名字不但是他们记忆中永恒的经典，同样也是这几届大赛法国队的"关键词"。而如何解决"齐祖依赖症"则是球迷对于后齐祖时代法国队最大的疑问。

早在2010年南非世界杯时，法国队的"齐祖依赖症"便应该被解决。但是4年前球队的丑闻和糟糕表现不但让法国队的声誉严重受损，也让这个顽疾又伴随了法国队4年。从本届世界杯法国队的人员配置来看，法国队绝对不输给任何一支球队。而老生常谈的"齐祖依赖症"怎样解决、后齐祖时代队内的球权及战术分配问题则是球迷关注的焦点。

洪都拉斯队连续两届世界杯亮相决赛圈，这一表现足以让中国观众感到惊讶。而中国球迷也会习惯性地将自己的国家队与之对比，希望找出差距。

北京时间6月16日凌晨3点，2014年巴西世界杯E组的法国队与洪都拉斯队的比赛在阿莱格里港的河岸球场拉开帷幕。上半场，帕拉西奥斯两黄变一红被罚出场，本泽马点球为高卢雄鸡拔得头筹。下半场，洪都拉斯队门将送礼为法国队再添一分，随后本泽马再下一城，将比分锁定为3:0。最终法国队小组赛首战3:0完胜洪都拉斯队，收获3分。

洪都拉斯队铁腰染红下场，本泽马命中点球

法国洪都拉斯1

第27分钟，帕拉西奥斯对博格巴犯规，后者倒地后进行报复，两人被主裁黄牌各打五十大板。第41分钟，法国队右后卫德比希下底策动进攻，被后卫封堵。第43分钟，帕拉西奥斯禁区内对博格巴犯规，裁判处以洪都拉斯队"极刑"并将帕拉西奥斯红牌驱逐出场。本泽马操刀右脚主罚为法国队首开纪录，1:0！这是法国队近16年来首次在世界杯首战中进球，这也是皇马前锋在世界杯上的处子进球。

洪都拉斯队门将失误，法国队扩大领先优势

法国洪都拉斯2

第48分钟，卡巴耶前场右侧制造杀机，中锋本泽马禁区左侧觅得良机，起左脚劲射，皮球打在远端门柱后弹回，洪都拉斯队门将扑球时不慎将球送入自家大门，"帮助"法国队扩大比分，2:0。

"笨马"再下一城，助高卢雄鸡收获胜利

第72分钟，法国队再下一城。新秀格列兹曼禁区前沿接瓦尔布埃纳右侧任意球传球，用不擅长的右脚爆射，皮球打在对方后卫身上弹回，本泽马右脚劲射完成本场比赛第2个进球，3:0！第77分钟，瓦尔布埃纳被吉鲁换下，法国队用完3个换人名额。第84分钟，本泽马接德比希右路传中，后点右脚抽射，被对方后卫及时化解。第92分钟，马图伊迪左脚射门放了高射炮。最终，法国队3:0完胜洪都拉斯队，取得开门红。

双方出场阵容：

法国队（4-3-3）：1-洛里斯/2-德比希、4-瓦拉内、5-萨科、3-埃弗拉/6-卡巴耶（12-马武巴，第65分钟）、14-马图伊迪、19-博格巴（18-西索科，第58分钟）、/8-瓦尔布埃纳（9-吉鲁，第77分钟）、11-格列兹曼、10-本泽马

主教练：德尚

洪都拉斯队（4-4-2）：18-巴利亚达雷斯/21-贝克莱斯、5-贝纳德斯（2-奥斯曼·查维斯，第46分钟）、3-菲格罗亚、7-伊萨吉雷/17-纳哈尔（20-克拉罗斯，第58分钟）、8-帕拉西奥斯、19-加里多、15-埃斯皮诺萨/11-本特森（14-奥斯卡·加西亚，第46分钟）、13-科斯特利

主教练：路易斯·费尔南多·苏亚雷斯

赛场　阿根廷 2:1 波黑

赛前硝烟：

可能很多观众都对波黑足球感到陌生。但说到波黑首都萨拉热窝，很多年长一点的观众都会回忆起那部经典老电影《瓦尔特保卫萨拉热窝》。

作为巴尔干足球在本届杯赛上的第2支亮相的代表球队（另一支是克罗地亚队），波黑队其实是32强里唯一的世界杯新军。而大多数中国球迷对这支球队的印象来自于2012年欧洲杯预选赛附加赛与葡萄牙队的两回合大战，不屈不挠的"瓦尔特精神"也深深印入了球迷脑海里。

阿根廷队的马拉多纳时代可能离我们主体的收视群体有些遥远，在这20年间的几届世界杯里，中国观众对于蓝白军团的记忆与印象常常伴随着希望、期待、矛盾、感伤这4种主要情绪。而这支球队也在中国观众心目中有着不同于其他"八大豪门"的独特气质。

虽然记忆中那一代经典球星的背影已渐渐远去，但在本届世界杯上，中国球迷仍然希望他们深爱的这支球队取得好成绩。就像分手的恋人一样，你依然希望她在未来的日子里一切都好。而观众的焦点依然会在梅西身上。

北京时间6月16日早晨6点，2014年巴西世界杯小组赛F组首轮阿根廷队与波黑队的比赛在马拉卡纳球场进行。科拉西纳茨开场便送上乌龙大礼，梅西下半场破门，帮助阿根廷队建立两球优势，伊比舍维奇终场前为波黑队扳回一球，阿根廷队2:1战胜世界杯新军波黑队，取得首战胜利。

阿根廷波黑1

科拉西纳茨开场闪电失误，阿根廷队笑纳乌龙大礼

开场不到3分钟，罗霍中路接梅西左路任意球传中后，头球摆渡，波黑队后卫科拉西纳茨门前近距离伸腿，自摆乌龙，1:0！阿根廷队意外取得领先。这粒进球是本届世界杯上到目前为止的最快进球。而颇为尴尬的是，首次参加世界杯的波黑队便为世界杯送上历史上最快的乌龙球！

阿根廷波黑2

梅西8年后世界杯再破门

第64分钟，梅西在与伊瓜因进行撞墙式配合后，趟过比卡克西奇后横向杀入禁区，在禁区弧内起左脚打门，皮球撞左侧立柱后弹入大门，2:0！继2006年世界杯与塞黑队比赛后，梅西打进了个人在世界杯上的第2粒进球，同时也将自己世界杯不进球的时间定格在了623分钟。

波黑队收获世界杯首球

第84分钟，替补登场的伊比舍维奇接卢利奇直传后，反越位成功后一脚打门，攻破阿根廷队球门，1:2！波黑队扳回一球的同时也收获了世界杯史上第一粒入球。全场比赛结束，阿根廷队2:1小胜波黑队，拿到3分。

阿根廷波黑3

双方出场阵容：

阿根廷队（3-5-2）：1-罗梅罗/3-坎帕尼亚罗（5-加戈，第46分钟）、17-费德里科·费尔南德斯、2-加雷/4-萨巴莱塔、11-马克西·罗德里格斯（9-伊瓜因，第46分钟）、14-马斯切拉诺、7-迪马利亚、16-罗霍/10-梅西、20-阿奎罗（6-比格利亚，第86分钟）

主教练：萨维利亚

波黑队（4-2-3-1）：1-贝戈维奇/13-穆伊扎（9-伊比舍维奇，第68分钟）、4-斯帕西奇、3-比卡克西奇、5-科拉西纳茨/7-贝西奇、8-皮亚尼奇/20-哈伊洛维奇（19-维斯卡，第70分钟）、10-米西莫维奇（18-梅顿贾宁，第73分钟）、16-卢利奇/11-哲科

主教练：苏西奇

《豪门盛宴》解读世界杯

【N角度】法国队VS洪都拉斯队——法国文学、古印第安文化解读

雨果是法国浪漫主义作家的代表人物，法国文学史上卓越的作家。雨果几乎经历了19世纪法国的所有重大事件。他一生创作了众多诗歌、小说、剧本、散文、文艺评论及政论文章，代表作有《巴黎圣母院》《笑面人》《悲惨世界》。

西雅图酋长是美国华盛顿州境内的印第安人部落的领袖，对大自然极其热爱。1854年12月，他在包括州长、白人移民和大约1000名印第安人在内的集会上发表演说《西雅图宣言》。他乐于与白人移民共处，并同西雅图的创立者之一戴维·梅纳德建立了私人友谊。根据梅纳德的建议，该城市被命名为西雅图。

如果本场比赛就是"高卢雄鸡"的质变,那我们会由衷地说:"我们没有白等4年!"时光荏苒,南非世界杯上,法国队上演的一幕幕丑闻和闹剧仿佛梦魇一般萦绕心头。正如雨果笔下的冉·阿让,带着一张屈辱的黄色身份证以及一个在痛苦与仇恨中翻滚煎熬的灵魂,在阿尔卑斯山的夜风中步履蹒跚。倘若思考就此打住,仅仅谴责外界的不公,那法国队将永远隐没于塞纳河的另一畔。好在4年后的今天,法国队用精致的3粒进球和优异的表现,在那些凄苦中守候了4年的球迷面前完成了自我救赎。也许正如雨果所说:"我宁愿靠自己的力量,打开我的前途,而不愿求有力者垂青。"

而对于洪都拉斯队来说,首场失利也并非"悲惨世界"。就像古老的玛雅文明和深邃的大蓝洞赋予这个国度神秘的色彩一样,也许他们此刻更应该铭记先人的教诲:"如果你在山上迷失方向,只要你足够细心,蚂蚁会带你找到正确的归途。"

洪都拉斯人需要遵循先人的足迹,读懂"人类所做的一切,最终会影响到这个网络,也影响到人类本身"。而法国人只不过刚刚完成救赎,他们需要带着感恩的心铭记雨果的教诲:"脚步不能达到的地方,眼光可以到达;眼光不能到达的地方,精神可以飞到!"

名言汇总:

1.我宁愿靠自己的力量,打开我的前途,而不愿求有力者垂青。

——雨果

2.如果你在山上迷失方向,只要你足够细心,蚂蚁会带你找到正确的归途。

——古印第安人谚语

3.人类所做的一切,最终会影响到这个网络,也影响到人类本身。

——印第安酋长西雅图

4.脚步不能达到的地方,眼光可以到达;眼光不能到达的地方,精神可以飞到!

——雨果

【动物世界杯】瑞士奶牛VS厄瓜多尔秃鹫

奶牛原产于荷兰,也称荷兰牛。其毛色为黑白花片。头部轮廓清晰,略长。颈部有皱褶。皮薄,毛细短,皮下脂肪少,全身结构匀称,细致紧凑,棱角清晰。后躯较前躯发达,乳房庞大,乳静脉明显。该牛风土驯化能力强,耐热性较差。

秃鹫是隼形目鹰科秃鹫属的一类以食腐肉为生的大型猛禽,体长约1.2米,是高原上体格最大的猛禽。体羽主要是黑褐色,飞羽和尾部黑色更深,颈部羽毛淡褐接近白色,颈后羽毛稀少或者没有羽毛。秃鹫一般以死尸、腐肉为食,很少袭击健康的动物,偶尔也会捕食生病或受伤的动物。

从未谋面的厄瓜多尔秃鹫与瑞士奶牛,在巴西利亚的绿茵场上的激烈对阵,使人们嗅到了一股非常新鲜的气味,谁将会是最终的胜者呢?

从厄瓜多尔高海拔俯冲而来的南美秃鹫,以一种高原式的高压态势咄咄逼人,秃鹫有秃鹫的信条,那就是"没有秃鹫的肠胃,就不要去咀嚼金丸银蛋",在它们的眼里,瑞士奶牛或许根本就是一道美味珍馐。

果不其然,恩纳·瓦伦西亚作为厄瓜多尔秃鹫尖利的嘴,在没有被盯防的情况下,迅速张开利嘴,狠狠地一击,立刻让瑞士奶牛很受伤。

然而,瑞士奶牛绝不会轻易屈服。瑞士奶牛憨厚的外表下是不服输的强大内心,伤口的痛楚令他们顿时牛气冲天!

初生牛犊不怕虎,更不可能怕秃鹫。最终,瑞士奶牛以其看似并不犀利的牛角,一连两次洞穿厄瓜多尔秃鹫的胸膛。

奶牛的胜利,是脚踏实地者们的胜利。

【传奇】世界杯上我们追过的男神

世界杯的节奏正在点燃全人类的激情,当金杯的光晕倒映那些俊朗的身影,盛会的高潮已经来临。绿茵场上的各路男神以足球的名义到来,我们以足球的名义追逐。

球场上的范佩西闪烁着罗宾侠的锋芒,在充满激情的桑巴圣地,荷兰队长带领他的橙衣军团追寻金杯的荣耀。皮尔洛,是绿茵场上的达·芬奇,用双脚绘制出美妙的弧线,那是专属于亚平宁的艺术佳作。当大师遇到足球,便成就了最好的皮尔洛。虽然圣卡西的世界杯首演不堪回首,但历史不会否认,他用自己最好的年华,浇筑了整个西班牙王朝的辉煌。

而历届杯赛的男神们,也在世界杯的历史书页上星光熠熠。

卡卡脸上总是挂着邻家男孩般温暖的笑容,他阳光帅气的面庞是桑巴军团的标志,他像是一个从童话中走出来的白马王子。卡卡20岁便随巴西队捧起世界杯,面对如潮般的赞誉,他只是谦虚地感谢着上帝的恩赐。

无论何时何地,有贝克汉姆的地方,就有迷人的风景。在世界杯的舞台上,他从天才变成罪人,又从罪人变成英雄。时光荏苒,他从青涩的王子成长为国王,气定神闲地站在那里,接受着全世界的拥戴。小贝的世界杯故事里少不了欧文,1998年的英阿大战,小贝送出助攻,欧文一骑绝尘,自此欧文"追风少年"的名号响彻世界。

2006年夏天,卡纳瓦罗高举金杯的画面仍历历在目。蓝衣数十载,不枉少年情。他那满头飘逸的长发随着年华飘落,却在时光里编织成蓝衣军团的铜墙铁壁。卡纳瓦罗的男神气质最为坚毅。

这个忧郁的背影曾让世界动容,1994年,巴乔凭一己之力让意大利距离金杯咫尺之遥,却又在一瞬间远隔天涯。虽然亚平宁曾经为他忍受擦肩之痛,但没有人舍得放弃对巴乔的片片记忆,那双湛蓝的眼睛,早已深深烙印在时光的脑海里。

【舌尖上的世界杯】波黑肉饼

波斯尼亚和黑塞哥维那共和国,简称波黑,是一颗镶嵌于巴尔干半岛的清澈的明珠,波斯尼亚人、克罗地亚人与塞尔维亚人聚集在一起,除了踢足球,便应该是研究美食了。清香酥软的Burek或许正是在这多种民族文化的碰撞中诞生出来的美味食品。面粉与肉末烘烤出的细腻的口感,仿佛就是为了印证波黑足球技术与力量的和谐之美。

面食的烹饪和烘制是波黑人烹饪所必须掌握的一项基本工艺，面粉是最主要的原料。揉面，发酵，擀面，这一系列的过程就像足球上的每一脚传递，直到将球送入网窝。将大蒜、洋葱切成小片放入猪肉末中均匀搅拌，而在地中海沿岸国家被誉为"液体黄金"的橄榄油，是 Burek 必不可少的调料，有着天然保健功效和烹调用途，将其放入肉末中，配合胡椒粉与盐进行均匀搅拌。面团松弛后，擀成大块面皮，将肉末酱均匀涂抹之上，从两端往中间卷起。如果将青菜、鸡蛋混合着橄榄油撒在面皮上，又会得到另外一种完全不同的味道。将卷好的面皮放入烤箱中低温烘烤 30 分钟后，色泽金黄、香脆可口的 Burek 便新鲜出炉了。

第一次打进世界杯的波黑新军，其实从不缺乏足球传统，他们从南斯拉夫足球中继承了精良的技术，天马行空，不拘一格。技艺精湛的球员仿佛 Burek 的各类馅料，而整个球队就如同高明的厨师，必将在世界杯的绿茵场上烹制出自己独特的美味佳肴。

5 | 6月17日

赛场 | **德国 4:0 葡萄牙**

赛前硝烟：

中国球迷对于德国队的感情和关注程度自然无需赘言。在经历了 2010 年世界杯的打法变革与青春旋风、2012 年欧洲杯的风华正茂之后，大多数中国球迷对于本届世界杯上的这支德国队，尤其是对于主教练勒夫的期待值自然不是锻炼队伍、磨合打法这么简单。所以在本届杯赛上，手握一手好牌的勒夫怎样设计战术、找寻夺冠密码则是德国队的最大看点。

在中国观众心目中的传统九大豪门里，葡萄牙队可谓叨陪末座。除了 1992 年世青赛黄金一代在 2000 年欧洲杯集体闪耀留给中国球迷的美好回忆，和这几年间"神将"C罗单枪匹马带着球队冲击大赛成绩之外，中国球迷对于葡萄牙队的最直观感受就是：纸面上实力不错，但总觉得这支球队缺少一些什么，总觉得是C罗一个人覆盖了葡萄牙队还算有才华的整体。

所以在本届世界杯上，在保证C罗正常发挥的前提下，主教练本托如何用好手里其余的牌，让其他人能够为C罗分担相应的压力，展示自己的才华，多为球队做出贡献，则是球迷对于葡萄牙队最大的希望和该队的看点所在。

回顾两队历史上的17次交锋，德国队9胜5平3负，占据明显优势。在世界杯和欧洲杯决赛圈阶段，德葡两队有5次遭遇，德国队同样以3胜1平1负占据先机。葡萄牙队最后一次击败德国队还是在14年前的欧洲杯小组赛中，凭借康西卡奥的帽子戏法，全替补出战的葡萄牙队3:0横扫德国队。但此后双方3次大赛碰面德国队全部告捷。最近一次是在2012年欧洲杯小组赛，戈麦斯下半场的头球破门帮助德国队1:0力克葡萄牙队。

北京时间6月17日0时，2014年巴西世界杯G组首轮德国队与葡萄牙队的重头戏在萨尔瓦多新水源球场进行。开场第9分钟，穆勒操刀点球破门。第30分钟，胡梅尔斯头球将比分扩大为2:0。第37分钟，佩佩故意头撞穆勒，被主裁判红牌驱逐。第45分钟，穆勒抓住布鲁诺·阿尔维斯的失误，个人梅开二度。第78分钟，又是穆勒门前抢射，完成世界杯开赛以来第一个帽子戏法，也将比分锁定为4:0！

穆勒延续世界杯进球势头，德国队拔得头筹

德国葡萄牙1

第9分钟，格策在禁区内闪过佩雷拉时被侵犯。主裁判处以葡萄牙队"极刑"并向佩雷拉出示黄牌。穆勒操刀点球入球门左下死角，1:0！德国队迅速取得领先。穆勒也在上届世界杯获得最佳射手后，延续着自己在世界杯上的进球势头。

"狐媚"门前变灵狐，德国队扩大优势

第30分钟，厄齐尔接托尼·克罗斯反击中传球后，快速杀进禁区后回做，格策跟进打门，佩雷拉将功补过，飞身化解险情。随后，胡梅尔斯接克罗斯主罚

的角球，头球力压佩佩，将比分扩大为2:0。

佩佩失去理智遭驱逐，葡萄牙队雪上加霜

第37分钟，比赛再掀高潮。穆勒在前场遭遇佩佩手肘侵犯后倒地。失去理智的佩佩上前用头顶挑衅穆勒，主裁判随即红牌将佩佩驱逐出场。雪上加霜的葡萄牙队随后将梅雷莱斯后撤到后卫线，客串中卫。

穆勒火力全开，德国队半场前锁定胜局

第45分钟，克罗斯前场策动攻势。机警的穆勒抓住布鲁诺·阿尔维斯解围失误的机会，抢先一步截获皮球后左脚大力轰门，洞穿帕特里西奥的十指关，3:0！德国队在半场结束前，几乎锁定胜局。上届最佳射手穆勒用45分钟便打进两球。

德国葡萄牙2

德国葡萄牙3

穆勒完成世界杯"戴帽"，葡萄牙队连吞四弹

第78分钟，阿尔梅达左路防守出现失误，替补厄齐尔出场的切尔西前锋许尔勒将球传向禁区，帕特里西奥未能控制住皮球的运行轨迹，穆勒门前倒地抢点完成本场比赛的帽子戏法，4:0！凭借此球，托马斯·穆勒完成了本届杯赛到目前为止的第1个帽子戏法，同时这也是世界杯历史上的第49个帽子戏法。

德国葡萄牙4

穆勒本场比赛可谓高效，4脚射门便"戴帽"成功。此前，南非世界杯上，穆勒打进5球。如今，穆勒7场比赛已打进8球。第81分钟，勒夫用波多尔斯基撤下穆勒，让他独自享受现场德国球迷的掌声。

比赛最后时刻，C罗的大力任意球轰门被诺伊尔扑出。最终，德国队让葡萄牙队净吞四弹，轻松收获大捷。而德国队同时也制造了另一项光彩纪录，自从2002年世界杯开始，德意志战车每届世界杯首战均能大比分战胜对手。

赛后新闻发布会上，穆勒回忆同佩佩的冲突时说道："这很有趣，我坐在地上，那么多摄像机在那儿，我现在不能百分百回忆起当时的情况，他的手打了我的脸，我倒在地上，我记得他来到我这儿低下头，但是我不能完全准确地描述，

我得再看一下录像，总的来说佩佩的做法是多余的。"

双方出场阵容：

德国队（4-1-4-1）：1-诺伊尔/20-热罗姆·博阿滕、17-默特萨克、5-胡梅尔斯（21-穆斯塔菲，第72分钟）、4-赫韦德斯/16-拉姆/6-赫迪拉、18-克罗斯、8-厄齐尔（9-许尔勒，第61分钟）、19-格策/13-穆勒（10-波多尔斯基，第81分钟）

主教练：勒夫

葡萄牙队（4-3-3）：12-帕特里西奥/21-若昂·佩雷拉、3-佩佩（红牌，第37分钟）、2-布鲁诺·阿尔维斯、5-科恩特朗（19-安德烈·阿尔梅达，第64分钟）/16-梅雷莱斯、4-维洛索（13-里卡多·科斯塔，第46分钟）、8-穆蒂尼奥/17-纳尼、9-阿尔梅达（11-埃德尔，第28分钟）、7-克里斯蒂亚诺·罗纳尔多。

主教练：本托

赛场　尼日利亚 0:0 伊朗

赛前硝烟：

尼日利亚队带给广大中国球迷的印象永远是热情与快乐。而这只"非洲雄鹰"上演的高光时刻无疑是1998年世界杯首战爆冷3:2击败以彪炳战绩跻身世界杯的西班牙队，正是这场失利直接导致了西班牙队在那届杯赛上小组赛便打道回府。

和之前亮相的几支非洲球队一样，尼日利亚队的收视看点也来自于出色的个人而非群体。提起这一点，观众们会自然而然地想起后卫韦斯特怪异的一头绿色头发、奥利塞赫石破天惊的远射、杰杰·奥科查魔鬼般的盘带、阿加霍瓦媲美体操运动员的连续后空翻庆祝动作……所以，如何将这支球队个人的闪光挖掘到极致是吸引球迷目光的关键。

伊朗队是本届世界杯亮相的第二支亚洲球队。广大中国球迷对伊朗队的印象是悲伤和陌生的。年纪大一点的球迷观众也许一生都不会忘记伊朗队留给中国足球的"金州惨案"，也不会忘记阿里·代伊、巴盖里、马达维基亚、卡里米甚至哈什米安等那些年时常回荡在耳边的名字。和中国球迷观看日韩的视角不同，关于伊朗队，中国球迷除了象征性地给予亚洲足球希望的同时，更多的是观察伊朗队之于中国队的潜在竞争力和蕴含在他们身上的潜在"西亚竞争势力"。

北京时间6月17日凌晨3时，2014年巴西世界杯F组的第2场比赛伊朗队与尼日利亚队的"亚非大战"在库里奇巴的拜沙达竞技场展开。尼日利亚队历史上4次亮相世界杯正赛，1994年、1998年连续两届世界杯杀进16强是他们的最好成绩。本场比赛，伊朗队方面由老将内科南和英超悍将德贾加压阵，尼日利亚队方面则由切尔西的后腰米克尔和上赛季租借效力利物浦队的摩西首发。最终，伊朗队0:0战平"非洲雄鹰"尼日利亚队，制造了本次世界杯开战以来第一场平局和第一场没有进球的比赛。同时，伊朗队也为亚洲球队拿到了本届世界杯的第一个积分。尼日利亚队在世界杯上近9战3平6负，延续难求一胜的表现。

双方出场阵容：

伊朗队（4-4-1-1）：12-阿里雷扎·哈吉吉/15-蒙塔泽里、4-侯塞尼、5-萨德吉、23-普拉迪/2-黑达里（7-绍贾埃，第89分钟）、6-内科南、14-泰穆里安、3-哈杰萨菲/21-德贾加（9-贾汉巴赫什，第78分钟）/16-古钱内贾德

主教练：奎罗斯

尼日利亚队（4-3-3）：1-恩耶亚马/5-安布罗斯、14-奥博阿博纳（2-雅博，第21分钟）、22-奥梅鲁奥、13-奥沙尼瓦/10-米克尔、17-奥纳齐、15-阿齐兹（8-奥德姆温吉，第69分钟）、11-摩西（23-阿梅奥比，第51分钟）/7-穆萨、9-埃梅尼克

主教练：斯蒂芬·凯西

赛场　美国 2:1 加纳

赛前硝烟：

加纳队是 5 支参赛的非洲球队里最注重整体的一支，也是近几届大赛里非洲球队成绩最好的一支。和其他非洲球队不同，加纳队之所以能够取得以往的好成绩，在于这支球队非常重视战术纪律性。对于这支球队而言，自己发挥的好坏将很大程度上决定这个小组是不是本届世界杯的"死亡之组"。而加纳队是否能够对本组另外两大豪门发起强有力的冲击从而为非洲足球正名、是否能够再现上届世界杯打入复赛的辉煌，也是中国球迷最关注的焦点。

中国球迷对于美国队的记忆最早来自 1994 年世界杯在美国本土的成功举办。而这个以篮球、橄榄球、棒球为主体运动的国家，足球队的表现同样让中国球迷感到惊讶。这种惊讶的来源自然是美国队曾以同样 3:2 的比分，分别在 2002 年世界杯挤掉葡萄牙队出线，在 2009 年联合会杯半决赛上淘汰不可一世的西班牙队的经历。而这两次让人印象深刻的"惊讶"也让中国观众彻底领略到了美国队顽强不屈的作战精神。过往的这些美好经历也让中国球迷对于美国队能否搅乱该组局势增加了很多兴趣。

纵观两队交战历史，可谓颇有渊源。这竟是两队连续第三届在世界杯决赛圈遭遇。此前两次，加纳队都是以 2:1 取胜。而美国队在近 23 场世界杯正赛中仅有两次让对手攻破球门。

有着"金色轰炸机"美誉的美国队主教练尤尔根·克林斯曼是本场比赛的另一看点。球员时代的克林斯曼曾经代表德国队参加过 17 场世界杯比赛，打进 11 球；另外他还以教练身份，率领德国队在 2006 年本土举办的世界杯上获得第三名。

北京时间 6 月 17 日 6 时，2014 年巴西世界杯 G 组在纳塔尔沙丘竞技场展开首轮美国队与加纳队的比赛。开场仅 29 秒，老将邓普西左脚推射打破场上僵局，同时此球也是本届世界杯最快进球、决赛圈历史第 5 快入球。第 82 分钟，吉安妙传助攻，安德烈·阿尤为加纳队扳平比分。第 86 分钟，美国队布鲁克斯头球绝杀，美国队 2:1 复仇加纳队，取得本届世界杯开门红。

"美国大兵"开场破门，邓普西跻身世界杯第 5 快进球射手

本场比赛开场仅仅 29 秒，美国队便迎来破荒时刻。老将邓普西接琼斯左路横传，突破加纳队中后卫博耶的防守，门前近距离左脚首开纪录，打入本届世界杯最快进球，1:0！这个进球是美国队在世界杯正赛的最快进球，邓普西则成为世界杯决赛圈的历史第 5 快进球的球员。

加纳美国 1

吉安精妙助攻扳平，美国队替补上演绝杀

第 71 分钟，老将埃辛替补拉比乌出场。第 82 分钟，阿萨莫阿左路策动进攻，安德烈·阿尤接吉安禁区外妙传，在 4 位美国球员围堵的情况下，近距离左脚抽射近角得手，将比分扳平。加纳队只高兴了不到 4 分钟，美国队替补便上演了绝杀。第 86 分钟，卡梅伦接祖西右侧角球，头球一蹭，中路的布鲁克斯近距离头球将比分变为 2:1！最终，美国队 2:1 击败加纳队，完成复仇的同时也收获了宝贵的 3 分。

加纳美国 2

加纳美国 3

双方出场阵容：

加纳队：12- 夸拉西 /4- 奥帕雷、21- 博耶、19- 门萨、20- 阿萨莫阿 /7- 阿特苏（14- 阿多马，第 77 分钟）、11- 蒙塔里、17- 拉比乌（5- 埃辛，第 71 分钟）、10- 安德烈·阿尤 /13- 乔丹·阿尤（9- 普林斯·博阿滕，第 58 分钟）、3- 吉安

主教练：阿皮亚

美国队：1- 霍华德 /7- 比斯利、20- 卡梅伦、5- 贝斯勒（6- 布鲁克斯，第 46 分钟）、23- 法比安·约翰逊 /15- 贝克曼、4- 布拉德利、13- 杰梅因·琼斯、11- 贝多亚（19- 祖西，第 76 分钟）/8- 邓普西、17- 阿尔蒂多尔（9- 阿隆·约翰松，第 23 分钟）

主教练：克林斯曼

《豪门盛宴》解读世界杯

【张斌语录】

有一句老话叫"欧洲足坛,北德容南佩佩"。这就是说在欧洲足坛的武林当中,这两位都是"狠毒"的高手。昨天佩佩的表现没有出乎我们的意料,他血脉当中的某些东西又迸发出来了。当然了,我们在百度贴吧里看到这样一个数据也挺有意思的:说一千多万人讨论,27%的人认为世界杯欠托马斯·穆勒一座奥斯卡金像奖,76%的人认为世界杯欠佩佩一条金腰带。这都是玩笑,足球比赛原本没有我们想象的这么简单,虽然你看到的是穆勒和佩佩之间也就是几秒钟的对决,其实二人此前不知道累积了多少次彼此之间的摩擦,才碰撞出最终的火花。

【传奇】武僧佩佩

在欧洲足坛,佩佩被冠以防弹武僧的绰号,昨天的萨尔瓦多,武僧佩佩再次用红牌升级了自己的存在感。眼看着穆勒在眼前大秀演技,身为武僧里演技最棒的人,佩佩忍不住上前交流心得,哪知裁判不解风情,一张红牌几乎让佩佩告别了世界杯小组赛。

在这之前,武僧佩佩的名号早已响彻欧洲足坛。要是个把月没有红牌入账,佩大师就浑身不舒服。在西甲赛场,当年的赫塔菲小将卡斯克罗就曾经被佩大师寒气逼人的武功所深深震慑,久久不能忘怀。贝蒂斯队的阿格拉也有相似的痛苦经历,他被佩佩一击即中,倒地不起,时至今日仍有心理阴影。而巴萨天王梅西在国王杯的赛场,领教过佩佩的暗器神功之后,也只能忍着伤痛,有苦说不出。所以,只要是佩大师看上的人,就一定逃不出他的攻击范围。不过当武僧遭遇影帝,吃亏的往往是前者,佩佩和阿尔维斯的这一次正面对抗,让佩佩深深领悟了"人生如戏,全靠演技"的道理。

经过演技修炼的佩大师也在不经意间参透了"以彼之道还施彼身"的武林绝学。国王杯决赛面对巴萨,皮克的左手刚刚接触了佩佩的面部,他突然武功全失,倒地不起,这一幕完全欺骗了裁判,皮克莫名其妙地被出示一张黄牌,而看到对手上当，佩佩立刻满血复活。而更经典的一幕也发生在和巴塞罗那的比赛中，当佩佩被法布雷加斯放倒之后，立刻掩面做受伤状，而如此痛苦的佩大师居然从指缝中偷偷观察裁判是否处罚小法，这一幕堪比巴塞罗那布教授的传世之作。

粗中有细，工于心计，现在的佩佩已然不是那个空有武力的匹夫，他的犯规次数也减少很多，而善于动脑的武僧佩佩这一次本想用演技挑衅托马斯·穆勒，哪知却掉进了对手的陷阱，这可真是机关算尽太聪明，反误了卿卿性命啊。

【N角度】加纳队 VS 美国队——动画片角度回顾

美国动画片在世界动画史上占有重要的地位，它一直引领着世界动画片的潮流和发展方向。《狮子王》和《加菲猫》可以说是在众多美国动画片中脱颖而出的佼佼者，创造了票房奇迹的《狮子王》是华特迪士尼公司的第32部经典动画长片，而《加菲猫》自诞生以来得到了众多观众的喜爱，是一个非常成功的动漫角色，深受孩子们的喜爱和拥护。

闪击，被扳平，再度反超！一个球员倒下了，另一位队友接过枪再次冲锋。美国队正是用这样一种跌宕起伏却又饱含战斗精神的方式取得了一场来之不易的胜利。正是这样顽强的精神力量支撑他们与此前两届杯赛让自己饮恨的加纳队战斗到了最后一刻，并迎来了属于自己的"荣耀石之颂"。就像动画片《狮子王》中的辛巴，伊始王子加冕，中途遭遇不幸漂泊他乡，最后不懈抗争打败奸王。

而对于加纳队来说，星期一输掉比赛让他们不得不在接下来走一条充满荆棘的漫漫长路。也许他们此刻也会像加菲猫一样，在沙发上揶揄"我憎恨星期一"，但是他们绝对不会接受加菲猫"如果你不能击败你的敌人，那么就加入他们"的观点，而是会在孕育着神奇的非洲丛林里，在时刻充满笑容的泰山"我将会是最棒的"的豪言壮语中找到走出逆境的答案。

为了出线，加纳人需要在接下来完成看似不可能完成的终极任务。而美国队在拼下这场来之不易的胜利后，也开始畅想自己美好的明天。《狮子王》中的木法沙曾经教导辛巴："世界上所有的生命都在微妙的平衡中生存。你不但要了解那种平衡,还要尊重所有的生物。"加纳人需要在冷静中找到属于自己的平衡,而美国人也会在辛巴父亲对辛巴的寄语"一个国王的统治期就如同太阳的起落一样。辛巴,总有一天太阳会跟我一样慢慢下沉,并且在你成为新国王的时候和你一同上升"中找到自己的方向。

名言汇总:

1. 世界上所有的生命都在微妙的平衡中生存。你不但要了解那种平衡,还要尊重所有的生物。

——《狮子王》

2. 一个国王的统治期就如同太阳的起落一样。辛巴,总有一天太阳会跟我一样慢慢下沉,并且在你成为新国王的时候和你一同上升。

——《狮子王》

【动物世界杯】波斯狼 VS 尼日利亚雄鹰

波斯狼,足长体瘦,耳竖不曲。斜眼,上颚骨尖长,嘴巴宽大,胸部微窄小,尾挺直而下垂,夹于两后腿之间。栖息范围广,适应性强,嗅觉敏锐,听觉灵敏。机警,多疑,善奔跑,耐力强,通常群体行动,常采用穷追的方式获得猎物。

鹰乃鸟中霸王,天空霸主。它有一副强壮的脚和锐利的爪,便于捕捉动物和撕破动物的皮肉。一旦它强有力的爪抓住猎物,就以其尖锐而强健的喙肢解猎物。即使它在千米以上的高空翱翔,也能把地面上的猎物看得一清二楚,是鼎鼎有名的千里眼。它体态雄伟,性情凶猛,动物学上称它是猛禽类。

巴西南部的微笑之城——库里奇巴,风景优美且气候宜人,然而根本无暇顾及这迷人景色的波斯狼与尼日利亚雄鹰,正在彼此虎视眈眈。杀气腾腾之中,双方都暗下决心,准备上演一出精彩的鹰狼传奇!

尼日利亚雄鹰已然率先展开双翅,但可惜的是羽翼未丰,翅膀略显稚嫩。摩西、穆萨、埃梅尼克三只犀利的鹰爪频频向波斯狼发动猛扑。而波斯狼则小心翼翼地护住要害。尼日利亚雄鹰全然忘记了不见兔子不撒鹰的千年祖训,虽然一次次的猛扑似乎很有声势,却没有能伤到波斯狼的一根毫毛。

波斯狼自然也明白，没有野心的狼，便不是一只真正意义的狼！因此，一旦看准时机，波斯狼自然要毫不犹豫地亮出古钱内贾德这颗唯一还算锋利的狼牙，想要大张血口重创尼日利亚雄鹰，虽然一时狼烟四起，却也同样是徒劳无功。

鹰击长空的雄心依然还在，然而尼日利亚雄鹰苦于找不到波斯狼的致命弱点，难以完成制胜的一击。波斯狼穷于左冲右突，却也只是把场面弄得混乱而已，没能占到丝毫的便宜。

人们期待着的一场血性的鹰狼传奇，却最终演变成沉闷、乏味的平淡无奇。

【舌尖上的世界杯】厄瓜多尔虾沙拉

位于南美的赤道国家厄瓜多尔，承袭着印加文明，坚信自己是太阳之子，在来自太平洋的海风熏陶下，催生出无数的美味珍馐。而厄瓜多尔的足球也同样是在强烈的南美足球之风的吹拂下，滋生出像瓦伦西亚这样耀眼夺目的足球明星。

由于海洋的慷慨馈赠，新鲜而丰富的海产品为厄瓜多尔人的餐饮增添亮彩，一道简单的虾沙拉，是最寻常的厄瓜多尔味道，也是最不可复制的厄瓜多尔味道。

将新鲜的太平洋海虾洗净，去除虾线，放入锅内小煮，待海虾煮熟后捞出，保留虾汤。大个儿的洋葱切丁，加入柠檬汁，制成洋葱柠檬汁，再将西红柿、青椒和香菜放入洋葱柠檬汁中搅拌，然后倒入预留的虾汤，就完成了搭配海虾的酸甜酱料。作为香蕉之国，厄瓜多尔人最后一定要再配上心爱的炸香蕉片，为海虾沙拉的味道锦上添花。

厄瓜多尔的食物总能给人带来惊喜，而厄瓜多尔足球也同样常常能带给球迷惊喜。凭借着高原的优势，厄瓜多尔队曾经击败过巴西队、阿根廷队这样的劲旅，整体足球实力正在迅速崛起，太阳与海洋赋予了他们不凡的战斗力。或许，厄瓜多尔队不会是世界杯上的一道绿茵主菜，但是，能够品尝厄瓜多尔人颇具风味的虾沙拉，也是一件很好的事情。

6 | 6月18日

赛场 | 比利时 2:1 阿尔及利亚

赛前硝烟：

和洪都拉斯队一样，阿尔及利亚队也是连续两届世界杯出现在决赛圈中的非传统足球势力。和另外 4 支非洲球队不同，阿尔及利亚队的球风务实，球队防守稳固，纪律性强，擅长防守反击和边路进攻。

无论是现实中还是游戏中，比利时队都是一支不折不扣的"妖人球队"。队中诸位红小鬼能力已无需赘言，三条线都有各路好手压阵的他们在世界杯上欠缺的只是经验。

北京时间 6 月 18 日 0 点，2014 年巴西世界杯 H 组首轮小组赛比利时队与阿尔及利亚队的比赛在贝洛奥里藏特的米内罗体育场拉开帷幕。上半场，费古利罚入点球帮助不被看好的阿尔及利亚队 1:0 领先。下半场，替补出场的费莱尼为"欧洲红魔"稳住阵脚。第 79 分钟，另一位板凳上的球员梅尔滕斯完成绝杀，帮助比利时队 2:1 反超"北非之狐"阿尔及利亚队。

费古利点球帮助"北非银狐"首开纪录

比利时阿尔及利亚 1

第 23 分钟，阿尔及利亚队策动反击。费古利接古朗左路传中，在与维尔通亨拼抢后倒在禁区内，主裁判罗德里格斯判罚点球并出示黄牌警告了维尔通亨，费古利亲自操刀主罚，阿尔及利亚队 1:0 意外取得领先。

"爆炸头"费莱尼头球救主

比利时阿尔及利亚 2

第 64 分钟，费莱尼替下了表现不佳的登贝莱，与维特塞尔搭档中路。6 分钟后，他便迎来闪光时刻。德布劳内左路完成助攻，费莱尼中路头球将比分扳成 1:1 平！

梅尔滕斯替补完成绝杀

第79分钟，比利时队逆转比分。德布劳内后场完成抢断，比利时队随即策动"快打旋风"，阿扎尔左路狂奔吸引对手整条防线的注意力后，将皮球轻巧地打到右路，梅尔滕斯跟上一脚爆射将比分反超，2:1！比利时队完成逆转！

比利时阿尔及利亚3

双方出场阵容：

比利时队（4-2-3-1）：1-库尔图瓦/5-维尔通亨、4-孔帕尼、15-范比滕、2-阿尔德韦雷尔德/19-登贝莱（8-费莱尼，第64分钟）、6-维特塞尔/22-查德利（14-梅尔滕斯，第45分钟）、7-德布劳内、10-阿扎尔/9-卢卡库（17-奥利吉，第57分钟）

主教练：威尔莫茨

阿尔及利亚队（4-3-3）：23-姆博尔希/22-穆斯塔法、2-布格拉、5-阿利舍、3-古朗/19-泰德尔、12-梅贾尼（9-吉拉斯，第83分钟）、14-本塔莱布/10-费古利、15-苏达尼（13-苏莱曼尼，第65分钟）、21-马赫雷兹（8-拉桑，第70分钟）

主教练：哈利霍季奇

赛场 巴西 0:0 墨西哥

赛前硝烟：

纵观两队历史上的38次交锋，虽然巴西队22胜6平10负，进71球失36球，明显占据心理优势，但是历史上，墨西哥队也曾屡屡扮演巴西队克星的角色。

相比上一场小组赛，巴西队仅对首发阵容做出轻微调整。上场比赛表现平平的浩克坐上替补席，替补出场助攻奥斯卡打进锁定胜局一球的拉米雷斯进入首发。墨西哥队的首发阵容则没有任何变化，上场比赛打进唯一进球的佩拉尔塔继续力压队中头号球星"小豌豆"埃尔南德斯，首发登场。

北京时间6月18日凌晨3时，2014年巴西世界杯A组第2轮巴西队与墨西哥队的比赛在福塔莱萨大城堡球场展开争夺。墨西哥队门将奥乔亚一战"封神"。他先后扑出了内马尔、保利尼奥和席尔瓦的多次有威胁射门，凭借一己之力零封东道主。最终，巴西队0∶0战平墨西哥队，两队同积4分，巴西队凭借净胜球优势占据小组第一，墨西哥队则继续保持本届世界杯不失球纪录。

复制班克斯神迹，奥乔亚风头盖过内马尔

第25分钟，阿尔维斯右路策动威胁进攻，内马尔后点角度、力量俱佳的头球攻门，被墨西哥队门将奥乔亚奇迹般地扑出。此球的一攻一防，让人立即将思绪拨回到1970年世界杯，英格兰队门神班克斯逆天扑救贝利头球的经典瞬间。

慢镜头告诉我们，奥乔亚在复制这一神迹时，球的一小部分其实已经过线，但大部分整体仍在门线上，所以奥乔亚也凭借此球一战"封神"。此外，在之前3个赛季的法甲联赛中，奥乔亚在阿雅克肖队总共做出了428次扑救，是欧洲五大联赛中同期所有门将中最高的！此后，比赛也彻底变成了奥乔亚的"个人秀"。

奥乔亚力拒内马尔劲射

第61分钟，内马尔前场策动进攻时被巴斯克斯放倒在地，主裁判黄牌警告了后者。随即，内马尔的任意球直接射门也没有威胁到奥乔亚。第67分钟，斯科拉里用另一名前锋若换下了首发的弗雷德，继续狂攻。1分钟后，奥乔亚再次将巴西队的进攻化于无形，这次他是将巴西头牌内马尔颇具威胁的左脚打门化解。第69分钟，奥斯卡策动进攻，中后卫大卫·路易斯禁区内攻门无果。

奥乔亚再拒巴西队长射门

第72分钟，墨西哥队头牌"小豌豆"终于登场。此后，他连续在巴西队大门前制造威胁。第77分钟，埃尔南德斯接拉云左路传球，抢在路易斯之前抢点攻门，皮球稍稍偏出。1分钟后，埃尔南德斯禁区前沿如灵狐般的转身过人被巴西队队长席尔瓦放倒在地，主裁判向后者出示黄牌。多斯桑托斯随后的任意球打

在人墙上，未能威胁到塞萨尔把守的大门。第85分钟，巴西队后腰古斯塔沃左路被侵犯，内马尔任意球找到队长蒂亚戈·席尔瓦，后者近距离地头球冲顶，奥乔亚又一次神奇地将球扑出。最终，巴西队狂攻未果，0:0战平墨西哥队。而在比赛结束后，巴西队球员也许会慨叹：他们在墨西哥队门前遇到的不是奥乔亚，而是一堵叫作奥乔亚的墙。

双方出场阵容：

巴西队（4-2-3-1）：12-塞萨尔/2-阿尔维斯、3-蒂亚戈·席尔瓦、4-路易斯、6-马塞洛/17-古斯塔沃、8-保利尼奥/16-拉米雷斯（20-贝尔纳德，第46分钟）、11-奥斯卡（19-威廉，第83分钟）、10-内马尔/9-弗雷德（21-若，第67分钟）

主教练：斯科拉里

墨西哥队（5-3-2）：13-奥乔亚/22-阿吉拉尔、2-费朗西斯科·罗德里格斯、4-马克斯、15-莫雷诺、7-拉云/18-瓜尔达多、6-埃雷拉（8-法比安，第75分钟）、23-巴斯克斯/10-多斯桑托斯（9-希门尼斯，第83分钟）、19-佩拉尔塔（14-埃尔南德斯，第72分钟）

主教练：埃雷拉

赛场 韩国1:1俄罗斯

赛前硝烟：

和日本队不同，韩国队带给广大中国球迷的记忆永远是"0:1"和著名的"黑色三分钟"。但是在世界杯上，韩国队顽强的精神、充沛的体能和永不服输的斗志则不得不让中国球迷叹服。和对于日本队的"恨"不一样，广大中国球迷对于韩国队更多的是"烦"。在本届世界杯上，韩国队处在一个相对竞争环境良好的小组，而中国球迷对于韩国队的态度则是："烦"他们还希望再看看，看的就是他们到底实力如何，能走多远。

中国球迷对俄罗斯队最深刻的印象来自于2008年欧洲杯四分之一决赛3:1淘汰荷兰队的比赛。而阿尔沙文、帕夫柳琴科、日尔科夫、阿金费耶夫等一批球星在那场比赛后,开始走进中国球迷的视野。现如今6年过去了,主教练也由当初的希丁克变成了现在的卡佩罗,球队的防守能力和战术执行力也得到了进一步提升。对于中国球迷而言,俄罗斯队的最大看点就是能否做到2008年欧洲杯时那样让大家眼前一亮。

北京时间6月18日6时,2014年巴西世界杯H组的第2场比赛韩国队与俄罗斯队的比赛在库亚巴的潘塔纳尔竞技场拉开帷幕。上半场两队0:0战平。下半场,李根镐远射,俄罗斯门将阿金费耶夫出现低级失误,将球漏进自家大门。老将科尔扎科夫替补出场后,为"北极熊"扳平比分。最终两队1:1战平。

阿金费耶夫瞬间断电送礼,科尔扎科夫抢射扳平

第67分钟,攻势占优的俄罗斯队意外丢球,替补上场的李根镐禁区弧顶射门,阿金费耶夫扑救脱手,皮球在他控制范围内漏入球门,1:0!韩国队意外拔得头筹。

俄罗斯韩国1

失球后,卡佩罗迅速做出人员调整,老将科尔扎科夫、德尼索夫临危受命,韩国主帅洪明甫也让洪正好出场,替下黄锡镐。第73分钟,俄罗斯队将比分扳平。科科林禁区右侧策动进攻,行进中射门被门将郑成龙扑出,但是皮球鬼使神差地落在了老将科尔扎科夫脚下,后者近距离抢射空门得分,1:1,双方回到同一起跑线。此后双方你来我往,都没能破门,最终两队1:1握手言和。

俄罗斯韩国2

双方出场阵容:

俄罗斯队(4-5-1):1-阿金费耶夫/23-孔巴罗夫、4-伊格纳舍维奇、14-别列佐夫斯基、22-叶先科/19-萨梅多夫、8-格鲁沙科夫(7-德尼索夫,第72分钟)、17-沙托夫(10-扎戈耶夫,第59分钟)、20-法伊祖林、18-日尔科夫(11-科尔扎科夫,第71分钟)/9-科科林

主教练：卡佩罗

韩国队（4-2-3-1）：1-郑成龙/3-尹锡荣、20-洪正好（6-黄锡镐，第72分钟）、5-金英权、12-李镕/14-韩国荣、16-寄诚庸/17-李青龙、13-具滋哲、9-孙兴民（7-金甫炅，第83分钟）/10-朴主永（11-李根镐，第55分钟）

主教练：洪明甫

《豪门盛宴》解读世界杯

【张斌语录】

1. 比利时足协推出了三项政策，他们认为俱乐部、国家队、足球学校是成功的根本，其实这话我们也能说，凡是关心足球的人都能讲出来，但为什么比利时人做到了？举一个小的例子，比利时重点推出了安德莱赫特队和标准列日队两个俱乐部，发展青少年的高水平的足球训练体系，他们请大学教授跟踪1500场青少年比赛，对他们的未来之星进行仔细监控，选拔人才。而且比利时足协还有一项规定我不知道是不是很合理，他们认为一个球员如果是年纪较小进入到高一个年龄段踢球的话，是绝不允许他再退回来的，这一是让这个球员多一点上升空间，同时也让下面的球员有更多的时间进入。当然比利时足球还有很多成功的原因，譬如因为它地处欧洲中部，移民众多，移民的力量巨大，而且周边的法国、荷兰、德国，为他们提供了庞大的青训体系，无国界的感觉太好了。

2. 没错，世界杯的成功要靠一场场比赛的磨练，靠一分钟一分钟的陪伴。俄罗斯队和韩国队的比赛打得非常焦灼，比赛结束之后我记得段暄的一句话说得很好："这场比赛证明了足球比赛的残酷性，它像绞肉机一样绞出来的是血和泪。"当俄罗斯队门将失误的时候，这个位置的残酷性就充分暴露出来了，如果是个前锋打不进球的话，一定只能被指责为无能，但是如果守门员"黄油手"脱手的话，那将被称为什么呢？愚蠢。这个位置挑战性太大了。

【历史上的黄油手】

足球场上的黄油手花样繁多，可以是这样，也可以是那样。世界杯上也有黄油手表演，比如昨夜的阿金费耶夫，他在接球的一刹那突然手软，眼看着皮球从怀中滑进球门。场边的卡佩罗看着无助的阿金费耶夫，满眼都是4年前格林的影子，同样是小组赛首轮，同样是1:1。

而这两位黄油门将也有前辈。1990年世界杯，喀麦隆队在揭幕战上爆冷击败了卫冕冠军阿根廷队，阿根廷队传奇门将蓬皮多送上了黄油大礼，让阿根廷队颜面尽失。4年之后的世界杯八分之一决赛，爱尔兰队门将博内尔双手将荷兰队琼克的远射挡进了自家球门，帮助荷兰队锁定了胜局。1998年的法国，西班牙队门神苏比萨雷塔面对尼日利亚队拉瓦尔的小角度射门，一掌将本应滑门而过的皮球挡进了自家球门，西班牙队爆冷不敌非洲雄鹰。

昨夜的阿金费耶夫成为了又一个黄油手的代言人。虽然这些门将失误给紧张激烈的比赛添加了很多乐趣，但是，我们还是要衷心提醒各位门将，千万要保养好自己的手套啊。

【花蝴蝶坎波斯】

时光荏苒，当我们回顾墨西哥足球的历史的时候，许多特点鲜明的球员都会一一浮现在我们的记忆中。以"蛙跳"绝技独步江湖的布兰科、激情四射的赫尔南德斯……而在门将的位置上，豪尔赫·坎波斯绝对是独一无二的翘楚。

1994年世界杯上，一个身着艳丽球衣、戴着超大号手套的小个子门将走进了我们的视线。虽然身高只有1米68，但动若脱兔的身手、超越凡人的弹跳和出色的高接低挡给观众留下了深刻的印象。从此，"花蝴蝶"这个响亮的绰号开始传遍大江南北。他也与巴拉圭队传奇门将奇拉维特、哥伦比亚队的伊基塔并称为"三大疯子门将"。除了守门技术上炉火纯青之外，坎波斯在职业生涯里曾经上半场穿上1号球衣守护球门，下半场换上9号球衣成为前锋。职业生涯里，他共取得35个入球，在门将中成绩相当突出。在国际赛场上，坎波斯共代表墨西哥参加了130场国际比赛，并参加了1994年、1998年和2002年3届世界杯。

也许看到今晨奥乔亚的出色发挥，球迷们会觉得恍如隔世。但是"花蝴蝶"会说："因为我，才有了这样的'蝴蝶效应'。"

【N角度】俄罗斯诗意 VS 韩国想象力

托尔斯泰，19世纪末20世纪初俄国最伟大的文学家，也是世界文学史上杰出的作家之一。他的文学作品在世界文学中占有十分重要的地位，代表作有长篇小说《战争与和平》《安娜·卡列尼娜》以及《复活》，他已被公认是全世界的文学泰斗。

普希金是俄国著名诗人、作家，19世纪俄国浪漫主义文学的主要代表，在诗歌、小说、戏剧乃至童话等各个领域都给俄罗斯文学创立了典范，被称为"俄国文学之父""俄国诗歌的太阳"。

奔跑！远射变身"天外飞仙"！空中轰炸！禁区混战扳平比分！今晨的比赛中，俄罗斯队与韩国队用两种迥异的方式在绿茵场上为我们诠释了不同风格碰撞的独特魅力。对于俄罗斯队来说，他们会有些迷茫，因为他们没能用一场胜利为主帅献上最好的生日祝福。也许卡佩罗会对队员们说："我曾经那样真诚那样温柔地爱过你，愿上天赐给你的也像我一样坚强如铁。"

而对于韩国队而言，没有将领先转化为胜利多少在他们的脸上留下了遗憾的残垣，但是他们已经用优异的表现向球迷们展示了出乎意料的潜力和想象力。对于进球，也许"都教授"此刻会调侃阿金费耶夫："不要傻望着天空，猜是这颗星星还是那颗星星，那个地方，这里根本看不见。"

"日子一天接着一天飞逝，每一分钟都带走生活的一部分。"韩国队已经用他们的实际行动证明了他们走得更远的决心，多年来与世界劲旅的对抗中，他们已经深谙其道："不管你了不了解这个世界，这个世界都不会让着你。"而俄罗斯队则需要积极地在荆棘密布的困局中找到属于自己的"复活"。就像托尔斯泰说的那样："理想是指路明星，没有理想，就没有坚定的方向，而没有方向，就没有生活。"

名言汇总：

1. 我曾经那样真诚那样温柔地爱过你，愿上天赐给你的也像我一样坚强如铁。

——普希金

2. 不要傻望着天空，猜是这颗星星还是那颗星星，那个地方，这里根本看不见。

——《来自星星的你》

3. 日子一天接着一天飞逝，每一分钟都带走生活的一部分。

——普希金

4. 不管你了不了解这个世界，这个世界都不会让着你。

——《来自星星的你》

5. 理想是指路明星，没有理想，就没有坚定的方向，而没有方向，就没有生活。

——托尔斯泰

【动物世界杯】比利时狮子 VS 阿尔及利亚骆驼

狮子有"万兽之王和草原之王"的称号，他们是草原上最顶级的食肉动物。野生雄狮体重可达200公斤，身长可达2.7米。它们一般会在晚间狩猎前和黎明醒来开始活动前咆哮一番。狮群狩猎时总是小心翼翼地贴近目标，尽可能地利用一切可以用作遮掩的屏障隐藏自己，逼近猎物到30多米的范围内，然后突然地、迅疾地向目标猛扑过去。

骆驼，头较小，颈粗长，弯曲如鹅颈，躯体高大，体毛褐色，极能忍饥耐渴。骆驼可以在没有水的条件下生存两周，没有食物可生存一个月之久。驼峰里贮存着脂肪，可在得不到食物时，分解成身体所需养分，供骆驼生存需要。足有厚皮，用来适应沙漠行走。

这是它们成年后的第一次狩猎，比利时年轻的狮群一踏上巴西东南部的草原，就吸引了无数眼球，其蓬勃朝气与青春活力让这场与阿尔及利亚骆驼的较量显得那么动人心魄。

沙漠之舟多年险恶生存环境的历练，使其很快进入状态：沉稳、耐心、控制。而年轻的狮子们还没有找到方向，焦灼而彷徨，频频的失误让前方越来越成为险途。而骆驼凭借坚实的脚掌自如行走，费古利大脚一扬，一蹴而就，飞沙走石间，是狮子的失意和懊恼。不经意间，骆驼给了年轻的狮子致命一击。

狮群中的维特塞尔、阿扎尔、查德利依次向骆驼发起攻击，骆驼用厚厚的脚掌和坚实的身躯一一化解。

绝境中的狮子决定调整状态，抛弃患得患失的拘谨，顽强进攻，以走出困境。狮群中梅尔滕斯的登场标志着它们进攻号角的吹响。面对骆驼固执的防守，狮子们在进攻中捕捉对方的漏洞。依靠德布劳内的配合，埋伏在骆驼身边的费莱尼高高跃起朝对手狠狠打击。此后，狮群的攻势一浪高过一浪。阿扎尔灵活配合，梅尔滕斯的一击成为压死骆驼的最后一根稻草。

年轻的狮子终于穿越沙漠之舟，向更宽阔的草原飞奔。骆驼虽然走得慢，但终究也能抵达目的地。

比利时狮群还须大发雄威，而阿尔及利亚骆驼则任重道远。

【舌尖上的世界杯】比利时西红柿配灰虾仁

有着深厚传统并且如今强势回归的比利时足球，让人不由得联想到了享有盛名的比利时美食。

比利时的经典名菜西红柿配灰虾仁就充分体现了比利时人那执着而富有理想主义的情怀，其实这是比利时人用最朴素的方式制作的一道最真实的美味，堪称一道美食传奇。这道美食的最主要的原料就是小个儿的灰虾，灰虾喜食海泥，而它又恰巧被比利时人所喜食，每逢退潮之时，渔民都会骑着骡子在浅海苦苦寻觅这种来之不易的新鲜的海味，使之具有了传奇色彩。

产于纯净无污染海域的灰虾，完全符合生食的绿色健康标准。将灰虾仔细剥皮之后，加入蛋黄酱搅拌，把西红柿洗净，剥离表皮，切开掏空，放入一半搅拌好的灰虾仁，其余一半放在盘中。懂得生活情趣的比利时人，还不忘加上点配料，切片的鸡蛋和蔬菜沙拉能够很好地搭配膳食的营养，最后撒一点甜红辣椒粉，起到增色又提味的作用。将它们精心地码放在盘中，就成为比利时人招待嘉宾的首选。

经历了与世界杯决赛圈12年之久的无缘，比利时足球就像是在浅海苦苦寻觅灰虾的渔夫，而比利时足球在近年复苏，迅速涌现出众多足球巨星，就像是终于捕捞到灰虾的渔夫，终于可以奉献给巴西世界杯一道美味的属于比利时人的西红柿配灰虾仁，让人们看到了他们在足球方面的巨大潜力与力量。

7 | 6月19日

赛场 | 澳大利亚 2:3 荷兰

赛前硝烟：

首场比赛，荷兰队以令世人震惊的大比分狂屠卫冕冠军西班牙队，不但拿下3分，而且为接下来的比赛也积累了足够的信心和人气。而历史战绩表明，荷兰队在世界杯小组赛中的成绩一直非常优异。最近11场世界杯小组赛中，荷兰队竟然无一败绩。上一次他们小组赛失利还要追溯到20年前。本场比赛，范加尔再次祭出拿手的5-3-2阵型，小布林德火线复出，库伊特、斯内德、范佩西、罗本"四侠"也登场压阵。

很多人将澳大利亚队看作本组的"鱼腩球队"。但是，澳大利亚队却在历史上与荷兰队的交手中1胜2平稍占优势。老将卡希尔的经验和头球将会给橙衣军团年轻的后防线带来一定的麻烦。

北京时间6月19日0点，世界杯小组赛B组的第2轮澳大利亚队与荷兰队的比赛在阿莱格里港的贝拉里奥球场打响。第20分钟，罗本长途奔袭后为荷兰队首开纪录，老将卡希尔1分钟后将比分扳平。下半场，第54分钟，澳大利亚队点球意外领先。此后，范佩西、德佩各入一球，帮助荷兰队有惊无险地拿到3分。

"小飞侠"衔枚疾走先拔头筹，卡希尔灵光一现还以颜色

第20分钟，罗本为荷兰队首开纪录。小布林德传球，罗本在中路高速带球近50米后与门将形成一对一，随后小飞侠冷静推射先下一城，1:0！8战打进8球，罗本近期的状态接近爆表！

澳大利亚人没有让荷兰人高兴太久。进球仅仅1分钟后，澳大利亚队后场发动进攻，老将卡希尔禁区内不等皮球落地直接大力爆射，球击中横梁下沿后飞进球门，1:1！卡希尔利用个人能力将比分扳平！上半场两队暂时握手言和。

"袋鼠军团"点球意外反超

易边再战，第46分钟，澳大利亚队莱基在犯规后打入一球，主裁判判罚进球无效。第47分钟，范佩西掌掴对方球员，被主裁判出示黄牌，他也将错过下一场与智利队的比赛。第51分钟，老将布雷西亚诺被博扎尼奇替下。第53分钟，澳大利亚队意外取得领先。刚刚上场的博扎尼奇传球，被扬马特用手阻止，主裁判犹豫一下后还是决定处以荷兰队"极刑"，1分钟后，中场核心耶迪纳克命中靶心，将比分反超为2:1！

范佩西破门为荷兰队稳住阵脚，90后小将为荷兰队锁定胜局

第58分钟，德佩开始发挥。他先是将球传向无人看防的范佩西，后者转身打进扳平一球，2:2！

第68分钟，德佩再次制造杀机。他在中场得球，稍微调整后轰出一记势大力沉的远射，皮球直入球门死角，3:2！荷兰队凭借小将德佩的一传一射，逆转"袋鼠军团"！此后，双方体能均有所下降。第81分钟，德容将耶迪纳克射向球门的任意球头球顶出。第87分钟，另一位小将伦斯换下了力不从心的范佩西。第93分钟，伦斯禁区内射门被门将封堵，随后比赛结束。完成逆转后的荷兰队

两战全胜，基本锁定小组出线名额。

双方出场阵容：

澳大利亚队（4-2-3-1）：1- 瑞恩 /19- 麦克格文、6- 斯皮拉诺维奇、22- 威尔金森、3- 戴维森 /17- 麦凯伊、15- 耶迪纳克 /7- 马休·莱基、23- 布雷西亚诺（8- 博扎尼奇，第 51 分钟）、11- 奥尔（9- 塔加特，第 77 分钟）/4- 卡希尔（10- 哈洛兰，第 69 分钟）

主教练：帕斯特格鲁

荷兰队（5-3-2）：1- 西莱森 /5- 布林德、3- 德弗赖、2- 弗拉尔、4- 因迪（21- 德佩，第 48 分钟）、7- 扬马特 /8- 德容、10- 斯内德、6- 德古斯曼（20- 维纳尔杜姆，第 78 分钟）/9- 范佩西（17- 伦斯，第 87 分钟）、11- 罗本

主教练：范加尔

赛场 西班牙 0:2 智利

赛前硝烟：

首战大比分失利的斗牛士军团让世界一片哗然，他们也急于在第二场比赛中找回昔日的王者霸气，但智利队并非昔日鱼腩，队中多位好手压阵，足以给西班牙队制造麻烦。而本场比赛也将是桑切斯与众多巴萨队友的直接对垒。纵观两队历史交锋，西班牙队 8 胜 2 平，进 25 球失 8 球，金身不破。但智利队士气正旺，本场比赛究竟鹿死谁手，扑朔迷离。

北京时间 6 月 19 日凌晨 3 点，2014 年巴西世界杯 B 组小组赛第 2 轮第 2 场西班牙队与智利队的比赛在里约热内卢的马拉卡纳球场拉开帷幕。巴尔加斯、阿兰吉斯为智利队各下一城，帮助球队 2:0 击败卫冕冠军西班牙队。此役过后，荷兰队和智利队同积 6 分双双提前出线，西班牙队也成为世界杯历史上第一支两轮后便被淘汰出局的卫冕冠军，创造了一个较为尴尬的纪录。

巴尔加斯帮助智利队首开纪录

本场比赛开始后,西班牙队并没有摆出舍我其谁的抢分架势。反观智利队,则打得不慌不忙,攻守均组织得有声有色。第 19 分钟,桑切斯抓住对方大将哈维·阿隆索中场回传失误,在右路直传找到阿兰吉斯,后者反越位突入禁区内横敲,巴尔加斯晃过卡西利亚斯后,右脚将球打进西班牙队大门,1∶0!智利队首开纪录。

西班牙智利 1

阿兰吉斯上半场结束前锁定胜局

失球后,西班牙队毫无起色,而智利队则是稳扎稳打。第 42 分钟,又是桑切斯制造杀机。他利用任意球直接轰门,卡西利亚斯双拳解围竟把球直接交给阿兰吉斯,后者禁区内一蹴而就,2∶0!智利队扩大优势,西班牙队濒临绝境!

西班牙智利 2

易边再战,老帅博斯克用上赛季在马竞表现出色的科克换下老将阿隆索。第 48 分钟,伊涅斯塔策动进攻,科斯塔禁区内右脚打门被后卫化解。第 53 分钟,拉莫斯主罚禁区前沿任意球被布拉沃挡出,科斯塔禁区倒钩传向中路,布斯克茨面对空门推射偏出,错失全场西班牙队最好机会。

第 64 分钟,西班牙队第二次换人,科斯塔被托雷斯换下,前者在现场巴西球迷的嘘声中愤愤离场。第 80 分钟,替换佩德罗的卡索拉外围远射,球飞出底线。第 84 分钟,伊涅斯塔远射再次被布拉沃飞身挡出。第 92 分钟,西班牙队角球被智利队解围,右路再吊入禁区,拉莫斯近距离推射被后卫用腿挡出,角球再罚,阿尔巴远射放了高射炮。全场结束,智利队 2∶0 完胜西班牙队,卫冕冠军两战皆负,被淘汰出局。

双方出场阵容:

西班牙队(4-2-3-1):1- 卡西利亚斯 /22- 阿斯皮利奎塔、4- 哈维·马丁内斯、15- 拉莫斯、18- 阿尔巴 /14- 哈维·阿隆索(17- 科克,第 46 分钟)、16- 布斯克茨 /11- 佩德罗(20- 卡索拉,第 75 分钟)、21- 大卫·席尔瓦、6- 伊涅斯塔 /19- 迭戈·科斯塔(9- 托雷斯,第 63 分钟)

主教练：博斯克

智利队（3-4-1-2）：1-布拉沃/17-梅德尔、5-弗朗西斯科·席尔瓦、18-哈拉/4-伊斯拉、20-阿兰吉斯（16-费利佩·古铁雷斯，第63分钟）、21-迪亚斯、2-梅纳/8-比达尔（6-卡莫纳，第87分钟）/11-巴尔加斯（10-巴尔迪维亚，第84分钟）、7-桑切斯

主教练：桑保利

赛场　喀麦隆0:4克罗地亚

赛前硝烟：

"非洲雄狮"与"格子军团"此前在国际A级比赛中从未谋面。克罗地亚队4次亮相世界杯正赛，最好成绩是1998年以"黑马"姿态挺进四强，获得季军。喀麦隆8次亮相，最好成绩是24年前的八强。

本场比赛，"格子军团"最有威胁的人物曼朱基奇禁赛期满，回归首发；喀麦隆方面，头号球星埃托奥则因伤未能出战。

北京时间6月19日早晨6时，2014年世界杯小组赛A组第2场比赛喀麦隆队与智利队的比赛在玛瑙斯的亚马孙体育场拉开帷幕。上半场，奥利奇为克罗地亚队首开纪录，而喀麦隆队的亚历山大·宋被红牌下场。下半场，解禁复出的曼朱基奇连进两球，佩里西奇为格子军团锦上添花。最终，克罗地亚队4:0大胜喀麦隆队，也将后者淘汰出本届世界杯。

喀麦隆克罗地亚1

老将奥利奇先拔头筹，亚历山大·宋染红离场

开场仅11分钟，克罗地亚队便取得领先。老将奥利奇接佩里西奇禁区内横传，冷静推射，1:0！第16分钟，曼朱基奇接普拉尼奇角球，中路为队友做嫁衣，佩里西奇门前抢点被伊坦耶用腿神奇化解。第40分钟，亚历山大·宋在卡位时，对曼朱基奇背部处以报复性击打动作，主裁判红牌将其驱逐出场。上半场

比赛克罗地亚队 1:0 暂时领先 10 人喀麦隆队。

佩里西奇扩大领先优势，曼朱基齐梅开二度导演大胜

易边再战，少一人应战的喀麦隆队撤下切鲁，换上努恩库，克罗地亚队暂无人员变化。第 48 分钟，佩里西奇抓住门将开球失误，左路突击对方腹地后在几乎无角度的情况下，抽射将球送进近角，2:0！第 61 分钟，曼朱基齐接普拉尼奇角球助攻，在中路无人盯防的情况下，高高跃起头球攻门得手，3:0！第 73 分钟，替补老将奥利奇登场的前阿森纳前锋爱德华多禁区内打门，伊坦耶倒地将球勉强救出，曼朱基齐机警跟上，将球打进大门，4:0！此后，喀麦隆队放手一搏，但因少一人始终无法进球。第 85 分钟，穆坎德约推射偏出球门。第 89 分钟，韦伯头球攻门，球击中门框。第 90 分钟，大势已去的"非洲雄狮"发生内讧，埃克托和队友穆坎德约发生争执。最终，克罗地亚队 4:0 狂胜喀麦隆队，后者两战皆负，小组垫底，提前出局。

喀麦隆克罗地亚 2

喀麦隆克罗地亚 3

喀麦隆克罗地亚 4

双方出场阵容：

克罗地亚队（4-2-3-1）：1- 普莱蒂科萨 /11- 斯尔纳、5- 科尔卢卡、6- 洛夫伦、3- 普拉尼奇 /7- 拉基蒂奇、10- 莫德里奇 /18- 奥利奇（22- 爱德华多，第 58 分钟）、19- 萨米尔（20- 科瓦契奇，第 72 分钟）、4- 佩里西奇（16- 雷比奇，第 78 分钟）/17- 曼朱基齐

主教练：科瓦奇

喀麦隆队（4-3-2-1）：16- 伊坦耶 /21- 马蒂普、3- 恩库鲁、14- 切鲁（5- 努恩库，第 46 分钟）、2- 阿苏·埃克托 /17- 姆比亚、6- 亚历山大·宋、18- 埃永·埃诺 /8- 穆坎德约、13- 舒波·莫廷（20- 萨利，第 75 分钟）/10- 阿布巴卡尔（15- 阿基利·韦伯，第 70 分钟）

主教练：芬克

《豪门盛宴》解读世界杯

【张斌语录】

　　显然，智利队赶走了西班牙队。但是我宁愿相信，西班牙队是输给了岁月，这话今天被重复过很多很多次了。西班牙队的打法 Tiki-taka 自 2006 年开始，从西班牙电视评论员的口中开始，在世界杯转播里被广泛地使用。这些年，从西班牙队到巴萨，赢得了无数的荣耀。有人会说，这是个王国；有人说，这是个时代，它不过 4 年，不过 6 年，不过 8 年。还记得吗？今年的 2 月 1 号，这个时代的创造者之一——阿拉贡内斯离开人世，享年 75 岁。当面临一场比赛胜负的时候，你忽然想起老帅的离世，与生命相比，比赛胜负又算得了什么？这 8 年当中，这 6 年当中，以及最近的 4 年当中，这一切荣耀属于一种被我们认为是先进的打法，其实，打法是单调的，真正赋予它生命力的，是实现打法的人。西班牙人真的老了，有人不爱听这话。对于 70 多岁的人来讲，30 多岁的人仍然年轻，但是这个时期的西班牙队需要的是一份雄心，需要的是一份豪迈。岁月磨损的不仅是体能，更多的磨损的是那份信念。西班牙人可以含笑离开赛场，是智利人打败了你们，但你们最终逃不脱的是岁月。请相信，我们记住了你们的名字，记住了你们的时代。这个时代属于西班牙队，西班牙人可以非常高兴，因为一个新的时代的到来，就在眼前；因为它向我们证明了一点，不用数百年的王朝，也不用几十年的品牌，就用最近 4 年证明，任何一个集体如果想创新，发自内心的动力总是不足，最后的力量一定来自于外部的打击，而这一时刻的输球，也让西班牙足球用掌声迎接新的巅峰的到来。西班牙足球，迎接一个新的时代吧！

【再见西班牙】

　　当斗牛士军团带着卫冕之师的荣耀，踏上孕育神奇的南美大陆，他们的心中只有一个战场，那就是 7 月 14 日的马拉卡纳。然而，谁也没有料到，当他们迎着骄阳第一次走进这座足球圣殿，却要为了继续生存而苦苦挣扎。这是一群曾经数次征服世界的斗牛士，高傲而又骁勇善战，但是，一个出色的斗牛士，最终也会被公牛狠狠刺伤。今晨的智利队，就是一头愤怒的公牛，它毫无征兆地冲破牛栏，用两只锋利的牛角刺穿了斗牛士的胸膛。马拉卡纳，本来是西班牙人梦中至高的斗兽场，却瞬间成为了告别梦想的落寞码头。

这是6年前的维也纳，斗牛士用华丽的舞步拉开了红色王朝的序幕，那时候，他们踢的是自己的足球。这里，是4年前的约翰内斯堡，伊涅斯塔加时赛的致命一击，让斗牛士第一次举起大力神杯，成为第8支征服世界的王者之师，那时候，他们踢的是自己的足球。两年前的基辅，当卡西利亚斯第二次将德劳内杯举向夜空，西班牙完成了史无前例的大赛三连冠，几乎所有人都认为，斗牛士的红色王朝已经不可颠覆，西班牙足球的华美乐章将继续在世界足坛的圣殿回响，那时候，他们踢的依然是自己的足球。

5天前的萨尔瓦多，阿隆索的点球麻醉了斗牛士的神经，他们放下了防御的铠甲，不料在下半场遭遇了荷兰人残酷的碾杀。博斯克如父亲般安慰着自己的孩子，从卡西利亚斯到哈维，从拉莫斯到伊涅斯塔，从阿隆索到托雷斯，穿越6年的征途，他们从始至终坚持着自己，却没有发现已经换了世界。

再见西班牙队，请挺起你们的胸膛，因为阿尔卑斯的山谷之间始终封存着来自伊比利亚的交响；再见西班牙队，请抬起你们的头颅，因为南非无际的草原上空，斗牛士的荣耀书写了传奇的名著；再见西班牙队，请不要让爱你的人悲痛，因为红色王朝的背影会永远闪耀在基辅的夜空。无论这是不是一个时代的结束，感谢你们在我们的足球记忆里留下的浓墨重彩，伊比利亚半岛的东岸，我们期待着又一个时代的序幕。

【卫冕冠军的魔咒】

4年前，圣卡西捧起金杯的画面还历历在目，本届世界杯上，西班牙队却在两战之后提前告别了巴西，曾经一览众山小的西班牙王朝在顷刻间崩塌。首场对阵荷兰队，一个5:1的比分狠狠刺伤了狼狈的斗牛士，他们以一场惨败尴尬开启了卫冕之旅。今天凌晨面对智利，斗牛士再次迷失了方向，饮恨出局。180分钟，7个失球，西班牙队成为了历史上第5支小组赛便打道回府的卫冕冠军。

历史上，第一支未能从小组出线的卫冕冠军是1950年的意大利队。1949年

5月4日，意甲冠军都灵队乘坐的飞机在苏佩加山区坠毁，包括意大利队队长瓦伦蒂诺·马佐拉等10名国家队成员不幸遇难。遭遇重创的意大利队跌跌撞撞地来到巴西，小组赛中，2:3不敌瑞典，位列小组第二，惨遭淘汰。

16年后，在英格兰，巴西队成为了第2支小组赛出局的卫冕冠军。桑巴军团在首战以2:0轻取保加利亚队，之后却接连以两个1:3倒在匈牙利队和葡萄牙队的脚下，尤西比奥梅开二度，将卫冕冠军提前送回了家。

2002年韩日世界杯，法国队不幸成为了历史上第3支提前回家的卫冕之王。老队长德尚退役，皮雷和齐达内因伤缺阵，法国队实力大打折扣。卫冕冠军在前两轮小组赛中仅取得一平一负的战绩。最后一轮面对丹麦，齐达内虽然及时复出，但也无法挽狂澜于既倒。高卢雄鸡遗憾告别世界杯。

2010年，意大利队重演了60年前的悲剧，他们带着冠军的光环来到南非，却带着三战不胜的尴尬战绩提前回家。面对小组赛实力并不强劲的对手，意大利队显得力不从心，他们筑起的铜墙铁壁在对手面前形同虚设。三轮之后，意大利队两平一负小组垫底，早早结束了自己的世界杯之旅。

【N角度】克罗地亚队 VS 喀麦隆队——克罗地亚"狂想曲"送别非洲雄狮

马克西姆·姆尔维察，克罗地亚钢琴演奏家，他的作品多将古典钢琴作品与现代流行音乐元素结合。《克罗地亚狂想曲》是马克西姆的头号作品，是赫吉克特别为马克西姆而作，也是马克西姆每次音乐会上的必弹曲目。该作品曲调激昂却不失稳重，同时也展现了马克西姆对自己民族的热爱和依恋。

当主裁判吹响比赛结束的哨声，11名"格子战士"如潮水般的进攻终于停歇了。当克罗地亚小伙子目睹看台上成为红白色的海洋，他们的心中开始轻轻回荡起马克西姆·姆尔维察的那句话："享受生活，微笑面对人生，相信自己能够通过努力赢得更多！"

时间总是在不经意间留下属于它的特殊印记。当我们将时钟拨回到16年前，苏克、博班、普罗辛内斯基等克罗地亚英雄们创造的世界杯"巴尔干足球神话"依然历历在目。而在16年后的今天，他们的后辈用一场酣畅淋漓的大胜再次点燃了球迷们对这支球队的美好憧憬。就像马克西姆·姆尔维察音乐中表达的那种情感:"我知道我能变得坚强。所以,追随我!在这可爱的土地上与我同行!"

我们在慷慨激昂的音乐中迎来本场比赛克罗地亚队的崛起时,也不能忘记在落寞的十字路口,有一位当世巨星和一支伟大的球队即将离开世界杯的中心舞台。莫道后生可畏,只缘英雄迟暮,休说风云变幻,实则未战先输。就这样,我们在世界杯足球盛宴上,不得不面对一个伟大巨人的提前离开;就这样,我们带着不舍的情绪,即将告别一个时代,接受一个未曾绽开的蓓蕾就这样无声地"凋谢"。但是喀麦隆队一定会在临别时对其他非洲球队说:"向前走,非洲,让我们听到你歌声中胜利的节奏!"

名言汇总:

1. 享受生活,微笑面对人生,相信自己能够通过努力赢得更多!

——马克西姆·姆尔维察

2. 我知道我能变得坚强。所以,追随我!在这可爱的土地上与我同行!

——马克西姆·姆尔维察

3. 向前走,非洲,让我们听到你歌声中胜利的节奏!

——艾列格勒

【动物世界杯】澳大利亚袋鼠VS荷兰狮子

此时的草原有些不安。

袋鼠决定放弃死守,向狮子发起进攻。

而刚刚赢得一场大战的狮子还没有来得及摘下奖牌,步履略显迟缓。它们还在剔牙,或者说,袋鼠迟早只是它们的晚餐。

奔突跳跃把身体当作武器的袋鼠搅乱了狮群的阵脚,袋鼠第一次的冲击虽说被蹲守的狮子化险为夷,但这一插曲仍然让狮子感到不快。狮子的血统注定它们不喜欢被挑衅,很快,罗本抬起强劲的前爪,它的力量好像来自地底,熔浆般的热力几乎熔化了袋鼠。袋鼠也不甘示弱,卡希尔左脚凌空,划过的弧线变成利剑,直插狮子的咽喉。

它们是彼此的入侵者，它们为赢得新领地而不惜一切代价。

猎杀好像此时才真正开始。

猎手的血液重新在狮子血管里流淌，它们的进攻不再犹豫。袋鼠军团顽强抵抗，耶迪纳克的点射让袋鼠又一次领先。狮子暴怒，范佩西在同伴德佩的配合下，用千钧利爪给了袋鼠狠狠一击。

在这空旷而又有限的空间，狮子与袋鼠的冲突已经不可避免。

狮子的捕猎，既要靠力量的爆发，更需要智慧的运用。德佩突施冷箭，这一突袭让袋鼠不寒而栗。狮子乘胜逐渐控制住草原局势，领地之战已经分出了结果。

狮子威猛如初，而袋鼠的伤疤，会成为其永久的勋章，袋鼠虽败犹荣。

【舌尖上的世界杯】智利什锦海鲜煲

世界版图中永远都保持最苗条最狭长身材的唯一国度是智利，热情似火的昆卡舞、被激情燃烧的足球场，以及鲜美可口的 Paila Marina 海鲜汤，都称得上是智利人的最爱。

继承了南美风格的智利足球，完全是一片放荡不羁的大海。而同样能与大海联系起来的，就是智利著名的 Paila Marina 海鲜汤了。

清洗各种贝类与虾，去掉虾线，切蒜，将三文鱼去骨切块，每个环节都得认真细致，就像足球场上的赛前准备，容不得半点马虎。将橄榄油倒入锅中加热，放入紫洋葱、白洋葱，倒入小勺白葡萄酒清炒 3 分钟，待葱香四溢，再加入黑胡椒粉、白胡椒粉、皮萨草叶、孜然粉、盐等各味调料，放入清水，然后把各类鲜贝、三文鱼、虾一起下锅。三五分钟后，一阵阵海鲜香味扑鼻而来，海鲜汤就烹制完成了。但是且慢，只有将鲜汤盛入砂锅中，放入柠檬汁、香菜、牛油果片加以点缀，一道鲜美的 Paila Marina 海鲜汤才算是最终完美地制作完成。

从这道海鲜汤中，应该能够品味出智利人浓烈的足球激情，萨拉斯与萨莫拉诺组成的"智利双煞"曾经威震绿茵世界，智利人在南非赛场上的闪耀也并不久远。雄心勃勃的智利人已经做好了准备，他们必然要让海的味道强烈地弥散到这片熟悉的南美战场。

8 | **6月20日**

赛场 | **哥伦比亚 2:1 科特迪瓦**

赛前硝烟：

经历过两轮小组赛之后，"非洲雄狮"喀麦隆队已经两连败提前回家；加纳队首战告负"山姆大叔"；"沙漠之狐"阿尔及利亚队上半场表现虽然值得称道，但终究不敌年轻的"欧洲红魔"比利时队；唯独"非洲大象"科特迪瓦队首战拿下3分，才避免非洲球队也在本届世界杯遭遇首轮全军覆没的尴尬。

反观哥伦比亚战队，虽然"老虎"法尔考缺席本届杯赛，但球队仍展现出强大的进攻势头，面对以防守著称的希腊队，干净利落地以3:0完胜。新秀罗德里格斯、夸德拉多、马丁内斯是哥伦比亚队进攻的强力武器。而后防线上，老将耶佩斯与萨帕塔的中卫组合也丝毫不令人担忧。

对于哥伦比亚队队长耶佩斯来说，他是继队中门将蒙德拉贡后，本届世界杯上第二年长的球员，对阵科特迪瓦队的比赛将是他为国的百场之战，他也将成为继"金毛狮王"巴尔德拉马、阿尔瓦雷斯之后，队史第3位进入百场殿堂的传奇之一。

北京时间6月20日0时，2014年巴西世界杯C组的第3场小组赛哥伦比亚队与科特迪瓦队的比赛在巴西利亚的国家体育场拉开帷幕。哥伦比亚队年轻小将罗德里格斯连续4场国家队比赛破门，金特罗进球，科特迪瓦队由热尔维尼奥追回一球，但仍无法避免败局。由于随后的同小组另一场比赛希腊队0:0战平日本队，哥伦比亚队也在此战获胜后，顺利打进复赛。

哥伦比亚下半时发威，连入两球

下半场易边再战，第60分钟，夸德拉多接金特罗传球后，带球杀入对方禁区，晃过对方后卫之后射门，皮球重重砸在横梁上！随后，老"魔兽"德罗巴将

新"魔兽"博尼替换下场。第 64 分钟,哥伦比亚队取得领先。J. 罗德里格斯接夸德拉多角球,在德罗巴与佐科拉双人夹击中头球攻门,科特迪瓦队门将鞭长莫及,1:0!全队用拿手的庆祝舞蹈"美洲秧歌"庆祝 J. 罗德里格斯的连续 4 场国家队比赛进球,同时,此球也是另一名小将夸德拉多本届杯赛上的第三次助攻。

第 68 分钟,曼城核心亚亚·图雷任意球直接射门,皮球击中人墙,奥里耶随即起脚再打,门将奥斯皮纳双拳将球化解。第 70 分钟,哥伦比亚队扩大领先优势。金特罗接古铁雷斯快速反击中的分球,单刀面对门将后,将球打进死角,2:0!6 分钟内,哥伦比亚队用一波"快打旋风"迅速建立两球优势!

"热鸟"扳回一球,非洲大象无力回天

第 74 分钟,"热鸟"热尔维尼奥为科特迪瓦队扳回一球。他在左路突破后随即内切,在闪过两名后卫之后,近距离右脚施射,奥斯皮纳虽然扑救及时,但却无力回天,1:2!随后,科特迪瓦队开始大举猛攻。第 76 分钟,德罗巴大力施射被后卫封挡。第 85 分钟,卡卢接热尔维尼奥传球,外围发炮也被奥斯皮纳封住。随后,全场比赛结束,哥伦比亚队 2:1 击败科特迪瓦队,拿到小组赛两连胜。

双方出场阵容:

哥伦比亚队(4-2-3-1):1- 奥斯皮纳 /18- 祖尼加、3- 耶佩斯、2- 萨帕塔、7- 阿尔梅罗 /6- 桑切斯、8- 阿吉拉尔(15- 梅西亚,第 78 分钟)/14- 伊巴尔博(20- 金特罗,第 53 分钟)、10- 罗德里格斯、11- 夸德拉多 /9- 古铁雷斯

主教练:佩克尔曼

科特迪瓦队(4-2-3-1):1- 巴里 /17- 奥里耶、22- 班巴、5- 佐科拉、3- 博卡 /20- 迪耶(6- 博利,第 73 分钟)、9- 蒂奥特 /15- 格拉德尔(8- 卡卢,第 68 分钟)、19- 亚亚·图雷、10- 热尔维尼奥 /12- 博尼(11- 德罗巴,第 61 分钟)

主教练:拉穆齐

赛场　乌拉圭 2:1 英格兰

赛前硝烟：

乌拉圭队与英格兰队首轮均以失利开始，所以，此役如果再有闪失，对两队来说都可能小组提前回家。纵观两队历史上 11 次非友谊赛交锋，乌拉圭队 4 胜 3 平 3 负，稍占优势，而英格兰队则在最近的两次与乌拉圭队的热身赛中，1 胜 1 平保持金身不破。

此外，本场比赛也是英超利物浦队的小规模内战，上赛季英超最佳射手和 MVP 双料得主苏亚雷斯将与杰拉德、斯图里奇、亨德森、斯特林及格伦·约翰逊 5 名俱乐部队友"同室操戈"，也将面对众多英超老对手们的缠斗。本场比赛，究竟鹿死谁手，尚难决断。

北京时间 6 月 20 日凌晨 3 时，2014 年巴西世界杯 D 组第 2 轮乌拉圭队与英格兰队的小组赛在圣保罗竞技场展开争夺。第 39 分钟，卡瓦尼助攻苏亚雷斯头球完成破门。第 75 分钟，格伦·约翰逊低传，鲁尼左脚打门，扳回一球！第 84 分钟，苏亚雷斯突入禁区，右脚爆射为乌拉圭队锁定 2:1 的胜利。

苏神伤愈归队即破荒

第 31 分钟，鲁尼接队长杰拉德任意球传中，插上头球打门，皮球被横梁拒之门外，英军错失首开纪录的绝好机会。第 39 分钟，洛代罗传球，卡瓦尼送出传中球绕过对方中卫贾吉尔卡，苏亚雷斯插上头球，首开纪录，1:0！此球也是苏神 7 场世界杯的第 4 粒进球。

乌拉圭英格兰 1

鲁小胖世界杯终破门，苏神冷艳绝杀英格兰队

下半场易边再战，第 75 分钟，鲁尼接格伦·约翰逊右侧助攻，门前左脚收获个人世界杯首球，1:1！此球一进，打破许多纪录。鲁尼终结了他在世界杯正赛 759 分钟不进球的尴尬纪录。同时，他也与神奇小子迈克尔·欧文共同以 40

乌拉圭英格兰 2

个国家队进球,并列三狮军团历史射手榜第四。

第84分钟,乌拉圭队反超比分。穆斯莱拉大脚开球找卡瓦尼,英军队长杰拉德在与卡瓦尼争头球时失误,并送出乌龙助攻,苏亚雷斯机警跟上得球后,突入禁区爆射,将比分反超,2:1!最终,英格兰队不敌乌拉圭队,遭遇第二个1:2,出线形势非常渺茫。

乌拉圭英格兰3

双方出场阵容:

乌拉圭队(4-4-2):1-穆斯莱拉/22-卡塞雷斯、3-戈丁、13-希门尼斯、6-阿尔瓦罗·佩雷拉/20-阿尔瓦罗·冈萨雷斯(4-富西莱,第79分钟)、17-阿雷瓦洛、14-洛代罗(11-斯图亚尼,第67分钟)、7-克里斯蒂安·罗德里格斯/9-苏亚雷斯(19-科亚特斯,第88分钟)、21-卡瓦尼

主教练:塔瓦雷斯

英格兰队(4-2-3-1):1-乔·哈特/2-格伦·约翰逊、5-加里·卡希尔、6-贾吉尔卡、3-贝恩斯/4-杰拉德、14-亨德森(18-兰伯特,第87分钟)/11-维尔贝克(20-拉拉纳,第70分钟)、10-鲁尼、19-斯特林(21-巴克利,第64分钟)/9-斯图里奇

主教练:霍奇森

赛场 日本 0:0 希腊

赛前硝烟:

两队历史上只在9年前的联合会杯小组赛中交手过一次。当时,日本队凭借大黑将志的进球,1:0击败希腊队。两队首轮均告失利,本场比赛谁赢谁将在小组中占得有利地位。

北京时间6月20日早晨6点,2014年巴西世界杯小组赛C组第2轮日本队与希腊队的比赛在纳塔尔的沙丘球场进行。开场37分钟,希腊队长、老将卡楚拉尼斯铲倒长谷部诚，主裁判出示第二张黄牌，将其驱逐出场。而日本队在长时间11打10且控球率占据绝对优势的情况下，始终无法破门。最终两队0:0互交白卷。各取1分后，两队均保留着晋级希望。

双方出场阵容：

日本队（4-2-3-1）：1-川岛永嗣/2-内田笃人、15-今野泰幸、22-吉田麻也、5-长友佑都/16-山口萤、17-长谷部诚（7-远藤保仁，第46分钟）/9-冈崎慎司、4-本田圭佑、13-大久保嘉人/18-大迫勇也（10-香川真司，第56分钟）

主教练：扎切罗尼

希腊队（4-3-3）：1-卡尼齐斯/15-托罗西迪斯、19-帕帕斯塔索普洛斯、4-马诺拉斯、20-霍莱巴斯/2-马尼亚蒂斯、21-卡楚拉尼斯、8-科内（14-萨尔平吉迪斯，第80分钟）/18-菲特法特齐迪斯（10-卡拉古尼斯，第46分钟）、9-米特罗格卢（17-耶卡斯，第34分钟）、7-萨马拉斯

主教练：桑托斯

《豪门盛宴》解读世界杯

【张斌语录】

当看到日本队无论多么努力也没能赢下这场比赛的时候，有人会感慨地说，日本队想拿世界杯冠军的差距就像富士山与珠穆朗玛峰之间的差距。你知道那有多少吗？不许鼓掌，没有任何鼓掌的必要，只是告诉数据，5702米。为什么说这个？其实它已经行至了通向世界冠军的接近半山腰的位置，它确实在路上，对于在路上的球队，我们都应该施以敬意。

【N角度】希腊队VS日本队——斯巴达勇士大战圣斗士

斯巴达人残酷的制度训练出了很多英勇的斯巴达人，他们在刚刚能够站起来

的时候就要受到严格的训练。温泉关战役是历史上典型的以少胜多的战例，斯巴达300勇士以很少的人数力敌波斯军团数以万计的士兵，为后面的主力军赢得了宝贵的时间，凸显了人物的英雄形象。

当世界遍布邪恶时，必定会出现希望的斗士——圣斗士。很久以前，有数位少年保护雅典娜女神，他们被称为"雅典娜的圣斗士"，他们用身体作为武器，他们的拳头能划破长空。70后与80后乃至90后的人，都曾经被车田正美这部代表作中的热血与牺牲所触动。一直到现在，依然有许多喜欢它的人。

"简直是疯狂！"

"疯狂？这就是斯巴达！"

这是一个战斗的时刻，当希腊队中坚卡楚拉尼斯铲倒对手红牌离场时，希腊人唯有选择"刀头舔血，马革裹尸"的背水一战；这是一个悲壮的时刻，面对对手如潮水般的疯狂碾压，希腊人仿佛溯源千年的斯巴达勇士，用铁骨铮铮的防守和犀利的高空轰炸共同筑起了铜墙铁壁般的城郭。就像斯巴达国王列奥尼达慷慨陈词的那样："这里是我们镇守的地方，这里是我们战斗的地方，这里是他们葬身的地方！"

面对好局，日本队举倾国之兵，全线压上。但是面对希腊人死战的决心，兵力上的优势瞬间化为无形。漫画中无所不能的圣斗士们仿佛在希腊人众志成城的死战决心面前迷失了自己的"小宇宙"。"天马流星拳"失去了昔日的威力，变成了一次次陷入泥沼的徒劳和一架架毫无准星的高射炮划过斯巴达的上空。此时亚里士多德也许会揶揄："没有疯狂性格的人，绝没有庞大的天才。"

平局对于双方来讲都略显遗憾，因为更强大的对手已经在下一个路口恭候。对于日本队而言，昔日的豪言壮语是逆境中的爆发还是一纸笑谈，我们不得而知。但是希腊人已经用行动展现了他们的决心，就像无所畏惧的斯巴达勇士做到的那样："敌人射向天空的箭把太阳都遮住了，那我们就在这阴影下殊死战斗！"

名言汇总：

1. 这里是我们镇守的地方，这里是我们战斗的地方，这里是他们葬身的地方！

——《斯巴达300勇士》

2. 没有疯狂性格的人，绝没有庞大的天才。

——亚里士多德

3. 敌人射向天空的箭把太阳都遮住了，那我们就在这阴影下殊死战斗！

——《斯巴达300勇士》

【动物世界杯】哥伦比亚雄鹰VS科特迪瓦大象

哥伦比亚雄鹰刚刚大开杀戒，美美地享用了一盘希腊鸽子大餐之后，再一次展翅，向科特迪瓦大象实施犀利的进攻。它们很想在巴西利亚的这块水草颇丰的绿茵上尝一尝象肉的鲜美。

而科特迪瓦大象则由于刚刚踏碎了日本神龟的硬壳而斗志昂扬，它们也同样很想把哥伦比亚雄鹰变成一只斗败的公鸡。

哥伦比亚雄鹰率先对科特迪瓦大象三番五次地进行猛扑，却无法达到预想的效果。科特迪瓦大象似乎也很难适应哥伦比亚雄鹰的迅捷和勇猛。

夸德拉多屡次闪电般地向大象俯冲，大象则用身躯垒成城墙去抵御。亚亚·图雷、博尼、夸德拉多，这三只凶猛的鹰爪对大象发起了巨浪般的进攻，罗德里格斯鹰喙啄食，大象防线被撕开一道缝隙。

鹰爪继续撕裂大象的防线，金特罗直面大象门将，毫不畏缩，冷静推射，大象城墙摇摇欲坠。愤怒的热尔维尼奥冲进鹰群厮杀，终于挽回一点儿颓势，但最终无力回天。

哥伦比亚雄鹰在以象肉果腹之后，带着一场心满意足的胜利，已然把目光瞄准了下一个猎物。而科特迪瓦大象虽然有些步履蹒跚，但它们不想现在就回非洲那一望无际的原野，它们急切地需要用一场胜利来证明大象的能量。

【传奇】杰拉德宿命

今天凌晨的圣保罗，苏亚雷斯毫无疑问是全场瞩目的球员，而在苏神欢庆的背后，是英格兰队落寞的身影，尤其是他们的队长杰拉德。作为英格兰队和利物浦队的双料队魂，杰拉德比任何一个人都渴望这场胜利，但是他两次无奈地看着俱乐部的队友洞穿自己球队的大门。比赛第84分钟，杰拉德头球解围失误，皮球直接越过身后的卡希尔落在苏亚雷斯的脚下，那一刻，恐怕所有人都预感到了英格兰队的败局。

这已经不是杰拉德第一次出现致命失误了。10年前的欧洲杯，英格兰队小组赛面对法国，年轻的杰拉德在补时的最后一刻莫名其妙地把球踢向本方球门，却刚好被亨利截下，门将詹姆斯无奈将其放倒，英格兰队被判罚点球，杰拉德的这次回传失误让英格兰队遭遇了"黑色三分钟"。

两年之后的英超赛场，利物浦做客海布里，杰拉德再次回传失误，受益的人居然又是亨利，利物浦队最终1:2告负。

2009/2010赛季英超第38轮，坐镇安菲尔德的利物浦迎战蓝军切尔西，杰拉德面对本方球门突然回传，直接把球送到德罗巴脚下，眼睁睁地看着对手轻松破门，利物浦最终0:2失利，彻底无缘下一个赛季的欧冠赛场。

2014年刚刚结束的本赛季英超联赛，手握夺冠主动权的利物浦再次主场面对蓝军，上半场补时阶段，杰拉德中场控球突然滑倒，将空旷的后场留给了登巴巴，蓝军小将单刀破门。利物浦最终0:2主场落败，几乎将英超冠军主动送给了曼城。

当比赛结束的哨声想起，苏亚雷斯拥抱失落的杰拉德，此情此景，深深拨动着安菲尔德的心弦，同样的兄弟情深，唯叹红衣改蓝袍。我们没有理由责怪杰拉德，在英格兰新老交替的关口，他一个人将整个球队的荣辱扛在肩上，《天佑女王》的歌声里，他依然是不列颠的灵魂。

【世界杯上的眼泪】

今天凌晨，科特迪瓦队迎来了小组赛的第二个对手哥伦比亚队，当国歌响起时，科特迪瓦的中场大将迪耶激动不已，泪流满面，甚至一度哽咽到无法将国歌唱完。迪耶泪洒赛场的画面，让所有球迷动容。今天，同样在赛场上抛洒热泪的还有乌拉圭球星苏亚雷斯，在与英格兰队的比赛中，苏神几乎靠一己之力为乌拉圭队带来了胜利。在过去的几周里，苏亚雷斯用超乎常人的意志力与伤病抗争，在球队最需要他时王者归来，单骑救主。比赛结束时，苏亚雷斯难以抑制内心的激动，与队友相拥而泣。而本届杯赛，内马尔的泪水也让人动容。他22岁的瘦弱肩膀，却要扛起整个桑巴足球的希望，这份沉甸甸的责任，在巴西国歌的节奏中升华成荣誉感，让内马尔情不自禁地流下眼泪。

泪水从来都是绿茵场上不可缺少的部分。1990年世界杯，英格兰队在点球大战中4:3折戟，加斯科因难掩悲伤。这个在球场上纵横驰骋的杀手，此时却哭得像个伤心的孩子，在德国队的欢呼声里，加斯科因只能带着遗憾的泪水，悲壮地离去。在那一年，另一个人的眼泪也同样被世人铭记，他就是马拉多纳。虽然在那届世界杯上竭尽全力的马拉多纳单骑护主将阿根廷队带入了决赛，金杯近在咫尺，他们却倒在了强大的德意志战车脚下，伤心的马拉多纳痛哭流涕。

1994年的美国世界杯，当点球划过玫瑰碗的上空，巴乔留给了世人这个忧郁的背影，他久久不愿离去，在他的身后是巴西人的狂欢，是意大利人的悲伤。他静静地哭泣，用眼泪祭奠金杯的梦想。

2002年韩日世界杯，是所有喜爱巴蒂斯图塔的人都不愿回首的一届大赛。在同瑞典队比赛的第58分钟，他被克雷斯波替换下场，谁也没有想到，那一刻巴蒂竟同世界杯、同阿根廷国家队永远地说了再见。比赛结束后，壮志未酬的巴蒂潸然泪下，那个未完成的蓝白色的梦被永远封存在我们的记忆中。

2010年的世界杯，这张哭泣的面庞感动了无数球迷。朝鲜队同巴西队的比赛前，朝鲜队里的头号球星郑大世在朝鲜国歌声响起时，泪流满面。2010年的南非，是郑大世世界杯生涯的首演，也可能是他世界杯故事的绝唱。

【舌尖上的世界杯】希腊食之神话什锦蔬菜包饭

古老的奥林匹斯山，传诵了千年的希腊神话，是卓越的天性和非凡的想象力的结合，将希腊的一切赋予了神话的特殊气质。缔造2004年欧洲杯冠军传奇的希腊足球秉承了希腊人创作神话的天性，而独具魅力的美食文化则是希腊人非凡想象力的延续。

地中海和爱琴海赐予希腊这方土地湿润的空气，丰沛的阳光为新鲜果蔬的生长赋予了条件，希腊人将果蔬组合的营养与美味发挥到极致，在蓝顶白墙的希腊人家，什锦蔬菜包饭（stuffed vegetable）是一道家常菜，也是一道享有盛名的希腊美食。

橄榄，是希腊人最引以为傲的食物，他们认为这是智慧女神雅典娜馈赠的礼物。橄榄在希腊应用广泛，希腊美食的神秘源泉离不开橄榄。而橄榄油是希腊美味盛宴所必不可少的。

将切好的洋葱丁儿和茄丁儿加入橄榄油在锅中预热，清新的油香渗透进食物的纤维，再加入打成汁的西红柿，任由时间与热能将食物交融。待食物黏着在一起时，再加入大米搅拌，把半成熟的食物混合在一起，接下来它将要被填充进掏空的蔬菜里。

色调明艳的蔬菜增添了视觉的愉悦感，青椒、红椒、茄子、西红柿作为基本食材被掏空，成为可以承载食物的自然容器。

将锅中混合着洋葱、茄子、西红柿汁、大米的食物填充到被掏空的蔬菜中，码好，放入烤箱中一小时，欢腾而热烈的希腊式菜品便出炉了。

从传承和平使命到追求美食文化，希腊人有着一种执着的信念，在球场上也有着不可匹敌的坚韧毅力，作风强悍而顽强。足球这项运动对于希腊人来说从来就不陌生，他们早在中世纪以前就已经在玩一种被称作"哈巴斯托姆"的类似足球的游戏——在一块长方形的场地上，把球放在中间的白线上，用脚把球踢滚到对方场地上。而在一千多年后的今天，在世界杯的绿茵战场，希腊人依然渴望着续写神话，再造传奇！

9 | 6月21日

赛场 | 意大利 0:1 哥斯达黎加

赛前硝烟：

意大利队与哥斯达黎加队小组赛首轮均拿下3分。本场比赛，面对小组赛纸面实力最弱的哥斯达黎加队，意大利队上下力争小组两连胜，锁定16强资格；反观哥斯达黎加队，首战3:1爆冷击败乌拉圭队，让他们已初露黑马本色。本场比赛，他们也会以一颗平常心去力拼对手。而面对大赛小组赛历来慢热的蓝衣军团，轻松上阵的哥斯达黎加队有望再次带给世人惊喜。

北京时间6月21日0点，2014年巴西世界杯D组第2轮意大利队与哥斯达黎加队的比赛在累西腓的伯南布哥竞技场打响。布莱恩·鲁伊兹打进全场唯一进球。意大利队巴洛特利错失单刀机会。哥斯达黎加队1:0力克意大利队，小组赛两战全胜，意外挺进16强。而本战落败的意大利队将在末轮同乌拉圭队进行出线生死战。

巴神浪费绝佳单刀

开场以后，哥斯达黎加队进攻异常活跃。第2分钟，博拉尼奥斯禁区外接布莱恩·鲁伊兹传球后尝试远射，皮球被布冯稳稳得到。第6分钟，特赫达再次尝试远射，球打在后卫身上，哥斯达黎加队获得角球。随后，博尔赫斯接博拉尼奥斯角球，近距离头球，球高出横梁。此后，意大利队尝试进攻却频繁失误。第25分钟，巴洛特利陷入对方越位陷阱，无功而返。第31分钟，意大利队迎来绝佳机会。巴洛特利接皮尔洛巧妙挑传，停球后形成单刀，巴神面对出击的纳瓦斯右脚抽射，但球偏得不知边际，巴神将队友拱手送上的助攻浪费。第33分钟，巴洛特利再次获得队友创造的机会。皮尔洛组织进攻，莫塔头球一摆，巴神大禁区线上右脚施射，球被纳瓦斯再次没收。

布莱恩·鲁伊兹为哥斯达黎加队先拔头筹

比赛在上半场结束前迎来高潮。第 43 分钟,哥斯达黎加队展开反击。乔·坎贝尔接队友直传,带球杀入禁区后,与基耶利尼发生身体接触,倒在禁区内。主裁判未予理睬,这一举动也招来场边的哥斯达黎加队主帅平托的疯狂咆哮。第 45 分钟,哥斯达黎加队率先打破平衡。布莱恩·鲁伊兹接迪亚斯左路传中,后点抢点头球攻门,皮球击中横梁后弹入门线内后又弹出。门线技术显示球整体全过门线,1:0!哥斯达黎加队首开纪录。上半场结束,哥斯达黎加队 1:0 暂时领先。

意大利哥斯达黎加 1

蓝衣军团猛攻无果

易边再战,卡萨诺登场亮相。第 51 分钟,新秀达米安左肋内切到禁区线前尝试右脚打门,皮球略微高出横梁。第 53 分钟,皮尔洛主罚任意球,一记招牌式落叶球,被纳瓦斯飞身拦挡。

此后,双方开始调兵遣将。第 83 分钟,哥斯达黎加队发动进攻,乌雷尼亚带球突入禁区射门被基耶利尼拦挡。第 89 分钟,替补登场的切尔奇角球找到卡萨诺,后者抢点打门,未中目标。第 92 分钟,布雷内斯接乌雷尼亚传球,外围的打门宣告偏出。最终,意大利队 0:1 憾负哥斯达黎加队。

双方出场阵容:

意大利队(4-1-4-1):1- 布冯 /7- 阿巴特,15- 巴尔扎利,3- 基耶利尼,4- 达米安 /16- 德罗西 /6- 坎德雷瓦(22- 因西涅,第 57 分钟),21- 皮尔洛,5- 蒂亚戈·莫塔(10- 卡萨诺,第 46 分钟),8- 马尔基西奥(11- 切尔奇,第 70 分钟)/9- 巴洛特利

主教练:普兰德利

哥斯达黎加队(5-4-1):1- 纳瓦斯 /16- 甘博亚,6- 杜阿尔特,3- 吉安卡罗·冈萨雷斯,4- 乌马尼亚,15- 迪亚斯 /10- 鲁伊兹(14- 布雷内斯,第 80 分钟),5- 博尔赫斯,17- 特赫达(22- 库贝罗,第 68 分钟),7- 博拉尼奥斯 /9- 乔·坎贝尔(21- 乌雷尼亚,第 74 分钟)

主教练队:平托

赛场　法国 5:2 瑞士

赛前硝烟：

法国队与瑞士队颇有渊源。纵观两队历史上 36 次交手，法国队 15 胜 9 平 12 负，略占上风。而两队最近一次交手是在 2006 年世界杯小组赛中，当时两队 90 分钟 0:0 互交白卷。而在预选赛阶段，两队也身处同一小组，两回合交手，同样未分胜负。

北京时间 6 月 21 日凌晨 3 点，2014 年巴西世界杯 E 组的小组赛第 2 轮法国队与瑞士队的比赛在萨尔瓦多的新水源竞技场拉开帷幕。上半场，法国队由吉鲁、马图伊迪、瓦尔布埃纳各建一功。下半场，本泽马和西索科又连下两城。瑞士队方面则由哲马伊利和扎卡扳回两球。最终法国队 5:2 大胜瑞士队，迎来小组赛两连胜。

大吉鲁先拔头筹，大巴黎兽腰再添 1 分

第 17 分钟，法国队先拔头筹。吉鲁接瓦尔布埃纳角球，球门后点抢点头槌，攻破贝纳利奥十指关，1:0！吉鲁也打进了法国队在世界杯正赛历史上的第 100 粒进球！凭借此球，法国队也跻身成为第 5 支进球数达到百球的球队。1 分钟后，法国队再次扩大比分。本泽马策动进攻，马图伊迪心领神会后插上突入禁区，低射为本队再下一城，2:0！

法国瑞士 1

法国瑞士 2

瓦尔布埃纳锦上添花，"高卢雄鸡"半场完胜收场

第 31 分钟，前阿森纳中卫乔鲁将本泽马放倒在禁区内，主裁判处以瑞士队"极刑"。"笨马"主罚点球被贝纳利奥神奇扑出，随后卡巴耶凌空补射空门，横梁最终帮助瑞士队逃过一劫。第 40 分钟，法国队后场断球，迅速策动反击。吉鲁投桃报李，助攻瓦尔布埃纳，后者近距离推射空门，将半场比分锁定为 3:0！

法国瑞士 3

法国瑞士 4

法国瑞士 5

法国瑞士 6

法国瑞士 7

本泽马将功补过，西索科打进处子球

下半场，法国队继续摧枯拉朽般的进攻。第 66 分钟，博格巴策动绝妙进攻，造成对方中卫森德罗斯致命失误，本泽马抓住机会将功补过，将比分扩大为 4：0！此球也帮助"笨马"以 3 球的成绩，暂时并列射手榜第一。第 73 分钟，本泽马送出助攻，后腰西索科插上后，打进个人国家队处子球，5：0！

哲马伊利重炮轰门，扎卡反越位推射

此后，瑞士队如梦方醒。第 82 分钟，瑞士队终于收获进球。科斯切尔尼禁区前沿送给对方一个任意球，哲马伊利任意球直接攻破雨果·洛里斯的十指关，1：5！第 87 分钟，瑞士队再下一城！扎卡接因勒挑传，反越位成功形成单刀，为本队再扳一球，2：5！伤停补时最后一分钟，本泽马远射再次攻破贝纳利奥的球门，但裁判已提前宣布比赛结束，进球无效。全场比赛结束，法国队 5：2 狂胜瑞士队，晋级形势一片大好。

双方出场阵容：

瑞士队（4-2-3-1）：1- 贝纳利奥 /2- 利希施泰纳、20- 乔鲁、5- 冯贝尔根（4- 森德罗斯，第 8 分钟）、13- 里查多·罗德里格斯 /11- 贝赫拉米（15- 哲马伊利，第 46 分钟）、8- 因勒 /23- 沙奇里、10- 扎卡、18- 穆罕穆迪 /9- 塞费罗维奇（19- 德米奇，第 70 分钟）

主教练：希斯菲尔德

法国队（4-3-3）：1- 洛里斯 /2- 德比希、4- 瓦拉内、5- 萨科（21- 科斯切尔尼，第 66 分钟）、3- 埃弗拉 /6- 卡巴耶、18- 西索科、14- 马图伊迪 /8- 瓦尔布埃纳（11- 格列兹曼，第 83 分钟）、10- 本泽马、9- 吉鲁（19- 博格巴，第 64 分钟）

主教练：德尚

赛场　洪都拉斯 1:2 厄瓜多尔

赛前硝烟：

由于两队首轮均以失败告终，因此本场比赛对于两队来说，既是一场拉丁美洲内战，也是一场争夺出线先机的比赛。洪都拉斯队中场核心帕拉西奥斯红牌停赛，对球队是不小的影响，而厄瓜多尔队则阵容齐整，誓拿 3 分。

北京时间 6 月 21 日上午 6 时，2014 年巴西世界杯 E 组第 2 轮小组赛洪都拉斯队与厄瓜多尔队的比赛在库里奇巴的拜沙达竞技场展开争夺。科斯特利为洪都拉斯队取得领先，3 分钟后，恩纳·瓦伦西亚为厄瓜多尔队扳平比分。下半场，恩纳·瓦伦西亚再下一城，帮助厄瓜多尔队 2:1 逆转取胜洪都拉斯队。

中甲旧将为洪都拉斯队首开纪录

第 31 分钟，贝纳德斯后场策动进攻，2013 年曾效力于中甲联赛的贵州智诚的科斯特利抓住单刀机会，为本队首开纪录，1:0！此球也是洪都拉斯队本届世界杯上取得的第一粒进球。

洪都拉斯厄瓜多尔 1

恩纳·瓦伦西亚随后还以颜色

3 分钟后，厄瓜多尔队即扳平比分。帕雷德斯摆脱埃斯皮诺萨防守后，大力施射，皮球变线飞向后点，恩纳·瓦伦西亚反应神速，抢在洪都拉斯队防守球员前，推射将比分扳为 1:1！

洪都拉斯厄瓜多尔 2

恩纳·瓦伦西亚再下一城，绝杀洪都拉斯队

第 66 分钟，恩纳·瓦伦西亚接阿约维任意球助攻，头球完成梅开二度，2:1！此球也是恩纳·瓦伦西亚本届世界杯第 3 个进球，在射手榜上与范佩西、托马斯·穆勒、本泽马、罗本并列第一位。凭借恩纳·瓦伦西亚个人的精彩发挥，厄瓜多尔队也以 2:1 的比分逆转洪都拉斯队，拿到关键 3 分。

洪都拉斯厄瓜多尔 3

此役之后，厄瓜多尔队积 3 分，因为净胜球优势，力压瑞士队排名小组第二。最后一轮，厄瓜多尔队将遭遇小组头名法国队，而洪都拉斯队遭遇两连败后，小组垫底，命悬一线，只存在理论上的出线可能。

双方出场阵容：

洪都拉斯队（4-4-2）：18- 巴利亚达雷斯 /21- 贝克莱斯、5- 贝纳德斯、3- 菲格罗亚、7- 伊萨吉雷（6- 胡安·卡洛斯·加西亚，第 46 分钟）/14- 奥斯卡·加西亚（23- 马文·查韦斯，第 82 分钟）、19- 加里多（-10- 马里奥·马丁内斯，第 71 分钟）、20- 克拉罗斯、15- 埃斯皮诺萨 /11- 本特森、13- 科斯特利

主教练：路易斯·费尔南多·苏亚雷斯

厄瓜多尔队（4-3-3）：22- 多明戈斯 /10- 瓦尔特·阿约维、3- 埃拉索、2- 古阿古阿、4- 帕雷德斯 /14- 明达、16- 安东尼奥·瓦伦西亚、6- 诺沃亚 /7- 蒙特罗（21- 阿齐利尔，第 91 分钟）、13- 恩纳·瓦伦西亚、11- 卡塞多（8- 门德斯，第 82 分钟）

主教练：鲁埃达

《豪门盛宴》解读世界杯

【张斌语录】

对 32 强的印象，或者深刻，或者有一点淡淡的。但是无论怎样，世界杯赛场上对于荣耀的那份渴望大家完全是平等的。世界杯以强大的魅力在驱动着这个世界向一个 7 月 13 号的终点慢慢前行着。在这样一个地球上，对世界杯毫无兴趣的人我想越来越少，大家都被裹挟其中，所以每当这个时刻我们都会感慨一句：只有足球可以，只有世界杯可以。

【传奇】德尚再造新法军

萨尔瓦多新水源竞技场，面对状态上佳的瑞士，法国队用一场大胜几乎锁定了小组出线权。两场比赛，8个进球，如此高效的进攻节奏和协调统一的技战术发挥，德尚的球队终于让人想起了1998年的那个金杯之师。

后齐达内时代，法国国家队就再没有真正站起来过，甚至还经历了2010年世界杯上的内讧丑闻。2012年，德尚接过了法国队的教鞭，在众多的怀疑声中开始了对球队的改造。

年轻、朝气蓬勃，德尚的球队摒弃了之前华而不实的阵容，名气不大的卡巴耶、瓦尔布埃纳和博格巴逐渐成为了这支球队的脊梁。

世界杯预选赛，虽然他们客场1:1战平西班牙队，终结了对手在各项赛事中24场连胜的纪录，但是，法国队在关键比赛中失分，丧失出线主动权，最终不得不与乌克兰队角逐附加赛。在基辅奥林匹克球场，场面极其被动的法国队被连入两球，0:2落败，"高卢雄鸡"几乎拱手让出了飞往巴西的机票。然而回到主场，德尚的球队大演攻势足球，3:0干净利落地完成史诗级的大逆转，最可贵的是，这场比赛中的法国队，表现出了在技战术层面上，近10年少有的高度统一和团结，德尚对球队的改造已经让人们看到了成效。

法国队的中场，卡巴耶和马图伊迪的组合几乎是欧洲契合度最好的中场组合，两人在进攻端鬼魅般的前插经常让对手防不胜防，再加上博格巴在后腰位置上的高效拦截，使得法国队的中场运转十分流畅，这也间接激活了里贝里和本泽马，法国队的攻守平衡达到了一个新的高度。

然而，里贝里在世界杯前突然因伤退赛，球队失去头号球星，外界对"高卢雄鸡"在世界杯上的表现打上了问号。没有里贝里，没有纳斯里，德尚率领着史上最平民的法国队来到了巴西。当这支年轻的队伍站上阿莱格里港的贝拉里奥球场，人们看到的是一支激情四射的法国队，里贝里的缺阵反而激发了其他球员的能量。首战3:0的大胜，打破了"高卢雄鸡"连续3届世界杯首战不胜的尴尬纪录。面对以防守见长的瑞士队，法国队的进攻行云流水并且针针见血，德尚的新法军高昂着头颅向着最后的荣耀全速前进。

【哥斯达黎加的荣耀】

6月21日凌晨,哥斯达黎加队再爆大冷,以1:0力克意大利队,提前一轮从死亡小组出线,他们的胜利也意味着同组的英格兰队将提前告别世界杯。哥斯达黎加队成为了本届世界杯上杀出的第一匹黑马。

哥斯达黎加位于拉丁美洲,全国只有460万人口,这里的人们疯狂地热爱着足球,无论男女老少,都乐享其中,人人参与是哥斯达黎加足球人才辈出的关键。哥斯达黎加国家队首次亮相是在1921年的9月,当时他们以7:0狂胜萨尔瓦多队。他们共参加过156场世界杯预选赛,是除了墨西哥之外参赛次数最多的球队,哥斯达黎加队也被球迷亲切地称为蒂科支队。

1990年,神奇教头米卢率领哥斯达黎加队闯入了世界杯16强。首战,他们以1:0战胜了苏格兰队,赢得了开门红。小组赛最后一轮面对瑞典队,他们凭借弗洛雷斯和梅德福特的两粒进球逆转取胜,从小组中突围。这曾被称为哥斯达黎加历史上最伟大的壮举。

2002年韩日世界杯,米卢已经成为了中国队的主帅。他率领中国队迎战的第一个世界杯对手正是哥斯达黎加队,不过哥斯达黎加队并没有手软,2:0的比分打破了中国队晋级的梦想。

本届世界杯,哥斯达黎加队在进军巴西的道路上共历经了7个国家的征程,战胜牙买加队之后,他们提前两轮赢得世界杯出线权,这让哥斯达黎加人民对球队的巴西之行充满了期待。世界杯首战,哥斯达黎加队爆冷3:1逆转击败了卡瓦尼领衔的乌拉圭队,在平托的带领下,这支外界眼中的鱼腩球队展现出了超强的战斗力。6月21日凌晨,面对强大的意大利队,哥斯达黎加队始终有条不紊地推进着比赛节奏,队长鲁伊兹的进球为球队打开了胜利之门。连续将两支世界冠军踩在脚下,哥斯达黎加队用最大的分贝提示自己的存在。他们用最不可思议的方式重回世界杯16强,这支总身价不过卡瓦尼三分之一的球队,会在巴西书写一段加勒比的神话吗?

【N角度】法国队VS瑞士队——奢华时尚VS古朴唯美

可可·香奈儿(Coco Chanel),法国先锋时装设计师,香奈儿品牌的创始人。

她基于男装的模式和现代主义的出发点，崇尚简洁大方，成为20世纪时尚界重要人物之一。她对高级定制女装的影响使她被《时代》周刊评为20世纪影响最大的100人之一。香奈儿逝世后，香奈儿品牌1983年起由设计天才卡尔·拉格斐接班。卡尔·拉格斐有着自由、任意和轻松的设计心态，从他的设计中自始至终都能领会到香奈儿的纯正风范。香奈尔在巴黎的设计工作室，如今在卡尔·拉格斐的管理下，仍然是当今时尚界的顶级工作室。卡尔·拉格斐永远像"吃饱人参"一样精力旺盛，他精通德、英、法、意文，妙语连珠，人们称他为"时装界的恺撒大帝"或是"老佛爷"。

瑞士军刀自问世以来，不断精益求精生产出最高水平的产品，追求尽善尽美是瑞士军刀的一贯传统，多年的研制与创新使军刀的每个组成部分都达到了最佳造型，具有最完善的功能。它不单单是世界驰名的"军刀"，更是一种被人们广泛应用于旅游、登山、潜水、航模运动及日常生活中的"多功能工具"，被人们誉为"使用钟表工艺制造的高品质的刀具产品"。

瑞士手表，无人不晓，全世界的出口手表中，每10块就有7块来自瑞士。制表工艺最初几乎全靠手工操作，数个世纪以来，钟表师们以追求完美及不断创新的精神造就了举世闻名的瑞士钟表业。世界许多顶级钟表品牌如百达翡丽、宝珀、宝玑、积家、伯爵、劳力士等皆产自瑞士。

如果还有人怀疑"高卢雄鸡"是否已走出4年前的阴影，那么凌晨的进球盛宴就是送给怀疑者的最好的答案。法国队用最奢华的方式将浪漫主义风格的进攻转化成了一场风华绝代的时尚秀。就像法国时尚名人可可·香奈儿倡导的那样："这代表的是一种风格、一种历久弥新的独特风格。"

而对于瑞士队来说，今天的比赛他们或许有些不太走运。因为在他们的军刀还没有出鞘之际，法国人风卷残云般的5个进球便早已将一切化作无形。但优雅的瑞士人还是抓住了有限的机会，用沉淀中的古朴精准为这场盛宴增添了几分淡雅之美。正如他们传承百年的手表工艺一样："奢华有道，光而不耀。"

"尽力而为，希望无穷。"瑞士人需要在绚烂过后的寂寞中，将绿茵场上的攻守品质打磨得更加完美。而法国人则一边聆听着欢笑中最激昂的赞誉声，一边又微笑着开始了对冠军的无限憧憬。"相逢意气为君饮，系马高楼垂柳边。"对于进攻的奢华，球迷们从来都是那样渴望。而两支球队也都会坚定地自由追逐，把进攻时尚演绎得更为行云流水。就像可可·香奈儿说的那样："追求自由，我可以不惜任何代价。"

名言汇总：

1. 过去就让它过去，现在的你已从你的过去得到了结果。

——卡尔·拉格斐

2. 这代表的是一种风格、一种历久弥新的独特风格。

——可可·香奈儿

3. 追求自由，我可以不惜任何代价。

——可可·香奈儿

【动物世界杯】洪都拉斯美洲豹 VS 厄瓜多尔秃鹫

美洲豹是仅次于虎和狮的体形第三大的猫科动物，体重60～120千克，猫科中的全能冠军。但它既不是虎也不是豹。一般居住于热带雨林，可以捕食鳄鱼、龟等动物，身手矫健。美洲豹集合了猫科动物的所有优点，具有狮、虎的力量，又有豹、猫的灵敏。咬合力很强，犬齿咬合力可达1550磅，裂齿咬合力可达1250磅，使猎物毙命的效率很高。

当初，厄瓜多尔秃鹫迎着太阳的光芒飞向巴西高原时，是那么雄心勃勃。但是，在被瑞士公牛顶得伤痕累累之后，它们根本来不及舔舐伤口，因为，它们必须迅速地重新振作起来，与同样受到高卢雄鸡重创的洪都拉斯美洲豹，进行殊死之战。更为可怕的是，今天的驯鹰人是昔日的驯豹者，而今日的驯豹者也曾经是当年的驯鹰人！

相互的知己知彼，导致这一场血肉厮杀从一开始就更像是一场无序的混战，强烈的求生渴望在混乱中暗伏杀机！独来独往的美洲豹性格谨慎，捕猎前，它们会估算猎物反扑的危险性。而秃鹫的进攻，则显得更有章法一些。因为焦虑，秃鹫与豹都失误频频。美洲豹科斯特利率先偷袭成功，秃鹫巢穴遭到重击。紧接着，秃鹫恩纳·瓦伦西亚觅得良机，力挽颓势。双方在随后的拼死搏斗中，都在伺机等待对手的失误，终于，厄瓜多尔秃鹫抓住了洪都拉斯美洲豹的一次失手，恩纳·瓦伦西亚高高跃起，用尖锐的喙进行一次致命的突袭，秃鹫已然胜券在握。而急躁的美洲豹的猛攻并没有奏效。

在与厄瓜多尔秃鹫的对决中，美洲豹再遭重创，奄奄一息。

而在这场混乱的厮杀之后，翅膀掠过太阳光芒的秃鹫重燃起征服草原的希望。

【舌尖上的世界杯】哥斯达黎加已婚男人饭

世界上距离幸福最近的国家，大概就是哥斯达黎加了，丰富的原生态丛林和自由开放的社会风气，使这个国家到处弥漫着幸福的味道。吃一道经典午餐 Casado（已婚男人饭），看一场酣畅淋漓的球赛，是哥斯达黎加人生活中的幸福享受。

Casado，在西班牙语里是"已婚男人"的意思，唯独在哥斯达黎加是一道菜的含义。之所以命名为"Casado"，是因为这是已婚男人吃的饭，但是据哥斯达黎加当地说法，这也是"夫妻的第一顿饭"。丰富的午餐是由多种小份食材制作而成，小夫妻俩结婚的第一天就知道哪种是彼此最喜欢的炖菜。

配菜通常有黑豆、沙拉、肉和炸香蕉，食材多元，烹饪却很粗犷，美洲饮食的豪放可见一斑。土豆、萝卜、洋葱、辣椒和肉馅炖煮，生菜、西红柿、洋葱制成沙拉，香蕉切开放到锅里煎炸，配菜放置在米饭四周，哥斯达黎加夫妻的第一顿饭就此告成，吃完 Casado，也便是已婚男人了。

Casado 是哥斯达黎加人味觉满足感的来源，而看一场足球比赛成了哥斯达黎加人视觉满足感的来源。足球是哥斯达黎加人的第一国民运动，哥斯达黎加队曾3次晋级世界杯决赛圈，1990年更是在米卢的带领下以黑马姿态晋级第二轮，巴西世界杯上，他们更会以黑马的姿态捍卫自己中美洲足坛霸主的地位！

10 | 6月22日

赛场 | 阿根廷 1:0 伊朗

赛前硝烟：

　　首轮之后，阿根廷队积3分居小组头名，伊朗队积1分和尼日利亚队并列。本场比赛也是阿根廷队和伊朗队在世界杯历史上的首次交锋。萨维利亚本场比赛摆出强攻阵势。阿根廷队前场"四大天王"：梅西、伊瓜因、阿奎罗、迪马利亚全部首发，这将是4人首次在世界杯上一起首发。本场比赛也是"小马哥"马斯切拉诺第100次为阿根廷国家队出场。

　　这场比赛前，关于梅西生日的声音也不绝于耳，阿根廷众将也希望本场获胜为"小跳蚤"送上一份生日大礼，而奎罗斯显然希望他手下的波斯铁骑们将这场盛宴彻底摧毁。

　　北京时间6月22日0点，2014年巴西世界杯F组第2轮小组赛阿根廷队与伊朗队的比赛在米内罗体育场打响。梅西补时阶段的压哨世界波绝杀，帮助阿根廷队有惊无险地以1:0战胜伊朗队，两连胜出线在望。

内科南开场前"示好"梅球王

　　上半场开球之前，伊朗队队长内科南就向梅西示意比赛结束后交换球衣。但本场比赛的走势，并未像开场那样充满友好气氛。上半场阿根廷队大举进攻，但收效甚微。两队互交白卷进入下半场。

伊朗队"反客为主"，梅西补时世界波绝杀救主

　　下半场易边再战，伊朗队接连创造破门机会。第67分钟，伊朗队险些破门。效力于英超富勒姆的德贾加接蒙塔泽里右路传球，近距离头球力压萨巴莱塔，罗梅罗奉献世界级扑救，将球托出横梁！第86分钟，伊朗队左路打出反击，古钱内贾德近距离左脚抽射，罗梅罗再次扮演关键先生。大难不死的阿根廷队在伤停补时阶段迎来机会。第 91 分钟，梅西接拉维奇右侧横传，内切走里线，禁区前沿左脚弧线球兜射，皮球划出一道美丽的弧线后，直挂死角，1:0！阿根廷队补时阶段锁定胜局！随后全场比赛结束，凭借梅西的压哨世界波，阿根廷队有惊无险地拿到 3 分后，提前出线。而伊朗队将带着一线希望，在最后一轮死磕已经出局的波黑队。

阿根廷伊朗 1

双方出场阵容：

阿根廷队（4-3-3）：1- 罗梅罗 /4- 萨巴莱塔、17- 费德里科·费尔南德斯、2- 加雷、16- 罗霍 /5- 加戈、14- 马斯切拉诺、7- 迪马利亚（6- 比格利亚，第 92 分钟）/10- 梅西、9- 伊瓜因（18- 帕拉西奥，第 76 分钟）、20- 阿奎罗（22- 拉维奇，第 76 分钟）

主教练：萨维利亚

伊朗队（4-2-3-1）：12- 阿里雷扎·哈吉吉 /15- 蒙塔泽里、4- 侯塞尼、5- 萨德吉、23- 普拉迪 /14- 泰穆里安、6- 内科南 /7- 绍贾埃（2- 黑达里，第 75 分钟）、3- 哈杰萨菲（8- 雷萨·哈吉吉，第 87 分钟）、21- 德贾加（9- 贾汉巴赫什，第 84 分钟）/16- 古钱内贾德

主教练：奎罗斯

赛场　德国 2:2 加纳

赛前硝烟：

纵观两队历史交锋，日耳曼战车两战全捷，进 7 球仅失 1 球。两队上届世界杯小组赛便有过会面，当时厄齐尔建功，德国队 1:0 力挫加纳队。此役，德国队保留上一场 4:0 狂胜葡萄牙队的首发阵容。而博阿滕兄弟继 4 年前的南非世界杯小组赛后，再次上演"同室操戈"。

北京时间 6 月 22 日凌晨 3 时，2014 年巴西世界杯 G 组德国队与加纳队的比赛在福塔莱萨的卡斯特劳体育场展开。下半场，格策打破场上平衡，此后，加纳队由安德烈·阿尤、吉安各入一球。老将克洛泽替补登场后门前抢点为德国队扳平比分，同时也以 15 球追平外星人罗纳尔多的世界杯进球纪录。最终两队 2:2 握手言和。

德国加纳 1

格策为德国队首开纪录，安德烈·阿尤攻破诺伊尔十指关

第 50 分钟，格策接穆勒右路传球，反越位成功，为日耳曼战车建立领先优势，1:0！此球也是格策在世界杯上的处子进球！此后，一名激动的德国球迷冲入场内，比赛不得不暂停 1 分钟。比赛重新开始后，加纳队开始调兵遣将。普林斯·博阿滕被乔丹·阿尤替下。仅 3 分钟后，加纳队便扳平比分，安德烈·阿尤接队友右路传球，力压穆斯塔菲头球轰门，将比分改写成为 1:1！

德国加纳 2

吉安助加纳队反超德国队

第 62 分钟，拉姆被抢断，加纳队随即前场发动反击。吉安接队友直塞，突入禁区与诺伊尔一对一后，右脚射门中鹄，2:1！短短 10 分钟之内，加纳队反超比分。而队中前锋吉安也以 5 粒进球，成为世界杯上进球最多的非洲球员。

德国加纳 3

克洛泽宝刀不老，追平大罗神奇纪录

第 68 分钟，德国队开始调兵遣将。赫迪拉和格策被调整下场，"小猪"和"K 神"登场亮相。第 70 分钟，德国队终于扳平比分。赫韦德斯接克罗斯开出角球，前点头球一蹭，老将克洛泽心领神会，门前垫射将比分扳平，2:2！此球也是"K 神"个人世界杯的第 15 粒进球，他也追平了罗纳尔多的世界杯进球纪录。进球后，克洛泽用空翻庆祝动作勾起了许多球迷的美好回忆。最终，凭借克洛泽的扳平进球，日耳曼战车有惊无险地逼平加纳队，双方各取 1 分。

德国加纳 4

双方出场阵容：

德国队（4-1-4-1）：1-诺伊尔/20-热罗姆·博阿滕（21-穆斯塔菲，第46分钟）、17-默特萨克、5-胡梅尔斯、4-赫韦德斯/16-拉姆/8-厄齐尔、6-赫迪拉（7-施魏因斯泰格，第68分钟）、18-克罗斯、19-格策（11-克洛泽，第68分钟）/13-穆勒

主教练：勒夫

加纳队（4-2-3-1）：16-达乌达/23-哈里森·阿弗尔、19-门萨、21-博耶、20-阿萨莫阿/11-蒙塔里、17-拉比乌（8-巴杜，第77分钟）/7-阿特苏（22-瓦卡索，第72分钟）、9-普林斯·博阿滕（13-乔丹·阿尤，第52分钟）、10-安德烈·阿尤/3-吉安

主教练：阿皮亚

赛场　尼日利亚 1:0 波黑

赛前硝烟：

两队此前从未有过交手记录。在小组赛首轮比赛中，波黑队1:2小负阿根廷队，尼日利亚队0:0闷平伊朗队，因此对于志在出线的两队来说，本场比赛尤为重要。

北京时间6月22日凌晨6时，2014年巴西世界杯F组第2轮第2场小组赛尼日利亚队与波黑队的比赛在库亚巴的潘塔纳尔竞技场打响。上半时，奥德姆温吉为尼日利亚队先下一城；下半时，两队都未能再破门。最终，经过90分钟鏖战，尼日利亚队1:0战胜波黑队，16年后再次在世界杯上取得胜利。此役结束后，首次参加世界杯的波黑队两战皆负，提前告别世界杯。

波黑队进球遭遇争议判罚

上半场第21分钟，哲科接米西莫维奇妙传，反越位与恩耶亚马形成1对1后破门，助理裁判举旗示意越位在先，进球无效。但是慢镜头显示，此球绝对没有任何问题。

波黑队再遇争议,尼日利亚队幸运领先

尼日利亚波黑1

第29分钟,奥德姆温吉接埃梅尼克右路突破后传球,门前轻松进球,1:0!慢动作显示,埃梅尼克在传球前有明显的犯规动作,主裁判和边裁却都置若罔闻。下半场两队再无建树。最终,尼日利亚队1:0战胜波黑队。

由于此前阿根廷队1:0小胜伊朗队,两轮小组赛结束后积6分,稳居小组头名,波黑队两战皆负,提前回家。

双方出场阵容:

尼日利亚队(4-2-3-1):1-恩耶亚马;5-安布罗斯,2-雅博,22-奥梅鲁奥,13-奥沙尼瓦;10-米克尔,17-奥纳齐;7-穆萨(23-阿梅奥比,第65分钟),8-奥德姆温吉,18-巴巴通德(3-乌泽尼,第75分钟);9-埃梅尼克

主教练:斯蒂芬·凯西

波黑队(4-2-3-1):1-贝戈维奇;13-穆伊扎,4-斯帕西奇,18-梅顿贾宁(14-蒂诺·苏西奇,第64分钟),15-苏尼奇;7-贝西奇,8-皮亚尼奇;20-哈伊洛维奇(9-伊比舍维奇,第57分钟),10-米西莫维奇,16-卢利奇(23-萨利霍维奇,第58分钟);11-哲科

主教练:苏西奇

《豪门盛宴》解读世界杯

【张斌语录】

所有人早上起来都会发现自己的手机被刷屏了,一个既陌生又熟悉的名字涌了进来——克洛泽,15个世界杯的进球,4届比赛完成,追平罗纳尔多。罗纳尔多在自己的推特上用3种语言——英语、葡语、德语写了一句:欢迎加入俱乐部。随即,他又用葡语说了另外一句:只有我知道你是怎样的高兴。大家都想知道,36岁的克洛泽,何以还能保持如此好的状态?他的教练勒夫说了,克洛泽的秘密在于他的职业精神,他的长处在于他的心愿。当然我也会说,一个人想成

功,遇到个好领导多重要啊,因为勒夫在组队之前给克洛泽打了个电话:"兄弟,你来吧,我们需要你!"于是勒夫带了唯一的中锋来到了巴西,使命就这样完成。算算跟克洛泽同龄的人都在做什么。比他大一岁的罗纳尔多,就是纪录保持者,现在是足委会的官员;跟他同岁的亨利现在效力于纽约红牛队,现在是做评论解说;比他大两岁的范尼斯特鲁伊现在也在做评论解说;大两岁的吉格斯现在做曼联的助理教练。只有他,36岁,还岿然不动地站在德国队中锋的位置上。昨天看到他翻滚的一瞬间,似乎并不完美,因为他屁股着地了,有人说"哎呀岁数太大了,翻跟头都费劲了",但是我们要感谢他,4届杯赛,一直在我们的记忆中翻滚着。感谢克洛泽。

【传奇】又见空翻

今晨福塔莱萨的战场,1:2落后的德国队似乎难逃大赛次轮的魔咒。第70分钟,那个熟悉的身影站在了第四官员的身旁,熟悉的跑动方式、熟悉的深邃眼神,已经36岁的克洛泽第4次踏上世界杯的赛场,1分53秒之后,他便飞身抢点扳平比分。那是克洛泽本届世界杯的第一次触球,在拯救了球队的同时,也让自己和罗纳尔多一起成为了世界杯历史上的第一射手。接下来的一幕,画面太美,克氏空翻重现,好像带我们穿越了时光,回到了12年前,那个青春的起跑线。

2002年的札幌世界杯球场,一个年轻俊朗的德国少年用3粒头球上演了一夜成名的故事。那是年轻的克洛泽在世界杯的首秀,也是潇洒敏捷的克氏空翻第一次出现在直播画面中。小组赛对阵喀麦隆队和爱尔兰队,克洛泽又进两球,并且再演空翻庆祝,那个时候我们才真正把这个动作和克洛泽联系在一起。小组赛后,克洛泽没能够再次进球,他也被人诟病是只会头球的球员,对此,年轻的克洛泽选择沉默。

4年之后的德国世界杯,28岁的克洛泽首战左右开弓打进两球,帮助德国队击败哥斯达黎加队。小组赛第3轮面对厄瓜多尔队,他再次梅开二度,4年之后,克氏空翻重返世界杯,点燃了柏林奥林匹克球场的激情。而这4粒入球全部用脚打进,克洛泽用完美的表现回击了所有的质疑。四分之一决赛面对阿根廷队,克洛泽接队友做球用最擅长的方式为德国队扳平比分，并最终淘汰对手，帮助赛前不被看好的德国队杀入四强。

2010年的南非，32岁的"K神"第3次走上世界杯的赛场，面对澳大利亚队，克洛泽高高跃起，将球砸进球门。连续3届世界杯首场比赛取得进球，克洛泽已经创造了一段纪录。淘汰赛首轮的英德大战，克洛泽高速中挤开厄普森，捅射进球为德国队打开胜利之门。四分之一决赛再遇阿根廷队，德国人行云流水般的进攻让"潘帕斯雄鹰"难以招架，克洛泽在下半场两次洞穿对手大门，当他打进德国队的第4个进球时，克氏空翻在绿点球场的灯光下显得光芒四射。

南非世界杯后，克洛泽的标志性空翻几乎绝迹，每逢进球，德国人也只是单手指天，朴素而简单。当被问及为何不再空翻庆祝，克洛泽说："我当然还能空翻，但我已经年纪大了，不想再冒险了，我还想踢2014年巴西世界杯。"

时间是一副催化剂，融化了岁月，老去了容颜，而当36岁的米洛梦想成真，他像12年前的那个孩子一样腾空而起，好像时间从未走远。4次征途，5次空翻，15粒进球，这是在我们的青春轮回里走过的传奇，虽然落地时踉跄摔倒，但请你不要心酸，因为米洛还有一颗会飞的心。等待着，下一次我们再见空翻。

【N角度】阿根廷队VS伊朗队——共舞世界杯探戈激情

阿根廷是探戈的故乡，阿根廷人酷爱探戈，许多人都会跳。阿根廷人把探戈看作是国宝，是民族的骄傲。阿根廷政府宣布探戈是阿根廷民族文化遗产不可分割的一部分。对于外国人来说，探戈只是一种独具魅力的舞步，而对阿根廷人来说，它已经与生活密不可分，是融化在血液里的民族文化。

今晨，当阿根廷人试图用华丽的舞步向全世界奉献一场叹为观止的探戈盛宴时，伊朗队微笑着向他们说"不"；当所有人都为伊朗人的不畏豪强拍手称快时，"阿根廷探戈之王"梅西用足球场上最为刺激的绝杀，为这场精彩而激烈的探戈秀画上了惊鸿一瞥的句号。

当我们为梅西的绝妙舞步拍手称快时，当我们开始畅想阿根廷小伙子拥抱"大力神姑娘"时，蓦然回首，我们却不能忘却波斯人用本届杯赛上亚洲最惊艳的表演和最悲情的方式,扮演了检验阿根廷探戈成色是否最佳的舞伴。当舞伴以最精彩的表现衬托出舞者的辉煌之时,就像"现代舞之母"伊莎多拉·邓肯定位的人生那样:"牺牲,它如实地再现了自己的灵魂、最隐秘的行为和内心深处的思想,因此它写成了一部不朽之作。"

对于梅西和阿根廷人来说,他们洒脱又充满魅惑的舞步还会随着青春一起跃动。而对于今晨的伊朗队来说,他们已经用含蓄内敛的爆发赢得了绿茵世界的尊重,或许他们不会像阿根廷人一样,在本届世界杯上走得更远,但是他们已经用行动诠释了那句人生箴言:"莫愁前路无知己,天下谁人不识君。"

名言汇总:

1. 牺牲,它如实地再现了自己的灵魂、最隐秘的行为和内心深处的思想,因此它写成了一部不朽之作。

——伊莎多拉·邓肯

2. 莫愁前路无知己,天下谁人不识君。

——高适《别董大》

【动物世界杯】尼日利亚雄鹰 VS 波黑狼

库亚巴是塞拉多热带草原、潘塔纳尔湿地以及亚马孙热带雨林的交汇之处,因此虽然是冬季,这里依然温暖甚至有些湿热。就在这块绿茵上,非洲的尼日利亚雄鹰与欧洲的波黑狼群即将展开生死搏杀!

有意思的是,它们虽然是第一次交手,却有似曾相识的感觉。因为尼日利亚雄鹰刚刚与亚洲波斯狼进行了一场平淡无奇并且没有输赢的战斗,而波黑狼也同样刚刚完成了与美洲潘帕斯雄鹰的一次失败的较量。

由于双方都急切地想要在角斗中获胜,因此从一开始,搏斗就异常激烈,一时间,鹰爪与狼牙,迅速地攻击与反扑!几经搏杀之后,头狼哲科用锋利的狼牙狠狠地插入了雄鹰的要害,然而,却被判为无效,这令狼群多少有些沮丧,但是,它们立刻就展开了更加凶猛顽强的围攻!

尼日利亚雄鹰则是"狼高一尺,我就鹰高一丈"!趁波黑狼群倾巢出动之际,雄鹰迅猛突袭，鹰嘴与鹰爪并用，埃梅尼克与奥德姆温吉巧妙配合，成功地给波黑狼群致命的一击。然而狼心未死，它们更加凶狠地向尼日利亚雄鹰发动一波又一波的围猎。波黑狼群虽有实力，但毕竟初来乍到，而且年轻。最终，它们为年轻付出了惨痛的代价，在它们面前只有一条路了，那就是回家。而尼日利亚雄鹰则痛快淋漓地高唱"我要飞得更高"！

【舌尖上的世界杯】伊朗萨布兹普鲁

史称"波斯"的伊朗，是具有近四五千年历史的文明古国，悠久的美食传统在岁月的长河里闪亮，而正在崛起的伊朗足球，也让伊朗在足坛熠熠生辉。

萨布兹普鲁是伊朗家喻户晓的一道美食，制作这道家常饭，米饭的烹调是关键。选用优质的大米，根据个人口味放适当盐煮至六成熟之后用漏盆将米饭中的水控出。平底锅加热，锅底放少量的油，将土豆片铺垫在锅底，再将米倒入锅中，接下来放入香菜、茴香、韭菜末，米饭煮熟后加入黄油，加以搅拌。

藏红花是伊朗人钟爱的食材，颜色鲜红的藏红花被碾碎放入杯中与水融化成藏红花水，将米饭与藏红花水搅拌形成金红色。

制作好的米饭，一般搭配鱼类，也可搭配伊朗人热爱的羊肉。精良的伊朗羊腿肉切条与洋葱翻炒之后，焖煮两小时，待羊肉软烂之后即可与红花米饭配菜，成为伊朗人餐桌上的挚爱。

昂贵的东方食材藏红花，和补充体力的羊肉，是伊朗人身体壮硕的能量补充。作为亚洲球队的伊朗队，历史上4次杀入世界杯，伊朗的大街小巷随处可见踢球的孩子，可谓是全民热衷足球的国家。伊朗队世界杯上的惊艳表现，让所有球迷记住了伊朗人的顽强和拼搏。足球之路尚长，伊朗人将会孜孜不倦地汲取养分，成为明日的超级足球大国。

11 | 6月23日

赛场 | **比利时 1:0 俄罗斯**

赛前硝烟：

小组赛首轮，"欧洲红魔"比利时队 2:1 险胜"北非之狐"阿尔及利亚队；俄罗斯队则 1:1 战平"太极虎"韩国队。

12 年前，比利时队曾经在世界杯小组赛 3:2 力克俄罗斯队，当时打进制胜球的球员正是如今比利时队的主帅威尔莫茨。本场比赛，比利时队若取胜将在小组中占据有利位置，而俄罗斯队一旦失利，主动权将不在自己手中。

北京时间 6 月 23 日 0 时，2014 年巴西世界杯 H 组第 2 轮小组赛比利时队与俄罗斯队的比赛在里约热内卢著名的马拉卡纳球场拉开帷幕。第 88 分钟，小将奥利吉打入全场唯一进球，最终，比利时队 1:0 小胜俄罗斯队，小组赛取得两连胜。

本场比赛，有 73891 名球迷到场观战，比利时国王、国际足联主席布拉特以及国际足联执委张吉龙均出现在嘉宾席上。上半场，比利时队虽然攻势占优，但仍旧未能展示出预选赛摧枯拉朽般的气势，两队对战激烈有余，但精彩不足。

奥利吉横空出世，绝杀助"红小鬼"出线

第 81 分钟，叶先科接沙托夫传球插上打门，球略微偏出。第 83 分钟，米拉拉斯主罚禁区前沿任意球，皮球击中立柱后弹出，俄罗斯队大难不死！第 86 分钟，阿扎尔禁区内接米拉拉斯传球，连续过人后起脚打门被后卫挡出底线，角球开出后，费莱尼头球攻门高出横梁。第 88 分钟，比利时队终于有所斩获。小将奥利吉接阿扎尔突破后的倒三角传球，右脚冷静推射远角中鹄，1:0！最终，比利时队凭借奥利吉的压哨绝杀 1:0 力克俄罗斯队，获得小组出线资格。

比利时俄罗斯1

双方出场阵容：

比利时队（4-2-3-1）：1-库尔图瓦/3-维尔马伦（5-维尔通亨，第31分钟）、4-孔帕尼、15-范比滕、2-阿尔德韦雷尔德/8-费莱尼、6-维特塞尔/14-梅尔滕斯（11-米拉拉斯，第75分钟）、7-德布劳内、10-阿扎尔/9-卢卡库（17-奥利吉，第57分钟）

主教练：威尔莫茨

俄罗斯队（4-5-1）：1-阿金费耶夫/23-孔巴罗夫、4-伊格纳舍维奇、14-别列佐夫斯基、2-卡兹洛夫（22-叶先科，第62分钟）/19-萨梅多夫（11-科尔扎科夫，第90分钟）、8-格鲁沙科夫、17-沙托夫（10-扎戈耶夫，第83分钟）、20-法伊祖林、6-卡努尼科夫/9-科科林

主教练：卡佩罗

赛场 韩国 2:4 阿尔及利亚

赛前硝烟：

本场比赛开赛前，亚洲球队在本届世界杯的前7场比赛中3平4负，打进5球丢10球，制造了最近4届世界杯亚洲球队的最差开局。

本场比赛，双方都志在拿下对手。积1分的韩国队末轮将面对本组中实力最强的比利时队，所以本场比赛必将成为韩国队出线的突破口；而积0分的阿尔及利亚队取胜心情更加迫切。

北京时间6月23日凌晨3时，2014年巴西世界杯H组的第4场小组赛韩国队与阿尔及利亚队的比赛在阿莱格里港的河岸球场拉开帷幕。最终经过90分钟激战，阿尔及利亚队4:2大胜韩国队。这也是阿尔及利亚队32年后，再度在世界杯赛场上获得3分。而此役过后，韩国队出线形势也变得岌岌可危。

阿尔及利亚队两连斩闪击韩国队

第 26 分钟，苏莱曼尼接梅贾尼后场过顶长传，在金英权和洪正好的夹防和干扰下，狂飙突进，随后用左脚一记四两拨千斤的挑射，帮助球队先拔头筹。1 分钟后，阿尔及利亚队再度攻破对手大门。布拉希米射门制造角球，阿利舍接贾布角球，抢在韩国队门将郑成龙出击前，用头将球送入空门，2∶0！"北非之狐"一波闪击彻底打晕了"太极虎"。

韩国阿尔及利亚 1

韩国阿尔及利亚 2

"北非之狐"上半场锁定 3 球优势

第 38 分钟，阿尔及利亚队后场发动进攻。

贾布接苏莱曼尼分球，金英权伸腿拦截为时已晚，贾布近距离轻松为阿尔及利亚队再下一城，也为球队上半场将比分优势扩大为 3 球。而上半场比赛，洪明甫率领的韩国队竟然没有一次射门！

韩国阿尔及利亚 3

孙兴民为"太极虎"挽回颜面

易边再战，第 50 分钟，上赛季租借效力桑德兰队的后腰寄诚庸后场发动进攻，孙兴民得球后近距离与门将一对一，面对姆博尔希，打了个穿裆球，1∶3！韩国队扳回一球。

韩国阿尔及利亚 4

阿尔及利亚队再入一球，锁定胜局

第 62 分钟，费古利突破后，和布拉希米连续打出精妙配合，后者在禁区内面对郑成龙，以穿裆球还以颜色，4∶1！"北非之狐"也成为了首支在世界杯上单场比赛打进 4 球的非洲球队。

韩国阿尔及利亚 5

具滋哲再扳一球，"太极虎"无力回天

第 72 分钟，阿尔及利亚队后卫解围失误，具滋哲接李根镐传球，为韩国队再扳一球，2∶4！随后，韩国队再度换人，同时遣上 4 名前锋狂攻！最终，阿尔及利亚队 4∶2 大胜韩国队，为出线迈出坚实一步。

韩国阿尔及利亚 6

双方出场阵容：

韩国队（4-2-3-1）：1-郑成龙/3-尹锡荣、5-金英权、20-洪正好、12-李镕/16-寄诚庸、14-韩国荣（19-池东沅，第78分钟）；17-李青龙（11-李根镐，第64分钟）、13-具滋哲、9-孙兴民/10-朴主永（18-金信煜，第57分钟）

主教练：洪明甫

阿尔及利亚队（4-4-2）：23-姆博尔希/20-曼迪、2-布格拉（4-贝尔卡勒姆，第89分钟）、5-阿利舍、6-梅斯巴/11-布拉希米（8-拉桑，第77分钟）、12-梅贾尼、13-苏莱曼尼、14-本塔莱布/10-费古利、18-贾布（9-吉拉斯，第73分钟）

主教练：哈利霍季奇

赛场　美国2:2葡萄牙

赛前硝烟：

2002年韩日世界杯小组赛，美国队3:2爆冷击败由菲戈领衔的葡萄牙黄金一代。而当时那支葡萄牙队小组赛结束便意外打道回府，美国队则晋级八强。

12年后，两队再次在小组赛相遇。葡萄牙队首战0:4惨败德国队，而美国队则2:1力克加纳队，此战对于葡萄牙队来说可谓背水一战，而美国队保平争胜便可在本组中占据有利地形。

北京时间6月23日早6点，巴西世界杯小组赛第2轮美国队与葡萄牙队的最后一场比赛在玛瑙斯的亚马孙球场拉开帷幕。上半场，纳尼为葡萄牙队先拔头筹；下半场，琼斯和邓普西连进两球将比分逆转。补时阶段，瓦雷拉接C罗助攻，头球将比分扳平。最终美国队2:2战平葡萄牙队。

纳尼为葡萄牙队首开纪录

第 5 分钟，葡萄牙队即打破场上僵局。维洛索前场左路将球吊入禁区，美国队后卫卡梅伦解围失误，纳尼笑纳大礼后，右脚大力抽射为葡萄牙队首开纪录，1:0！

美国葡萄牙 1

琼斯世界波，"山姆大叔"扳回一球

下半场第 64 分钟，美国队扳平比分。葡萄牙队将角球开出禁区，纳尼随后没有将球处理出危险地带，琼斯禁区外围得球，横向盘过纳尼，右脚爆射世界波将比分扳平，1:1！

美国葡萄牙 2

邓普西连场进球，美国队逆转比分

第 81 分钟，美国队反超比分。美国队队长邓普西接祖西传球，门前撞射为"山姆大叔"逆转比分！这也是邓普西在首场比赛中上演开场 29 秒闪击后，连场完成破门。

美国葡萄牙 3

C 罗补射助攻救主，瓦雷拉压哨扳平

下半场补时第 5 分钟，葡萄牙队终于将比分扳平。瓦雷拉接 C 罗前场右路传中，中路包抄近距离头球破门，2:2！全场比赛结束，美国队补时阶段鸡飞蛋打，而葡萄牙队则在一分钟之内经历从地狱到天堂的转换。

美国葡萄牙 4

双方出场阵容：

美国队（4-5-1）：1- 霍华德 /23- 法比安·约翰逊、20- 卡梅伦、5- 贝斯勒、7- 比斯利 /4- 布拉德利、13- 杰梅因·琼斯、11- 贝多亚（2- 耶德林，第 71 分钟）、4- 布拉德利、19- 祖西（3- 奥马尔·冈萨雷斯，第 91 分钟）/8- 邓普西（18- 翁多洛夫斯基，第 87 分钟）

主教练：克林斯曼

葡萄牙队（4-3-3）：22- 贝托 /21- 若昂·佩雷拉、2- 布鲁诺·阿尔维斯、

13-里卡多·科斯塔、19-安德烈·阿尔梅达（6-威廉·卡瓦略，第46分钟）/4-维洛索、16-梅雷莱斯（18-瓦雷拉，第68分钟）、8-穆蒂尼奥/17-纳尼、7-克里斯蒂亚诺·罗纳尔多、23-波斯蒂加（11-埃德尔，第16分钟）

主教练：本托

《豪门盛宴》解读世界杯

【张斌语录】

活着，多好，因为还有希望，还有指望。说说葡萄牙队，他们活在什么之中？他们活在绝望之中。距离比赛结束还有25秒的时候，打进的那个球，C罗助攻了。有人说过"C罗和他那一群猪一般的队友"，我特反对这话，没有队友，C罗什么都不是，足球又不是网球。说美国队，美国队活在什么之中？美国队活在追悔和对未来的一份猜忌之中。你知道美国队在最后实施换人战术的时候，正好是主裁判拿起加时牌的时候，据说因为跑出来的运动员速度过慢，裁判临时加了1分钟，变成了5分钟。美国人开始悔恨，当时跑快点儿是4分钟，就没有葡萄牙队什么事儿了。不管怎么样，大家现在猜测最多的是：好朋友是不是一生情啊？美国队和德国队会不会平局啊？我后来发现这不仅是中国球迷的想法，美国人也开始做舆论调查——会不会打成平局？

韩国人，韩国人活在自己的悲壮当中，整个亚洲球队都活在悲壮当中，连续8场亚洲球队没有取胜，怎么办？从头再来吧，我想亚洲球队距离世界的水平差距仍然在加大。阿尔及利亚人活在什么中？活在历史里面。32年好不容易赢一场球，因为上次赢球是在1982年，2:1战胜了联邦德国队，引发了德国足球史上的小小的污点。比利时人活在什么中？比利时人活在自己的一份努力和别人过高的期望值当中。可以说两场比赛比利时队的表现是身价第一，技术第一，但技战术的水平总体来讲还真达不到第一。俄罗斯人活在什么中？俄罗斯人活在对未来4年的憧憬当中。2018年他们是东道主，大家都说4年之后俄罗斯队一定行。看冬奥会了吧？帝国反击战打得多么精彩，只要俄罗斯人想发展，足球小组出线,应该在 2018 年不成问题,他们或多或少都还有点儿希望。

【传奇】世界杯上的绝处逢生

今天凌晨,葡萄牙队上演了绝境中死里逃生的惊险一幕。首战他们 0:4 被德国队屠杀,面对斗志高昂的美国队,葡萄牙队在先进一球的情况下,被对手连追两球,眼看着晋级的希望随着时间一分一秒地溜走。读秒阶段,C 罗再次力挽狂澜,助攻瓦雷拉将场上比分扳为 2:2 平,带走了 1 分,也为球队留住了一线生机。在世界杯历史上,绝处逢生的事例并不少见。

1954 年那场著名的伯尔尼奇迹,联邦德国队在决赛中挑战匈牙利队。面对小组赛被自己 8:3 蹂躏过的对手,匈牙利人信心满满。果然,开场仅 8 分钟,他们便以 2:0 领先。正当匈牙利队自认为锁定冠军的时候,德国人展开了反击,莫洛克和拉恩的两粒入球将两队带回了同一起跑线。第 84 分钟,拉恩一剑封喉,将最终比分定格为 3:2,联邦德国队在绝境中逆袭夺冠。2003 年,德国人将这场比赛搬上了大荧幕,片名就叫《伯尔尼奇迹》。

1966 年英格兰世界杯,首次闯入世界杯决赛圈的葡萄牙队和朝鲜队在四分之一决赛相遇,谁也没有料到,第 25 分钟朝鲜队便 3:0 领先。眼看着葡萄牙队大势已去,黑豹尤西比奥突然发威,上演大四喜,扭转了比赛的局势,凭一己之力带领葡萄牙队 5:3 完成了惊天大逆转。

1970 年世界杯,联邦德国队与英格兰队的四分之一决赛开始 30 分钟后,英格兰队便已经取得 2:0 的领先。离比赛结束还有 20 分钟,德国人绝地反击。贝肯鲍尔、乌赛维勒的两粒入球为德国队扳平比分。加时赛盖德穆勒攻入制胜进球,最终联邦德国队 3:2 淘汰英格兰队,报了 1966 年的一箭之仇。

1982 年的世界杯半决赛,联邦德国队遭遇法国队。90 分钟常规时间,双方战成 1:1 平。加时赛刚开始,法国人连入两球,得意的"高卢雄鸡"甚至已经开始提前欢庆胜利。不过,顽强的德国队并没有给他们这样的机会,鲁梅尼格和费舍尔用两记精彩的进球奇迹般地扳平了比分,将比赛拖入点球大战。最终,德国队 5:4 淘汰法国队挺进决赛。

2010年南非世界杯小组赛最后一轮，美国队和阿尔及利亚队展开死磕。前两轮小组赛，美国队两战仅积2分，此役唯有取胜才能晋级。90分钟双方均无建树，就在美国球迷绝望之际，补时第1分钟，多诺万中路插上打进绝杀，美国队1:0赢下3分，从即将被淘汰的边缘起死回生，力压英格兰队，以小组头名出线。

同样是2010年的南非，四分之一决赛，乌拉圭队面对加纳队。90分钟常规时间内，两队战成平局。加时赛战至最后时刻，苏亚雷斯用一个标准的排球动作挡出阿迪亚的攻门，主裁判随即向苏亚雷斯出示红牌并判罚点球。所有的乌拉圭球员面如死灰，苏亚雷斯流着眼泪走下了球场，一切都预示着加纳队将绝杀乌拉圭队晋级。然而，吉安的点球鬼使神差地命中横梁，乌拉圭人大难不死。点球大战中，阿布鲁的勺子点球击碎了非洲人的晋级梦想，乌拉圭人起死回生。

【变形金刚 & 世界足坛TOP 5】

5. 钢索（博派）——巴蒂斯图塔（阿根廷）——苏亚雷斯（乌拉圭）

作为《变形金刚4》新的角色，机器恐龙具有强大的力量。而作为它们的首领，钢索更是具有惊人的破坏力。正所谓"宝刀灿灿霜雪光，冠世英雄不可当"。在世界足坛的历史上，能和钢索相提并论的唯有阿根廷"战神"巴蒂斯图塔，他力拔山兮气盖世的射门和无限的激情更是点燃了每个人心中的火焰。而在本届世界杯上，乌拉圭队的苏亚雷斯在撕咬碾碎了英格兰队后，成为了新一代的钢索。

4. 红蜘蛛（狂派）——克鲁伊夫（荷兰）——伊涅斯塔（西班牙）

外表优雅华丽，内心冷酷无情，变形金刚里的红蜘蛛是个迷人的冷血杀手，也是狂派中"一人之下，万人之上"的二当家。放眼世界足坛的历史，也许和贝肯鲍尔生活在一个时代是荷兰"帝胄"克鲁伊夫的宿命，但是同样的优雅冷血，同样杀敌于无形的特质让他成为当之无愧的足坛"红蜘蛛"。而对于伊涅斯塔来说，继承哈维衣钵的使命虽然任重道远，但是迷人冷血的特质，让红蜘蛛非其莫属。

3. 大黄蜂（博派）——罗纳尔多（巴西）——内马尔（巴西）

大黄蜂是第一个到地球的变形金刚。亲民、保护人类的特点让他成为了人类最好的朋友。对于罗纳尔多来说，黄袍加身的他，曾经挂帅护佑桑巴军团3届世界杯征程；而对于内马尔来说，王子加冕的他，也要从此托起黄衫军团传承久远的"大力神之梦"。"来如雷霆收震怒，罢如江海凝清光。"两代桑巴巨星将沿着不同的时间分界线，继续抒写足坛大黄蜂的世纪荣耀。

2. 威震天（狂派）——马拉多纳（阿根廷）——C罗（葡萄牙）

威震天具备了一个出色首领应该具备的所有条件，作为狂派的首领，强大的实力和危急时刻的独当一面也得到狂派军团的拥戴与认可。回溯世界足坛的历史，马拉多纳出色的领袖气质和"千军万马取上将首级如探囊取物"般的超强个人能力也得到了无数球迷的叹服。而对于C罗来说，虽然与梅西的"楚汉之争"远远没有结束，但是"足坛威震天"的名号，C罗当之无愧。

1. 擎天柱（博派）——齐达内（法国）——梅西（阿根廷）

擎天柱是博派已知的最后一任首领。很多年前他曾是一位和威震天情同手足的博派军事指挥官，屡屡拯救博派与地球人更是让它成为万人拥戴的"变形金刚"代名词。二十余载征战天下，助法兰西加冕大力神、屡屡拯救高卢军于危难的齐达内无疑书写了一段世界足坛擎天柱的佳话。而放眼当今足坛，"阿根廷之王"梅西已经接过了这一光荣的衣钵。那一记石破天惊的绝杀也许只是开始，"黄沙百战穿金甲，不破楼兰终不还"，对于梅西，大力神的荣耀也许就在这不远的明天。

【N角度】比利时队 VS 俄罗斯队——当"安娜"遇上"蓝精灵"

《安娜·卡列尼娜》巨大的思想和艺术价值，使得这部巨著一发表便引起巨大的社会反响。书中的女主人公安娜·卡列尼娜则成为世界文学史上最优美丰满的女性形象之一，这个资产阶级妇女解放的先锋，以自己的方式追求个性的解放和真诚的爱情，她以内心体验的深刻与感情的强烈真挚，以蓬勃的生命力和悲剧性命运而成为世界文学的经典形象。

比利时是蓝精灵的故乡。1958年，化名贝约的比利时漫画家皮埃尔·库利福德创造了"蓝精灵"这个艺术形象，该形象一经推出便大受欢迎。故事讲述了在森林的深处，生活着一群无忧无虑、快乐的小精灵，他们住在精灵村的蘑菇屋里，使得精灵村每天都充满欢声笑语。因为他们浑身蓝色，所以人们叫他们蓝精灵。

当奥利吉替换"小魔兽"卢卡库出场之后，并且在比赛行将补时之际献上绝杀之时，也许没人会想到，魔教头威尔莫茨完全是运筹帷幄。而初出茅庐便没有辜负魔教头的期望，成为整场胜利功臣的"魔小鬼"奥利吉，此刻也许会借用蓝精灵的戏言调侃："我和别的蓝精灵不同，我不是仙鹤带来的，而是格格巫造出来的。"

水满则溢，月盈则亏。对于俄罗斯队来说，本场比赛中，他们大把地浪费了得分的好时机，最终受到了命运的惩罚。一如托尔斯泰笔下的安娜："爱情的力量使她几度冲破世俗的藩篱，去寻求属于自己的幸福，但自私感和罪恶感立即来到她的身边，使她的内心充满了矛盾和痛楚。"

对于比利时人来说，属于蓝精灵们耀眼的青春之花正是在绝杀中悄然绽放的，或许我们永远都不知道，他们的替补席上还藏有怎样神奇的蓝精灵。就像拉斯·高斯内尔创作《蓝精灵》时的那种感受："我喜欢在烟雾里出现的感觉，这样很神秘。"

比利时人有理由享受绝杀和出线所带来的喜悦，而队中的"蓝精灵们"也即将开启世界杯上新的冒险。不过，对于俄罗斯人而言，在接受"罪与罚"之后，他们也许会在陀思妥耶夫斯基的箴言中寻找答案："只要你愿意把你内心所有的感受隐忍在这个土壤里面，很有可能会开出你想象不到的、灿烂的花朵。"

名言汇总：

1.我和别的蓝精灵不同，我不是仙鹤带来的，而是格格巫造出来的。

——蓝精灵

2.爱情的力量使她几度冲破世俗的藩篱，去寻求属于自己的幸福，但自私感和罪恶感立即来到她的身边，使她的内心充满了矛盾和痛楚。

——托尔斯泰《安娜·卡列尼娜》

3.我喜欢在烟雾里出现的感觉，这样很神秘。

——拉斯·高斯内尔

4. 只要你愿意把你内心所有的感受隐忍在这个土壤里面，很有可能会开出你想象不到的、灿烂的花朵。

——陀思妥耶夫斯基

【动物世界杯】韩国太极虎 VS 阿尔及利亚骆驼

在五河交汇的阿莱格里的土地上，展开了阿尔及利亚骆驼与韩国太极虎之间的捕猎与求生之战。温暖多雨的气候似乎并不利于惯于沙漠行走的北非骆驼，而且它们在与比利时雄狮的那一场搏斗中处于下风，这一战对于它们来说肯定有背水一战的悲壮，因为它们已然被逼入绝境。

相反的是，韩国太极虎在与俄罗斯北极熊打个平手之后，显得更加自信并且充满胜利的渴望。太极虎或许根本没有把在低调与稳重中深藏致命杀手锏的北非骆驼放在眼里。

骆驼可以迟缓，但是当它们想要迅疾起来时，也同样可以快若闪电！所以太极虎一上来就被骆驼的以快制猛给打得有些晕头转向了。面对铩羽而不是添翼的太极虎，北非骆驼先后3次以神勇的铁蹄——苏莱曼尼、阿利舍以及贾布的快速凶猛的蹬踏，一次次踢中太极虎的要害！太极虎遭受到严重的内伤。

太极虎终于开始猛扑了，虽然北非骆驼深谙如何化解老虎一扑、一掀、一剪的看家招数，却还是被太极虎狠狠地咬了一口，利齿孙兴民一下子插入到骆驼的身体内，也让骆驼感受到了一丝的疼痛。

北非骆驼再次发威，布拉希米灵巧地一踏，正好伤在了太极虎的致命之处，太极虎随后又以最凶狠的门齿具滋哲在北非骆驼身上撕开了一道血淋淋的伤口，并且抖擞虎威，做最后的一搏。北非骆驼最终把绿茵变成了令猛虎变猫的沙漠，它们驼着来之不易的胜利，走向下一个希望。而韩国太极虎，只能在与比利时雄狮的搏杀中，盼望命运的奇迹吧。

【舌尖上的世界杯】韩国拌饭

说到亚洲料理，韩国料理也占据一席之地，讲究"五行五色"的韩国料理，追求食材的新鲜和荤素的合理搭配，正如那支正在世界杯拼战的"太极虎"足球队一样，实力出众、稳扎稳打。

最早出现在韩国全州的石锅拌饭，以其简单的做法迅速风靡韩国。各地区的韩国人就地取材，把当地的时蔬与米饭在石锅中加热后，在滋滋作响中，把营养和美味拌在一起，在油香浓郁中保持一份坚挺的"战斗力"。

将备好的蔬菜用热水烫完之后控水，加入盐和香油调拌，煎一只鸡蛋，鸡蛋的蛋白蛋黄分离。石锅放入米饭后，再在表面呈扇状铺上与之相拌的蔬菜、肉末与鸡蛋，加热至香油滋滋作响时端下。此时，浓香四溢，可以用筷子搅拌使它们混合，视觉效果五彩斑斓，食材在与石锅热量的接触中，又增加了味觉的快感。

作为多次成功晋级世界杯决赛圈的亚洲球队，韩国足球的实力不容小觑，2002年韩日世界杯的殿军，是韩国足球的巅峰荣誉，能否再创造奇迹，还看韩国队如何征战巴西！

12 | 6月24日

赛场 | 荷兰 2:0 智利

赛前硝烟：

之前两轮小组赛中，两队都以两连胜的佳绩锁定晋级席位。所以，本场比赛彻底变成了一场小组头名的争夺战。纵观16强对手，巴西队极有可能在A组中获得小组第一，所以本场比赛结束后，谁是小组第一，谁就能避开巴西队。

因为首轮4球大胜卫冕冠军西班牙队，净胜球稍占优势的荷兰队只要本场比赛不输球，即可稳获小组头名；而智利队则必须获胜才有可能获得小组第一。两队球员此前竞技状态都异常火爆，本场比赛究竟鹿死谁手，尚未得知。

北京时间6月24日0时，2014年巴西世界杯B组末轮荷兰队与智利队的比赛在圣保罗竞技场打响。第 77 分钟，小将费尔为荷兰队首开纪录；伤停补时阶段，德佩接罗本助攻抢点为荷兰队锁定胜局。最终，荷兰队凭借年轻人的出色发挥，2:0 击败智利队，夺得小组头名。

"劳模"出任左后卫，比达尔坐上替补席

本场比赛，两队都对首发阵容做出了一定的调整。荷兰队方面，由于队长范佩西累计黄牌而停赛，主教练范加尔在锋线上委以小将伦斯首发重任。而另一个明显的变化是，由于后防大将因迪因伤退出首发，范加尔选择老将"劳模"库伊特出任首发左后卫。智利队方面，伤愈复出的阿兰吉斯回归首发，因为状态不佳，主帅桑保利也将大将比达尔放在了替补席上。

上半场比赛，双方虽然互有攻势，但都没能将机会转化成进球，上半场结束时荷兰队 0:0 暂平智利队。如果这个比分延续到终场，那么荷兰队将凭借净胜球的优势排名小组首位晋级。

荷兰队刮起青春旋风，两小将破门锁定小组头名

第 75 分钟，库伊特杀入禁区，接罗本角球，禁区内头球稍高。1 分钟后，荷兰队用小将费尔换下老将斯内德，范加尔继续委以小将重任。第 77 分钟，小将德佩禁区外远射发炮，布拉沃奉献绝佳扑救。第 77 分钟，扬马特接罗本战术角球，随即罗本传进禁区，小将费尔首次触球便近距离头槌叩关得手，打入个人国家队处子进球，1:0！荷兰队先拔头筹！

荷兰智利 1

伤停补时阶段，荷兰队锁定胜局。另一位小将德佩接罗本突破后的妙传，铲射打进本队第 2 粒进球，2:0！全场比赛结束，最终荷兰队 2:0 完胜智利队，三战积 9 分，锁定本组头名。智利队积 6 分获得小组第二，两队携手进入 16 强。

荷兰智利 2

双方出场阵容：

荷兰队（5-3-2）：1- 西莱森 /15- 库伊特（14- 孔戈洛，第 88 分钟）、5- 布林德、2- 弗拉尔、3- 德弗赖、7- 扬马特 /8- 德容、10- 斯内德（18- 费尔，

第 75 分钟）、20- 维纳尔杜姆 /17- 伦斯（21- 德佩，第 69 分钟）、11- 罗本

主教练：范加尔

智利队（3-5-2）：1- 布拉沃 /18- 哈拉、5- 弗朗西斯科·席尔瓦（10- 巴尔迪维亚，第 70 分钟）、17- 梅德尔 /4- 伊斯拉、21- 迪亚斯、20- 阿兰吉斯、2- 梅纳、16- 费利佩·古铁雷斯（15- 博塞茹尔，第 46 分钟）/7- 桑切斯、11- 巴尔加斯（9- 皮尼亚，第 81 分钟）

主教练：桑保利

赛场　西班牙 3:0 澳大利亚

赛前硝烟：

在本场比赛前，两队已确定双双无缘 16 强。本场比赛，博斯克对于首发阵容进行大规模轮换，伊涅斯塔也迎来了个人百场为国出战纪录；而澳大利亚方面，此前两战有着优异发挥的老将卡希尔，则累计两张黄牌被罚停赛。

北京时间 6 月 24 日 0 点，2014 年巴西世界杯小组赛 B 组末轮西班牙队与澳大利亚队的比赛在拜沙达竞技场举行。上半时，老将比利亚脚后跟巧射完成进球；下半时，托雷斯、马塔为本队再添两球。最终，卫冕冠军西班牙队 3:0 击败澳大利亚队，赢得荣誉之战。

"葫芦娃"用精彩进球奉献个人世界杯绝唱

第 35 分钟，西班牙队打破场上僵局。伊涅斯塔中场策动进攻，比利亚接胡安弗兰禁区右侧底线传中，在无人盯防的情况下，近距离用杂技般的动作，脚后跟将球打进大门，1:0！"葫芦娃"用这样一个精彩的进球，为自己最后一届世界杯画上了圆满的句号。

"托妞"终破单刀魔咒

第 68 分钟,西班牙队扩大领先优势。伊涅斯塔中路送出助攻,托雷斯心领神会,反越位插上,与门将一对一后将球送进大门,2:0!

马塔为西班牙队锁定胜局

第 81 分钟,西班牙队锁定比分。胡安·马塔接法布雷加斯禁区弧顶左路斜传,在无人盯防的情况下,小禁区右侧穿裆球攻破门将莱恩十指关。最终,西班牙队 3:0 完胜澳大利亚队,带着胜利遗憾回家。

双方出场阵容:

澳大利亚队(4-2-3-1):1-瑞恩/19-麦克格文、22-威尔金森、6-斯皮拉诺维奇、3-戴维森/15-耶迪纳克、17-麦凯伊/7-马休·莱基、8-博扎尼奇(23-布雷西亚诺,第 71 分钟)、11-奥尔(14-特洛伊西,第 60 分钟)/9-塔加特(10-哈洛兰,第 46 分钟)

主教练:帕斯特格鲁

西班牙队(4-3-3):23-雷纳/5-胡安弗兰、2-阿尔比奥尔、15-拉莫斯、18-阿尔巴/14-哈维·阿隆索(21-大卫·席尔瓦,第 83 分钟)、6-伊涅斯塔、17-科克/20-卡索拉(10-法布雷加斯,第 67 分钟)、9-托雷斯、7-比利亚(13-马塔,第 55 分钟)

主教练:博斯克

赛场 克罗地亚 1:3 墨西哥

赛前硝烟:

赛前,两队都把对方作为本组中争夺出线的假想敌。末轮之前,墨西哥队 1 胜 1 平,积 4 分;克罗地亚队 1 胜 1 负,积 3 分。所以,此战也确确实实成为本组中另一个出线名额的分水岭。

本场比赛，墨西哥队头牌"小豌豆"依然坐在替补席上，而克罗地亚头号杀星曼朱基齐则连续出现在首发阵容中。

北京时间 6 月 24 日凌晨 4 时，2014 年巴西世界杯 A 组最后一轮小组赛克罗地亚队与墨西哥队的比赛在累西腓的伯南布哥竞技场展开。上半场，双方互交白卷。下半场，墨西哥队马克斯、瓜尔达多、"小豌豆"埃尔南德斯各进一球，克罗地亚队则由佩里西奇打进一球。最终，墨西哥队 3:1 完胜克罗地亚队，拿到小组出线资格。

老将马克斯为墨西哥队首开纪录

墨西哥克罗地亚 1

第 72 分钟，替补登场的"小豌豆"埃尔南德斯禁区外尝试打门，被克罗地亚队后卫封堵。队长马克斯接埃雷拉角球，在小禁区线前力压科尔卢卡头槌叩关得手，普莱蒂科萨倒地扑到皮球，但鞭长莫及，1:0！此球是老将马克斯的连续 3 届世界杯进球，墨西哥队队长也为球队打开了胜利之门。

墨西哥队扩大领先优势

墨西哥克罗地亚 2

3 分钟后，墨西哥队再下一城。埃尔南德斯和佩拉尔塔反击中打出精妙配合，"小豌豆"将球分到右路，瓜尔达多接佩拉尔塔右路传中，后点起左脚打门扩大比分，2:0！

"小豌豆"冲顶锁胜局，跻身墨西哥历史射手榜第三

墨西哥克罗地亚 3

第 83 分钟，墨西哥队锁定胜局。"小豌豆"埃尔南德斯接马克斯头球后做，将皮球打进空门，3:0！"小豌豆"在第 3 场比赛中破荒，此球也是其个人在世界杯上的第 3 粒进球，他为墨西哥国家队出场 65 次打进 36 球，也是现役墨西哥队诸位射手中，为墨西哥贡献进球最多的球员。

佩里西奇打进挽回颜面一球,克罗地亚队无力回天

第89分钟,克罗地亚队追回一球。佩里西奇接拉基蒂奇助攻,与奥乔亚一对一后,小角度打远角,追回一球,1:3!佩里西奇打进个人在本届世界杯的第2粒进球。而这也是墨西哥门神奥乔亚世界杯首度失球。最终,墨西哥队3:1完胜克罗地亚队,PK掉"格子军团",拿到小组出线资格。

墨西哥克罗地亚4

双方出场阵容:

克罗地亚队(4-2-3-1):1-普莱蒂科萨/2-福尔萨伊科(20-科瓦契奇,第58分钟)、5-科尔卢卡、6-洛夫伦、3-普拉尼奇(9-耶拉维奇,第74分钟)/7-拉基蒂奇、10-莫德里奇/11-斯尔纳、4-佩里西奇、18-奥利奇(16-雷比奇,第69分钟)/17-曼朱基奇

主教练:科瓦奇

墨西哥队(5-3-2):13-奥乔亚/22-阿吉拉尔、15-莫雷诺、4-马克斯、2-弗朗西斯科·罗德里格斯、7-拉云/18-瓜尔达多(8-法比安,第84分钟)、23-巴斯克斯、6-埃雷拉/19-佩拉尔塔(21-佩尼亚,第79分钟)、10-多斯桑托斯(14-埃尔南德斯,第62分钟)

主教练:埃雷拉

赛场 喀麦隆 1:4 巴西

赛前硝烟:

1994年美国世界杯小组赛上,巴西队3:0大胜喀麦隆队。双方最后一次相遇是在2003年的联合会杯上,喀麦隆队凭借"猎豹"埃托奥的制胜球1:0击败巴西队。此役是巴西队参加的第100场世界杯决赛圈比赛,桑巴军团继德国队后,成为第二个完成百场里程碑的球队。

小组赛前两轮,桑巴军团1胜1平,积4分。末轮比赛前,巴西队暂时以净胜球优势领跑A组,此役战平便可打进16强;喀麦隆队两战全败且一球未进,已然提前出局。

6月24日

北京时间 6 月 24 日凌晨 4 时，2014 年巴西世界杯 A 组收官战喀麦隆队与巴西队的比赛在巴西利亚加林查国家体育场拉开帷幕。此役，巴西头号球星内马尔梅开二度，弗雷德和替补登场的费尔南迪尼奥为球队锦上添花，马蒂普则为喀麦隆队打进一球。最终，东道主巴西队 4:1 大胜缺少"猎豹"埃托奥的喀麦隆队，与墨西哥队同积 7 分以净胜球优势拿到小组第一。

内马尔打开胜利之门

巴西喀麦隆 1

开场第 16 分钟，巴西队便首开纪录。古斯塔沃一手导演进球。他前场左路完成反抢后，将球送至门前，内马尔射门打破场上僵局，1:0！此球是内马尔攻入的本届杯赛的第 3 粒进球，也是本届世界杯上的第 100 粒进球。

马蒂普门前把握机会，打破东道主球门

巴西喀麦隆 2

第 25 分钟，喀麦隆队扳平比分。穆坎德约角球制造威胁，恩约姆左路突破被阿尔维斯堵截，他顺势一抹，于左路底线将球传至门前，马蒂普在无人盯防的情况下轻松打门得手，1:1！

内马尔梅开二度，领跑射手榜

巴西喀麦隆 3

第 34 分钟，巴西队再度反超比分。席尔瓦后场策动进攻，内马尔接马塞洛回做，带球突破至禁区边缘，利用个人能力横向拉球晃开防守队员，射门得手，2:1！内马尔攻入本场比赛第 2 球，暂时以 4 球领跑射手榜。凭借内马尔的梅开二度，巴西队暂时领先。

弗雷德锦上添花，个人完成世界杯处子球

巴西喀麦隆 4

易边再战，第 49 分钟，巴西队再接再厉。费尔南迪尼奥禁区前策动进攻，弗雷德接路易斯传球，小禁区内头球攻破伊坦耶十指关，3:1！弗雷德打入世界杯的处子球。

曼城铁腰助桑巴军团完胜

第83分钟，巴西队继续扩大比分。奥斯卡禁区前组织进攻，与费尔南迪尼奥、弗雷德打出精妙配合后，由费尔南迪尼奥完成致命一击，4:1！巴西队锁定胜局！最终全场比赛结束，巴西队4:1大胜"非洲雄狮"，锁定小组头名。

巴西喀麦隆5

双方出场阵容：

巴西队（4-2-3-1）：12-塞萨尔/2-阿尔维斯、3-蒂亚戈·席尔瓦、4-路易斯、6-马塞洛/17-古斯塔沃、8-保利尼奥（5-费尔南迪尼奥，第46分钟）/7-浩克（16-拉米雷斯，第62分钟）、11-奥斯卡、10-内马尔（19-威廉，第70分钟）/9-弗雷德

主教练：斯科拉里

喀麦隆队（4-3-3）：16-伊坦耶/22-恩约姆、21-马蒂普、3-恩库鲁、12-贝迪莫/17-姆比亚、7-恩盖莫、18-埃永·埃诺/8-穆坎德约（20-萨利，第58分钟）、10-阿布巴卡尔（15-阿基利·韦伯，第72分钟）、13-舒波·莫廷（11-马孔，第80分钟）

主教练：芬克

《豪门盛宴》解读世界杯

【张斌语录】

说说巴西队吧，所有人都知道这场比赛对内马尔意味着什么，22岁的内马尔第52次代表自己的国家队出场，这一次他没有流泪，他知道，缓解压力最好的方式就是进球，就是胜利。在本届世界杯赛前，能被称为足坛代表人物的，恐怕也只有那么几个人。

【桑巴百战 剑指六星】

作为唯一一支参加了每一届世界杯赛事的球队，巴西队是当之无愧的足球王国。足球之于巴西，不仅代表荣誉，更是一种信仰。黄色队服上的 5 颗金星璀璨夺目，在这个南美洲国家的史册中早已成为永恒的主题。从 1950 年到 2014 年，从巴西又回到巴西，从雷米特杯到大力神杯，世界杯历尽沧桑，桑巴军团也焕发新颜。第 100 场世界杯比赛，华丽得以再现，荣耀得以传承，天才小将内马尔梅开二度，以 3 场比赛 4 粒进球的成绩追平了 1958 年同是第一次参加世界杯的球王贝利。速度与天赋一直眷顾巴西人，勇敢而年轻的领袖级球星不断涌现，他们接过前辈的衣钵，率领桑巴军团策马扬鞭，历经百场比赛，收获欢笑与泪水，更收获了梦想与汗水浸渍的荣誉簿。新王内马尔，与全巴西人民一样，期待着今年在家门口捧起世界杯的闪光时刻。

【绝对巨星】内马尔

当东道主终于如愿以偿地以小组头名闯入淘汰赛时，巴西人最该感谢的，无疑是内马尔。3 场比赛打入 4 球，内马尔在祖国土地上的表现无可挑剔，肩负重任的他也用这样的方式展现出了逐渐成熟的一面。

与揭幕战一样，内马尔今天又是梅开二度。他的第一个进球出现在第 17 分钟，当时，古斯塔沃左路边线附近抢断后横传禁区，身处两名后卫中间的内马尔右脚推射破门。这粒进球，不仅帮助巴西队率先打开局面，它还是东道主历史上第 100 场世界杯的第 100 个进球。成为这样一个具有永久性纪念价值的特殊时刻的创造者，是一个可遇而不可求的机会，而当机会降临的时候，能够把握住它的人，才是真正的王者。

就在狂欢的巴西球迷很快因为对手的进球而安静下来的时候，内马尔再度显现出头号球星的可贵。第 35 分钟，他凭借出色的个人能力突入禁区，在晃过了恩库鲁的防守后拔脚怒射，皮球打入球门左下角。

凭借今天的两球，内马尔代表巴西的总进球数已经达到了 35 球，而他 3 场比赛 4 粒进球的成绩，也追平了球王贝利。1958 年，贝利第一次参加世界杯的头 3 场比赛，也是打入了 4 球。速度快、有天赋、勇敢、果断，年轻的内马尔已经成长为巴西队无可争议的领袖，很难想象，巴西队如果没有他，会是怎样的形势。而更重要的是，这才仅仅是个开始，即将到来的淘汰赛，也许才是内马尔大展拳脚的舞台。

【传奇】四朝领袖马克斯

今晨的墨西哥队4球击溃克罗地亚队，格子军团黯然告别巴西，而墨西哥人则连续6届闯进世界杯16强。比赛中，为墨西哥队打开胜利之门的是老队长马克斯，这位35岁的老臣在几乎是自己最后的一届世界杯中拼尽全力，用他在世界杯上的第3粒进球护送草帽军团进军16强。

2002年，23岁的马克斯第一次参加世界杯，那时候，他已经是墨西哥队的队长。小组赛，墨西哥队力压强大的意大利队，以小组第一晋级。八分之一决赛对阵美国队，马克斯领衔的墨西哥队后防线遭遇对方的强烈冲击。下半场第87分钟，马克斯不冷静的犯规导致自己吃到红牌，墨西哥队也彻底失去了扳平的希望。马克斯的第一次世界杯之旅就这样暗淡收场。

2006年的德国，当打之年的马克斯再次以队长的身份出征世界杯，而墨西哥队也再次从小组赛突围，从而在八分之一决赛中面对强大的阿根廷队。比赛第5分钟，墨西哥队右路任意球开出，马克斯在门前4米处飞身垫射将球打进球门顶端，让墨西哥队看到了晋级八强的希望。虽然最终被罗德里格斯的神来之笔绝杀，但马克斯和他的队友们赢得了所有球迷的尊重。

4年之后，已过而立之年的马克斯第三次率领墨西哥队出征世界杯。首战东道主，在球队落后、束手无策的关头，马克斯及时地出现，一剑封喉，扳平比分。小组赛面对法国队，他又送出精准长传，助攻"小豌豆"锁定胜局。而当他和37岁的布兰科一起走上南非的赛场，墨西哥足球的灵魂在世界杯的舞台上完美地传承。

6月14日，当马克斯走进纳塔尔的沙丘体育场，他把自己的名字写进了世界杯的历史，他成为了有史以来首位4次以队长身份代表国家队征战世界杯的球员。这位草帽军团的四朝元老是现在这支年轻的墨西哥队绝对的精神领袖。也许，马克斯真的能够率领墨西哥队继续带来惊喜，让梦想照亮现实。

【N角度】巴西队 VS 喀麦隆队——国旗解读

巴西国旗呈长方形,旗底为绿色,中间是一个黄色菱形,菱形的4个顶点与旗边的距离均相等。菱形中间是一个蓝色地球仪,其上有一条拱形白带。绿色、黄色是巴西的国色。绿色象征该国广阔的丛林,黄色代表丰富的矿藏和资源。地球仪上的拱形白带将球面分为上下两部分,下半部象征星空,其上大小不同的白色五角星代表巴西的26个州和1个联邦区。其蓝色是制定国旗时的首都天空颜色,后被称为"里约蓝"。白带上用葡萄牙语写着"秩序和进步"的横幅。

喀麦隆国旗从左至右由绿、红、黄3个平行相等的竖长方形组成,红色部分中间有一颗黄色五角星。绿色象征南部赤道雨林的热带植物,还象征人民对幸福未来的希望;黄色象征北部草原和矿产资源,也象征给人民带来幸福的太阳光辉;红色象征联合统一的力量。五角星象征国家的统一。

神圣的国旗开道,庄严的国歌助威,今晨巴西队与喀麦隆队的绿茵对话就这样开始了。

绿色与黄色是巴西国旗的主色,也是巴西的国色,绿色象征着巴西广阔的丛林,黄色则象征着巴西丰富的矿藏与资源。而在世界杯的绿茵场上,绿色则象征着巴西足球永不满足、锐意进取的内在精神,黄色则象征着巴西足球人才辈出的丰富资源。

喀麦隆的国旗是绿、黄、红三色。绿色象征南部赤道雨林的热带植物,还象征人民对幸福未来的希望;黄色象征北部草原和矿产资源,也象征给人民带来幸福的太阳光辉;红色象征联合统一的力量。同样,在这里,绿色与红色,象征着喀麦隆足球永不服输、激情似火的性格,而黄色则象征他们雄狮般的威风与尊严。

这是一场激烈而不失精彩与尊严的对话,巴西人以其顺畅有序并带主导性的进攻演绎着他们华丽而尊贵的黄色调,以内马尔领衔的4粒进球,足以令所有觊觎大力神杯的对手不由得心生敬意。

而喀麦隆人则是以其如火如荼、毫不气馁的对攻,尽情展示着燃烧而跳动的红色调!他们金子般的狮子王的黄色尊严,同样是在热血横流中得以升华!一粒来之不易的进球,是他们悲壮而激昂的感叹!

在这样的一场对话中,胜负已然变得不那么重要了,重要的是他们都在用全部的身心证明着绿色就是青春绽放,就是积极进取,就是自由奔放,就是绿茵场上的"生命之树"!

【动物世界杯】墨西哥凤头卡拉鹰 VS 克罗地亚狮子

凤头卡拉鹰是墨西哥的国鸟。凤头卡拉鹰亦称凤头巨隼,飞行快速,善于在飞行中追捕猎物。和一般老鹰的不同点在于,凤头卡拉鹰以腐食为生,在地上筑巢。凤头卡拉鹰有黑色头冠,喙较短,先端两侧有齿突,鼻孔圆形,翅长而狭尖,扇翅节奏快,尾较细长。

墨西哥凤头卡拉鹰惬意地飞翔在有巴西威尼斯之称的累西腓的绿茵上空,除了潮湿甚至有点闷热的气候给了墨西哥鹰很适宜的感觉之外,还因为它们在与强大的巴西犰狳之战中,竟然能够全身而退。克罗地亚狮群也斗志昂扬地进入到了这块绿茵,它们把这里完全看成是属于自己的领地,当然,它们之前在与喀麦隆非洲狮群争夺地盘的厮杀中大获全胜。

不过,克罗地亚狮群与墨西哥鹰在心理准备上则完全不一样,狮群必须成功猎杀对手,才能取得生存权。而墨西哥鹰却只要打个平手就能安然无恙,当然,雄鹰的眼睛总盯着更高处、更远处。

狮群一上来就按照自己的猎杀计划大举进攻,墨西哥鹰则张开有力的双翅,成功地护卫住了自己的鹰巢。狮王莫德里奇屡屡带头冲锋陷阵,却被墨西哥鹰死死地困住。克罗地亚狮群一筹莫展,而墨西哥鹰的伺机反扑也没能真正伤及狮群。

在接下来的搏杀中,克罗地亚狮群急切地想要置墨西哥鹰于死地,它们粗糙而鲁莽的围猎,并没有给墨西哥鹰带来太大的威胁,反倒是墨西哥鹰调整招数,充分发挥雄鹰的迅猛与快捷,先是鹰嘴马克斯的狠狠一啄,然后是鹰爪佩拉尔塔锦上添花的灵巧一抓,最后是埃尔南德斯锁定胜局的致命出击!连遭3次重创的克罗地亚狮群已然无法逃出生天!此后,它们困兽犹斗,为的是狮子神圣的尊严，佩里西奇狠命地一记撕咬，不过是给了墨西哥鹰一点虚惊罢了。

墨西哥鹰将继续展翅高飞，而克罗地亚狮群只能接受最后的陷落。

【舌尖上的世界杯】墨西哥经典名吃 Tacos（玉米卷）

如果能够静下心来品尝墨西哥特有的玉米卷，或许，我们就能真正读懂玛雅文明、墨西哥文化与足球。

自诩"玉米人"的墨西哥人，将玉米烹调成各种方式满足自己的味蕾，墨西哥名吃玉米卷，则将玉米的潜能从味觉提升到视觉。

将晒干的玉米研磨成粉末状，注水，进行传统的发酵形成面团，揉面，擀制成椭圆形的面片，放至烤盘中进行烙制。

丰富的肉馅是玉米卷美味的秘诀，切丁的西红柿与牛油果泥制作成牛油果酱，生菜丝与炒制完好的牛肉末，放入玉米饼中包好。

玉米携一众食材完成了一次美好的交汇。外加可供选择的多种酱料——墨西哥辣酱、牛油果酱、酸奶油，焕发出玉米最墨西哥式的口感。食用时，一般直接用手食用，墨西哥人奔放、直爽的性格可见一斑。

墨西哥人会把所有绿茵场上的对手看作香脆可口的玉米卷，并且充分爆发自己的阿兹台克血性———只叼着蛇的鹰站在仙人掌上。玛雅文明古老而充满智慧，墨西哥足球同样投射出智慧之光。在玉米文明的滋养下，墨西哥足球完好地延续了神秘与血性这两种文明特质，在中北美足球中独占鳌头。

如果说玉米文明是墨西哥人的骄傲，那么，成为第一个两次承办世界杯的国家无疑是他们的光荣。风靡全球的球迷人浪，就起源于这个对足球无比狂热的国家。墨西哥人已经是第 15 次征战世界杯疆场，谁将是他们大快朵颐的玉米卷呢？

13 | 6月25日

赛场 | 意大利 0:1 乌拉圭

赛前硝烟：

小组赛前两轮，两队同积3分，由于哥斯达黎加队两战全胜，已经锁定一个出线名额。因此，本场比赛两队将争夺另一个出线名额。

纵观两队交锋史，意大利队2胜4平3负，略处下风。但是，上一次乌拉圭队在大赛中击败意大利队，还是遥远的1928年奥运会。

本场比赛，普兰德利祭出3-5-2阵型，德罗西缺席，坎德雷瓦、阿巴特、蒂亚戈·莫塔坐上板凳，博努奇、维拉蒂进入首发阵容，巴洛特利与因莫比莱组成"前场双枪"。而乌拉圭队则延续上一场击败英格兰队的阵容，苏亚雷斯、卡瓦尼继续联袂承担攻城拔寨的重任。

北京时间6月25日0时，世界杯D组末轮意大利队与乌拉圭队的比赛在纳塔尔的沙丘球场展开激烈争夺。第82分钟，乌拉圭队中后卫戈丁头球上演绝杀，乌拉圭队1:0击败蓝衣军团。此役过后，意大利队也成为继西班牙队、英格兰队之后第3支无缘复赛的前世界杯冠军。本场比赛争议颇多，意大利队中场马尔基西奥吃到争议红牌，而乌拉圭队头牌苏亚雷斯疑似再现咬人事件，这一次的主角由伊万诺维奇换成了基耶利尼。

马尔基西奥染红下场，意大利队遭遇争议判罚

上半场比赛平淡无奇。易边再战，普兰德利撤下碌碌无为的巴洛特利，遣上帕罗洛，乌拉圭队则用马克西·佩雷拉替下洛代罗。第60分钟，主裁判成为场上主角。马尔基西奥拼抢时，脚尖踹中对方中卫戈丁小腿，主裁判直接将尤文"小王子"驱逐出场，意大利队缺少一人！意大利全队群情激昂，表示抗议，但结果已然无法更改。

"苏神"再次化身魔鬼，撕咬基耶利尼逃红牌

人数占优的乌拉圭队随后加强攻势。第 61 分钟，卡瓦尼接卡塞雷斯传中，中路头槌未能考验到布冯。第 66 分钟，卡瓦尼先是一脚射门无果，苏亚雷斯随后带球杀入禁区后，近距离施射被布冯奋力化解。第 68 分钟，因莫比莱杀入对方腹地，右路选择劲射被对方后卫希门尼斯封堵。

此后，意大利队开始放手一搏。因莫比莱被换下，老将卡萨诺替补出场，蒂亚戈·莫塔换下因伤无法坚持的维拉蒂。乌拉圭队方面则遣上拉米雷斯，加强中场。第 80 分钟，场上再度出现争议一幕。苏亚雷斯在与基耶利尼缠斗中失去理智，张嘴咬向基耶利尼背部。后者扯开球衣向主裁判投诉无果。慢镜头显示，苏亚雷斯再次上演咬人一幕，理应被红牌驱逐出场。

意大利乌拉圭1

戈丁头球再现威力，意大利队悲壮出局

第 82 分钟，乌拉圭队上演绝杀。中后卫戈丁接拉米雷斯角球，高高跃起争抢落点，皮球撞其肩部后飞入大门，1∶0！这是戈丁继上赛季欧冠决赛、西甲最后一轮争冠大战后，再次在关键比赛中展现头球威力。

比赛最后时刻，意大利队疯狂前压。第 85 分钟，皮尔洛外围发炮被后卫化解。补时阶段，乌拉圭队门将穆斯莱拉因为拖延比赛时间，被主裁判黄牌警告。补时第 5 分钟，苏亚雷斯远距离吊门未能命中靶心。最后时刻，布冯也参与到进攻之中，但意大利队依然回天无力。最终，乌拉圭队 1∶0 小胜意大利队，力压对手晋级世界杯复赛。

双方出场阵容：

意大利队（3-5-2）：1- 布冯 /15- 巴尔扎利，19- 博努奇，3- 基耶利尼 /4- 达米安，23- 维拉蒂（5- 蒂亚戈·莫塔，第 75 分钟），21- 皮尔洛，8- 马尔基西奥，2- 德希利奥 /9- 巴洛特利（18- 帕罗洛，第 46 分钟），17- 因莫比莱（10- 卡萨诺，第 72 分钟）

主教练：普兰德利

乌拉圭队（4-3-1-2）：1-穆斯莱拉/22-卡塞雷斯，13-希门尼斯，3-戈丁，6-阿尔瓦罗·佩雷拉（11-斯图亚尼，第63分钟）/20-阿尔瓦罗·冈萨雷斯，17-阿雷瓦洛，7-克里斯蒂安·罗德里格斯（18-拉米雷斯，第77分钟）/14-洛代罗（16-马克西·佩雷拉，第46分钟）/9-苏亚雷斯，21-卡瓦尼

主教练：塔瓦雷斯

赛场　英格兰 0:0 哥斯达黎加

赛前硝烟：

本场比赛，哥斯达黎加队只需拿到1分，便可以锁定小组第一；而连败两场，提前一轮出局的英格兰队则是为荣誉而战。

本场比赛，老帅霍奇森对三狮军团进行大幅轮换，与上场比赛相比，仅有中后卫卡希尔和前锋斯图里奇留在首发阵容中。兰帕德以队长身份首发登场，他也成为了继传奇门将希尔顿（40岁又292天）之后，英格兰队第二年长的队长。

哥斯达黎加队则只做出两处人员替换，乌马尼亚和博拉尼奥斯回到替补席，米勒和布雷内斯分别得到首发机会。

北京时间6月25日0时，2014年世界杯D组展开第3轮，英格兰队与哥斯达黎加队的比赛在贝洛奥里藏特的米内罗竞技场展开。经过90分钟鏖战，双方0:0握手言和。

球迷温馨祝福送别杰拉德

第23分钟，博尔赫斯任意球直接射门，皮球击中英格兰队横梁。此后，杜阿尔特将斯图里奇绊倒在禁区内，主裁判未予理睬。第72分钟，上场比赛送上乌龙助攻的杰拉德替补登场。看台上英格兰球迷手持写有"谢谢杰拉德"的纸张，为这位老将送上勉励。

虽然英格兰队已经被淘汰出局，但英格兰球迷的歌声始终不绝于耳。第79

分钟,替补米尔纳出场的鲁尼禁区前沿右脚巧射,被对方门将纳瓦斯单手化解。最终,英格兰队 0:0 战平哥斯达黎加队。

此役过后,哥斯达黎加队以 2 胜 1 平积 7 分位居 D 组头名,继 1990 年后再度杀进复赛,成为本届世界杯的一匹大黑马。

双方出场阵容:

哥斯达黎加队(3-4-2-1):1- 纳瓦斯 /6- 杜阿尔特、3- 吉安卡罗·冈萨雷斯、19- 米勒 /16- 甘博亚、5- 博尔赫斯(11- 巴兰特斯,第 77 分钟)、17- 特赫达、15- 迪亚斯 /10- 鲁伊兹、14- 布雷内斯(7- 博拉尼奥斯,第 59 分钟)/9- 乔·坎贝尔(21- 乌雷尼亚,第 65 分钟)

主教练:平托

英格兰队(4-2-3-1):13- 福斯特 /16- 菲尔·琼斯、5- 加里·卡希尔、12- 斯马林、23- 卢克·肖 /17- 米尔纳(10- 鲁尼)、8- 兰帕德 /7- 威尔谢尔(4- 杰拉德,第 72 分钟)、21- 巴克利、20- 拉拉纳(19- 斯特林,第 61 分钟)/9- 斯图里奇

主教练:霍奇森

赛场　哥伦比亚 4:1 日本

赛前硝烟:

本场比赛前,哥伦比亚队两战全胜,稳稳锁定出线名额。而日本队仅积 1 分,要想获得出线资格,必须确保击败对手的同时,还要看同组另一场比赛科特迪瓦队和希腊队的"脸色"。而纵观两队历史交锋,日本队 1 平 1 负,也是居于下风。

与上轮比赛相比,扎切罗尼对首发阵容做出两处变动,香川真司和青山敏弘回归首发。哥伦比亚队则意在练兵,仅留下门将奥斯皮纳、后卫阿尔梅罗和前两轮有着优异表现的"佛罗伦萨快刀"夸德拉多三名绝对主力。

北京时间 6 月 25 日 0 时，2014 年世界杯 C 组展开第 3 轮，哥伦比亚队对日本队的比赛在巴西库亚巴的潘塔纳尔竞技场展开。第 16 分钟，夸德拉多点球首开纪录。上半场补时阶段，本田圭佑助攻冈崎慎司，扳平比分。下半场，波尔图锋霸杰克逊·马丁内斯梅开二度，罗德里格斯再下一城，将比分定格在 4:1。

　　此役过后，哥伦比亚队三战全胜以小组第一身份，昂首晋级 16 强；日本队则以 1 分叨陪末座，被淘汰出局。此外，哥伦比亚队传奇门将蒙德拉贡以 43 岁零 3 天的年龄，成为世界杯年龄最长的球员。

日本队送点球，夸德拉多操刀命中

　　上半时开场，日本队一改慢热毛病，迅速进入状态。第 7 分钟，本田圭佑禁区外发炮，被防守队员封挡。两分钟后，长谷部诚传球，大久保嘉人打门，未能命中目标。日本队进攻多次无果后，反倒被哥伦比亚队抓住机会。第 16 分钟，冈崎慎司前场丢球，哥伦比亚队随后就地展开犀利反击。

　　拉莫斯禁区内接马丁内斯直塞，结果被今野泰幸放倒，主裁判处以日本队"极刑"并向肇事者今野泰幸出示黄牌。夸德拉多冷静假动作骗过川岛永嗣，打中路得手，1:0[①]！在本届杯赛中，状态奇佳的夸德拉多直接参与了球队此前 6 个进球中的 4 个，分别完成 3 次助攻、1 个进球。

日本哥伦比亚 1

本田助攻，冈崎慎司再次燃起日本队希望

　　丢球后的日本队继续猛攻，他们的努力在上半场临近尾声阶段有所斩获。第 46 分钟，本田圭佑突破阿尔梅罗防守后，左脚送出精妙传球，冈崎慎司在对方后卫的贴身紧逼下，背对球门头球将比分扳平！

日本哥伦比亚 2

J 罗替补登场，两传一射锁定胜局

　　易边再战，哥伦比亚队连续调兵遣将，卡波内罗和罗德里格斯分别替下上半场有着优异发挥的夸德拉多和金特罗。此后，比赛完全进入 J 罗的时间。第 50

---

① 第二粒入球的二维码链接视频为本场比赛入球集锦，原网站视频即如此。

日本哥伦比亚 3

日本哥伦比亚 4

日本哥伦比亚 5

分钟，J罗外围发炮被防守队员封堵。第54分钟，J罗左路任意球传入禁区，卡波内罗远点抢点偏出球门。第55分钟，哥伦比亚队的努力终于取得回报。J罗面对对方围追堵截，吸引对方防守后将球分到左路，无人盯防的杰克逊·马丁内斯左脚打门，球撞内田笃人发生轻微折射后入球门右角，2：1！哥伦比亚队再次领先。第82分钟，马丁内斯再次接J罗妙传，在内田笃人和吉田麻也两名球员的防守下，冷静一扣后左脚再破日本队大门，3：1！J罗也完成本场比赛第2个助攻，一手接管比赛。

此后，眼见形势尽在掌握之中，老门将蒙德拉贡奉命替补出场。自此，他也以43岁零3天的年龄，成为在世界杯正赛历史上出场最年长的球员。比赛在此后并未进入垃圾时间，第90分钟，J罗接拉莫斯精妙传球，晃倒对方后卫吉田麻也后，挑射为球队再下一城。最终，哥伦比亚队4：1完胜日本队。J罗也以两传一射，闪耀全场！

此役战罢，哥伦比亚队全胜后，以小组第一晋级，北京时间6月29日凌晨4时，他们将与乌拉圭队展开一场南美内战。

双方出场阵容：

日本队（4-2-3-1）：1-川岛永嗣/2-内田笃人、15-今野泰幸、22-吉田麻也、5-长友佑都/14-青山敏弘（16-山口萤，第62分钟）、17-长谷部诚/9-冈崎慎司（11-柿谷曜一朗，第69分钟）、4-本田圭佑、10-香川真司（8-清武弘嗣，第85分钟）/13-大久保嘉人

主教练：扎切罗尼

哥伦比亚队（4-4-2）：1-奥斯皮纳（22-蒙德拉贡，第85分钟）/4-阿里亚斯、23-巴尔德斯、16-巴兰塔、7-阿尔梅罗/11-夸德拉多（5-卡波内罗，第46分钟）、13-瓜林、15-梅西亚、20-金特罗（10-罗德里格斯，第46分钟）/19-阿德里安·拉莫斯、21-杰克逊·马丁内斯

主教练：佩克尔曼

赛场　希腊 2:1 科特迪瓦

赛前硝烟：

本场比赛，是两队在国际 A 级赛事历史上的首度碰面。前两轮小组赛，希腊队 1 负 1 平且一球未进，但仍然保留出线可能；而"非洲大象"则是 1 胜 1 负，相比希腊队而言，只要战平，理论上便存在可以晋级复赛的可能。

北京时间 6 月 25 日凌晨 4 时，2014 年巴西世界杯 C 组最后一轮小组赛，希腊队对科特迪瓦队的比赛在福塔莱萨的大城堡球场展开争夺。上半场，希腊队的萨马里斯接萨马拉斯助攻破门。下半场，博尼接热尔维尼奥助攻，为"非洲大象"扳平比分。伤停补时阶段，希腊队获得点球机会，萨马拉斯压哨点杀科特迪瓦队。此战过后，希腊队 1 胜 1 平 1 负积 4 分，以小组第二晋级。科特迪瓦队遭遇"黑色补时"，遗憾出局。

萨马拉斯助攻，萨马里斯为希腊队首开纪录

上半场比赛在临近结束时，掀起波澜。第 42 分钟，科特迪瓦队出现失误，萨马里斯抢断纽卡中场蒂奥特后分给萨马拉斯，后者精妙传球帮助萨马里斯形成单刀，萨马里斯面对门将，一蹴而就，1:0！希腊队幸运领先。此球也是希腊队在本届世界杯上首次开张。

希腊科特迪瓦 1

"热鸟"助攻博尼扳平比分

下半场第 74 分钟，科特迪瓦队终于扳平比分。前切尔西边锋卡卢在中路策动进攻，吸引对方 3 名防守队员后，妙传热尔维尼奥，"热鸟"得球后突入禁区送出精妙助攻，博尼门前完成破门！

希腊科特迪瓦 2

希腊队再演神话，萨马拉斯补时点杀"非洲大象"

伤停补时第 1 分钟，科特迪瓦队再次出现致命失误。萨马拉斯突入禁区被西

希腊科特迪瓦3

奥鲁莽放倒，主裁判对科特迪瓦队处以"极刑"。萨马拉斯亲自操刀，绝杀"非洲大象"！全场比赛结束，希腊人再演神话，戏剧性地晋级世界杯复赛。

双方出场阵容：

希腊队（4-2-3-1）：1- 卡尼齐斯（12- 格里科斯，第24分钟）/20- 霍莱巴斯，19- 帕帕斯塔索普洛斯，4- 马诺拉斯，15- 托罗西迪斯/2- 马尼亚蒂斯，8- 科内（22- 萨马里斯，第12分钟）/16- 克里斯托多洛普洛斯，10- 卡拉古尼斯（17- 耶卡斯，第78分钟），14- 萨尔平吉迪斯；7- 萨马拉斯

主教练：桑托斯

科特迪瓦（4-2-3-1）：1- 巴里/3- 博卡，4- 科洛·图雷，22- 班巴，17- 奥里耶/9- 蒂奥特（12- 博尼，第61分钟），20- 迪耶/8- 卡卢，19- 亚亚·图雷，10- 热尔维尼奥（21- 西奥，第83分钟）/11- 德罗巴（14- 迪奥曼德，第78分钟）

主教练：拉穆希

《豪门盛宴》解读世界杯

【绝对巨星】詹姆斯·罗德里格斯

世界杯开幕前，对哥伦比亚队的关注全部集中在法尔考能否及时伤愈出场，而如今，人们谈论的焦点变成了10号詹姆斯·罗德里格斯。

首次参加世界杯的罗德里格斯每场比赛都贡献了进球，表现十分稳定。首战对阵希腊队，补时阶段夸德拉多脚后跟传球，罗德里格斯反应迅速，接球低射入网，哥伦比亚队3:0完胜对手，拿下该队在世界杯队史上最大比分的胜利。第二轮挑战科特迪瓦队，罗德里格斯再度发威，接应角球，抢前点力压德罗巴头球破门，为球队先拔头筹，哥伦比亚队最终2:1击败对手全取3分。第三轮对战日本队，已经提前锁定16强席位的哥伦比亚队轻松应战。尽管是替补出场，但罗德里格斯却让比赛进入了他的节奏。他先是在中路吸引三人包抄，分球给马丁内

斯低射破门，第 82 分钟，他又送出妙传，将球塞入禁区右侧，马丁内斯弧线球打入远角。终场哨响前，已经贡献了两个精妙助攻的罗德里格斯自己也取得了进球，他迅速插入禁区后晃过后卫挑射破门，为球队取得一场 4:1 的大胜。

哥伦比亚一直在寻找"金毛狮王"巴尔德拉马的接班人，而今连"狮王"本人都将票投给了罗德里格斯。马上年满 23 岁的詹姆斯·罗德里格斯已经做好准备，带领哥伦比亚队创造新的辉煌。

【再见"双德"】

当终场哨响起，英格兰队的巴西世界杯之旅结束了。0:0，英格兰队带着 1 分悲情转身。当兰帕德带领着三狮军团的将士们踏进米内罗球场，离别的笙箫便已经吹响。5 天前，兰帕德刚刚迎来了自己 36 岁的生日，对于已近不惑的"神灯"来说，这注定是他世界杯的绝唱。距终场结束还剩 17 分钟，34 岁的杰拉德替补威尔谢尔出场，这是"双德"在世界杯舞台上留给我们的最后 17 分钟……

10 年前的欧洲杯，是两人首度在世界大赛上合作，从那时起，"双德"的问题便开始困扰英格兰队的每一任主教练。从埃里克森到麦克拉伦，从卡佩罗到霍奇森，没有一个人能将他们整合入队。2004 年欧洲杯，小组赛面对法国队，年轻的杰拉德在补时的最后一刻莫名其妙地把球踢向本方球门，他的这次回传失误让英格兰队遭遇了"黑色三分钟"。在四分之一决赛中，虽然兰帕德在下半时补时阶段攻入一球，但依旧无力打破三狮军团的点球魔咒。

2006 年，已经成为各自球队中流砥柱的兰帕德和杰拉德再次携手，但依旧未能战胜宿命。四分之一决赛英格兰队再次遭遇葡萄牙队，在点球大战中兰帕德第一个出场便将点球罚失，神灯熄灭，英格兰队的晋级之路也随之暗淡。

两年后的南非，"双德"再次牵手。在与美国队的首场小组赛中，开场仅 4 分钟，杰拉德便为英格兰队攻入一球，为三狮军团的南非之旅打开了一个绝妙好局。但是，对于英格兰、对于"双德"，似乎总有一双无形的手在操控着命运，这一次兰帕德再次成为牺牲品。淘汰赛遭遇宿敌德国队，兰帕德破门，全世界都目睹了这个进球，除了主裁判拉里昂达。这个南非世界杯上最大的冤案将英格兰队提前送回了家，也将兰帕德在世界杯上的进球数定格为 0。

4 年后，杰拉德、兰帕德再次带领三狮军团征战世界杯，不过这一次"双德"年华已去。前两场小组赛，兰帕德均未出场。在与乌拉圭队比赛的第 84 分钟时，杰拉德头球解围失误，比任何人都渴望胜利的队长只能无奈地看着俱乐部的队友洞穿自己球队的大门，无奈地看着自己的球队惨遭淘汰。

今天，英格兰队要回家了，当告别真的到来，我们却说不出再见。虽然他们并没有拯救三狮军团于万一，但是英格兰球迷心中仍充满了感激，感谢他们用青春浇筑了整个英格兰的骄傲，感谢他们用执着护卫三狮军团一路向前。这是两位老将在向我们致意，这是一个时代在向我们致意，当他们悲壮地转身离去，留给我们的是一双英雄迟暮的苍凉背影……

【永不消失的深蓝】

在与乌拉圭队的生死战开始之前，皮尔洛说，他不希望这场比赛成为他在国家队的绝唱。其实，皮尔洛不想走。在输掉比赛，却拿到最佳球员奖之后，布冯说："这几年，意大利队每隔 12 年就能进一次世界杯决赛，下次我们仍有机会。"其实，布冯还想留。

昨夜，纳塔尔燥热的空气一分一分地消耗着意大利队残存的气力，却一点一点积蓄着乌拉圭人绝地反击的能量。在戈丁进球之前，蓝色的意大利队坦然地组织着防守，好像在进行一场提前设定好的游戏。因为他们相信球队中最稳定的那两个人。

他是球场上冷峻的达·芬奇，漫不经心之间，却无时无刻不在绘制上乘的艺术佳作。英意大战，看着皮球砸中横梁，他只是捋一捋头发，转身离去，好像什么也没有发生过。专注足球的皮尔洛，就如一泓碧水，让听者静，观者醉。而 8 年前的柏林，他平静地踢完比赛，平静地罚进点球，却在赢得胜利的时刻尽情地张扬。面对今晨乌拉圭人的纠缠，皮尔洛仍然优雅地控制着意大利队的节奏，尽管他拼尽所有的力气想去复制那个神秘的微笑，却最终只能勾勒一幅最后的晚餐。我们依然爱你，虽然岁月改变了你的容颜。

他是整个亚平宁十余年唯一的守护神，8年前的德国，7战功成，他没有一次被对手在运动战中进球。4年前的南非，伤痛中的布冯站在场边，无奈地看着自己曾经守护的城墙一次一次被对手刺穿，却无能为力。布冯见证了意大利足球21世纪的开篇，他带着满心的期望走上巴西的战场，这一次，伤痛阻挡不了这颗勇敢的心，他要亲自守卫这份蓝色的尊严。36岁，这不是布冯的告别礼，他还想去俄罗斯重现当年佐夫的传奇。我们依然爱你，虽然你早已随年华老去。

再见，意大利，但愿巴神尽快长大，但愿维拉蒂保持锋芒，但愿基耶利尼继续坚毅……来自艺术国度的画卷没有失色，暂时的伤痛积淀着蓝色狂想曲4年后的重新开篇。就算离开，也一定会再相见，只为了心中挚爱的那一片深蓝。

【N角度】哥伦比亚队VS日本队——多元化建筑学角度解读

日本古代建筑，指的是日本在明治维新以前的建筑。房屋采用开敞式布局，地板架空，出檐深远。居室小巧精致，室内木地板上铺设垫层，坐卧起居都在上面。古代日本风俗，一屋只住一代，下一代另建新屋居住。

拉丁美洲共有30多个国家和地区，在这片浸润过印第安文化的土地上，拉丁美洲作为整体来说，在建筑方面形成了自己的风格和特征。拉丁美洲各国根据自己的技术和经济条件，发挥钢筋混凝土结构材料的特点，塑造空间形象。到20世纪50年代，拉丁美洲的现代主义建筑已趋成熟，它的特点是：空间开阔，形体多样，造型粗犷，色彩浓郁，光影对比强烈，或者有大面积壁画装饰。拉丁美洲的现代主义建筑风格，已成为当今世界多元化建筑潮流的一个重要方面。

当哥伦比亚人站在绿茵场上时，他们的自信、热情奔放感染着每一个人，这似乎让人领悟到了一种专属于拉美的建筑艺术风格。它是在先后吸收巴洛克风格、古典复兴主义和折中主义元素的过程中逐渐形成的——空间豁达，形态多样，造型粗犷，色彩浓郁，光影对比强烈的独特风格。细细品味，这其实也正是拉丁足球的鲜明特色。今天的哥伦比亚队无疑是其中最具光彩的形态之一。

在场上低调却志在必得的日本队，则同样给人一种日本古代建筑风格的感觉。日本的建筑理念在融合了中国古代建筑美学以及欧美建筑美学之后，逐渐形成了简洁、明快的独特风格。纵观本届的日本队，秉承桑巴足球基础的同时，欧洲海归球员也带来了先进的足球理念，再加上日本民族的内在特质，他们自然自信满满，豪情万丈。

纵观本场比赛，哥伦比亚队的雍容仿佛一座琼楼玉宇的另一个侧面，带着出线的轻松，在展现色彩浓郁的同时，已然是足球场上"光影对比强烈"的绝佳表现。

日本的绿茵建筑师扎切罗尼则刻意建造一款"空间无限定性"的楼阁，希望将外缘与内核的联系和转化变成可能。然而，纵观他们的场上表现，隐忍顽强却无法转化成胜势，更没能充分发挥海归球员的"外缘"，从而也失去了日本队原有的"内核"，仿佛一座建于空中的楼阁，最终在1:4的比分中，轰然倒塌。

抛开竞技元素，这样的对决是一场没有失败者的比赛。在这充满勃勃生机的世界里，两支球队一边为我们奉献了两种风格交汇的绚烂与华美，一边为我们提供了足球理念的思考。正如现代主义建筑大师格罗庇乌斯对建筑学定位的那样："建筑学必须前进，否则就要枯死，建筑没有终极，只有不断变革。"

名言汇总：

建筑学必须前进，否则就要枯死，建筑没有终极，只有不断变革。

——格罗庇乌斯

【动物世界杯】哥斯达黎加大王蛇VS英格兰狮群

位于巴西高原东部埃斯皮尼亚苏山脉西南的贝洛奥里藏特，这里气候温润，有美景城之称。来自哥斯达黎加的大王蛇正在昂首吐芯，细心地捕捉着英格兰狮群的每一个信息。先后打败了曾经称王称霸的乌拉圭骏马与意大利山鹰之后，胜券在握的大王蛇更加自信且镇定。

而英格兰狮群则于绝望之中紧张而躁动，它们希望能够以猎杀大王蛇来慰藉一下黯然回家的心情。它们被意大利山鹰啄伤，又被乌拉圭骏马重踏，昔日的王者风范似乎已经离它们远去。

英格兰狮群派出了年轻的成员，大举压上进攻，而哥斯达黎加大王蛇则以静制动，希冀以柔克刚！年轻力壮的狮子斯图里奇、巴克利的轮番猛冲，使得大王蛇的老巢一度险象环生，而大王蛇却似乎无意恋战，它们或许在盘算着下一场的生死搏杀。斯图里奇与威尔谢尔的精妙配合，企图撕咬大王蛇的七寸，但都无功而返。大王蛇极尽阴柔之灵动，时而盘踞得固若金汤，时而果断而迅疾地突袭。欲重拾霸气的狮王鲁尼，在搏杀即将结束之前，实施了一次极具威胁的猛扑，却还是不能给大王蛇以致命一击。狮群与大王蛇的搏杀，整场都波澜不惊，略显沉闷。最终不分胜负的结局，令心满意足的哥斯达黎加大王蛇高唱凯歌，而威严尽失的英格兰狮群，更加失意地踏上返乡之路。

【舌尖上的世界杯】英国炸鱼薯条

英国，西欧大陆上的一颗明珠，镶嵌在无际蔚蓝的海洋上。风光旖旎的自然风景、温润舒适的海洋气候、疯狂浓厚的足球氛围也酝酿出一种独特的街头文化特征——炸鱼薯条。

其中，肉质鲜美肥厚的黑线鳕鱼成为了这道国菜最重要的食材之一。至于土豆，则更是英国人的挚爱，他们穷尽所有的智慧开发出各种制作土豆的方式，而薯条这种烹饪方式被认为是最平易近人也最为百搭的一种。于是，聪明的英国人将这两种食物"联姻"组成了英国的国菜——炸鱼薯条。可以说，鱼和土豆折射出了英国饮食文化的缩影。

看似简单的炸鱼对鱼的品种并没有太多的局限性，黑线鳕、鲽鱼是常见的品种。而鱼肉上裹的面糊却大有讲究。在碗中依次倒入面粉、米粉、啤酒、伏特加，搅拌制成特殊的啤酒面糊，使面皮经油炸后更为酥松膨化，可以保证炸出的鱼肉外脆里嫩。

薯条的制作则更体现出英国人的细腻严谨。不同于我们常见的麦当劳里的薯条，英国人偏爱更粗更宽的薯条。削皮切块后的土豆条要经过清洗、煮熟、油炸三个阶段，而每一个阶段完成后都要将薯条放入冰箱冷冻6个小时，以减少水分，保持外脆里嫩的最佳口感。

当麦芽醋淋在热腾腾的薯条之上，酸香味伴随着油炸的诱人香气蒸腾而起，从而激发起人的食欲，再配以自制的鞑靼酱，便成就了风靡英国大街小巷的大众美食。

如同英国足球"短传为主，长传为辅"的单一战术特点，英国人的饮食也体现了他们崇尚简洁的风格特征。然而这看似平凡的美食却在150多年的时光沉淀中散发出了不朽的魅力，成为英国人心目中对过去、对历史无可替代的寄托。

14 | 6月26日

赛场 | 尼日利亚 2:3 阿根廷

赛前硝烟：

两支球队在世界杯历史上，曾经在1994年、2002年、2010年世界杯上3次会面，阿根廷队保持3战全胜。在前两轮小组赛中，阿根廷队分别2:1击败波黑队，1:0击败伊朗队，积6分提前出线，本场比赛只需战平，便可锁定小组头名。而对于尼日利亚队来说，首轮0:0战平伊朗队，次战1:0击败波黑队，本场比赛也只需要一个平局便可稳获出线资格。而小组赛两轮战罢，尼日利亚队也是唯一一支不曾丢球的球队。

北京时间6月26日0点，2014世界杯F组最后一轮小组赛同时打响。在阿莱格里港的河岸球场，"潘帕斯雄鹰"阿根廷队遭遇"非洲雄鹰"尼日利亚队。梅西与穆萨分别为本队梅开二度，罗霍的进球帮助阿根廷队3:2力擒尼日利亚队。此役战罢，阿根廷队小组赛3场全胜，以小组头名昂首出线。绝对核心梅西，3场小组赛打进4球，与内马尔暂时并列射手榜首位。由于在另外一场比赛中，伊朗队1:3输给波黑队，尼日利亚队虽然失利，也依然以小组第二的身份晋级16强。

梅西首开纪录，阿根廷队取得完美开局

本场比赛，阿根廷队继续沿用上场对伊朗队的首发阵容。开场仅 3 分钟，阿根廷队便取得领先。马斯切拉诺后场策动进攻，他的精准直塞找到迪马利亚，后者高速突入禁区后左脚低射，皮球被恩耶亚马挡出后，击中门柱弹回场内，梅西机警补射，帮助阿根廷队首开纪录。

阿根廷尼日利亚 1

"非洲雄鹰"不甘落后，闪电战扳平比分

仅仅 1 分钟后，埃梅尼克中路带球疾进，吸引对方后卫注意后，将皮球传至左路，穆萨轻巧地过掉萨巴莱塔后，一记弧线球兜射，皮球划过罗梅罗直飞球门远角，场上比分变为 1:1！尼日利亚队闪电战扳平比分。

阿根廷尼日利亚 2

梅西完美弧线梅开二度

上半场伤停补时阶段，阿根廷队获得禁区前沿任意球，梅西操刀主罚，皮球飞入球门死角，2:1！梅西打进本届杯赛第 4 粒进球，阿根廷队上半时暂时领先。

阿根廷尼日利亚 3

顽强尼日利亚队再度扳平比分

下半场易边再战，第 47 分钟，尼日利亚队再次收获进球。穆萨与埃梅尼克中路撞墙配合后，突入禁区低射破门，完成自己本场比赛的第 2 粒进球，比分变为 2:2。

阿根廷尼日利亚 4

小将罗霍攻入反超一球

第 50 分钟，拉维奇主罚角球，左后卫罗霍禁区内抢点攻破恩耶亚马的十指关，比分变为 3:2，阿根廷队再次反超比分！

阿根廷尼日利亚 5

双方出场阵容：

阿根廷队（4-3-3）:1- 罗梅罗 /4- 萨巴莱塔、17- 费德里科·费尔南德斯、2- 加雷、16- 罗霍 /5- 加戈、14- 马斯切拉诺、7- 迪马利亚 /9- 伊瓜因（6-

比格利亚，第 90 分钟）、10- 梅西（19- 阿尔瓦雷斯，第 62 分钟）、20- 阿奎罗（22- 拉维奇，第 37 分钟）

主教练：萨维利亚

尼日利亚队（4-2-3-1）：1- 恩耶亚马 /5- 安布罗斯、2- 雅博、22- 奥梅鲁奥、13- 奥沙尼瓦 /10- 米克尔、17- 奥纳齐 /7- 穆萨、8- 奥德姆温吉（19- 恩沃姆尔，第 80 分钟）、18- 巴巴通德（20- 乌切波，第 63 分钟）/9- 埃梅尼克

主教练：斯蒂芬·凯希

赛场　波黑 3:1 伊朗

赛前硝烟：

　　本战前，波黑队两败皆负，已经出局，伊朗队积 1 分，尚存出线希望。本场比赛，如果伊朗队战胜波黑队，同时尼日利亚队输给阿根廷队，那么伊朗队就有望通过比拼净胜球或者进球数的方式，力压尼日利亚队，获得出线权。

　　但此役前，伊朗队却制造了一个尴尬的纪录，他们是本届世界杯 32 强中唯一一支尚未进球的球队。而第一次参加世界杯的波黑队，虽然已经确定出局，但是他们也希望在伊朗队身上拿到世界杯历史上的首场胜利。

　　北京时间 6 月 26 日 0 时，2014 年巴西世界杯 F 组波黑队与伊朗队的对决在萨尔瓦多的新水源球场展开。效力于罗马队的前腰皮亚尼奇一传一射，帮助哲科破门的同时，自己也完成了世界杯处子球，古钱内贾德为伊朗队攻进本届世界杯第 1 球，将比分扳为 1:2，随后波黑队弗尔萨耶维奇再进一球，将比分最终锁定为 3:1。波黑队虽然获胜，但仍与伊朗队一起，双双打道回府。

　　皮亚尼奇架炮，哲科破世界杯球荒

　　比赛开始第 4 分钟，弗尔萨耶维奇传球给哲科，后者禁区右路右脚抽射，被伊朗队门将哈吉吉化解。第 23 分钟，皮亚尼奇传球给到哲科，后者在前场右侧

摆脱伊朗队两名球员，左脚怒射球门右下死角，1:0！哲科完成个人世界杯首球。

波黑伊朗1

皮亚尼奇完成进球，波黑队扩大领先优势

下半场易边再战，伊朗队做出人员调整，黑达里替下有伤在身的绍贾埃。而波黑队的皮亚尼奇则延续上半场的良好状态。第 48 分钟，科拉西纳茨分球，皮亚尼奇禁区弧顶的怒射稍稍偏出。第 59 分钟，苏西奇分球给皮亚尼奇，后者顺势突入禁区，推射远角将比分扩大为 2:0，不过慢镜头显示，皮亚尼奇进球前疑似越位。

波黑伊朗2

伊朗队世界杯破门，波黑队取得世界杯首胜

此后，伊朗队先后将哈杰萨菲、德贾加调整下场，贾汉巴赫什、安萨里法尔德上场加强进攻。第 82 分钟，他们的努力终于有所收获，伊朗队大脚长传至禁区，3 名伊朗球员越位却并未触球，泰穆里安插上反越位突破波黑队防线后，低传至中路，古钱内贾德跟上推射为伊朗队打进本届世界杯第 1 球，1:2！但伊朗队仅仅高兴了 1 分钟，第 83 分钟，萨利霍维奇策动进攻，反击中分给弗尔萨耶维奇，后者顺势突入禁区右路，距门 10 米处劲射，将比分锁定为 3:1。

波黑伊朗3

波黑伊朗4

双方出场阵容：

伊朗队（4-4-1-1）：12- 阿里雷扎·哈吉吉 /15- 蒙塔泽里，4- 侯塞尼，5- 萨德吉，23- 普拉迪 /7- 绍贾埃（2- 黑达里，第 46 分钟），6- 内科南，14- 泰穆里安，3- 哈杰萨菲（9- 贾汉巴赫什，第 63 分钟）/21- 德贾加（10- 安萨里法尔德，第 68 分钟）/16- 古钱内贾德

主教练：奎罗斯

波黑队（4-4-2）：1- 贝戈维奇 /2- 弗尔萨耶维奇，15- 苏尼奇，4- 斯帕西奇，5- 科拉西纳茨 /14- 蒂诺·苏西奇（23- 萨利霍维奇，第 79 分钟），8- 皮亚尼奇，7- 贝西奇，21- 哈季奇（6- 弗拉涅什，第 77 分钟）/11- 哲科（19- 维斯卡，第 84 分钟），9- 伊比舍维奇

主教练：苏西奇

赛场　洪都拉斯 0:3 瑞士

赛前硝烟：

上届世界杯，两队也曾分在同一小组，当时两队 0:0 互交白卷且双双无缘淘汰赛。此役在人员方面，瑞士队年轻中卫沙尔首次亮相世界杯，便被老帅希斯菲尔德委以重任，出任首发；洪都拉斯方面，头号球星帕拉西奥斯及时解禁复出，为球队中场增加不少硬度。

北京时间 6 月 26 日凌晨 4 时，2014 年巴西世界杯 E 组末轮洪都拉斯队与瑞士队的比赛在玛瑙斯亚马孙竞技场拉开帷幕。上半场"瑞士梅西"沙奇里梅开二度，下半场他再入一球，完成帽子戏法，帮助瑞士队 3:0 击败洪都拉斯队。而他的锋线搭档德米奇则完成了两次助攻。凭借两位前锋的优异表现，瑞士队以本组第二进军八分之一决赛，他们的对手将是梅西领衔的阿根廷队，而洪都拉斯队小组赛 3 战皆负，垫底出局。

沙奇里开场轰出世界波

洪都拉斯瑞士 1

比赛第 2 分钟，德米奇左路策动攻势，沙奇里抢前点打门被封堵。第 4 分钟，帕拉西奥斯禁区外远射偏离靶心。第 5 分钟，沙奇里在距球门 25 码处左脚轰出世界波，皮球应声飞入球门远端。瑞士队开场便取得领先。

沙奇里越战越勇，单刀直入扩大比分

洪都拉斯瑞士 2

第 31 分钟，瑞士队水银泻地般的快攻开始发威。后腰因勒在后场完成抢断，随后送出 40 米写意直塞，德米奇接到来球，一记轻描淡写的横敲，"瑞士梅西"沙奇里开足马力接球切入禁区，单刀直入破门，2:0！瑞士队锁定两球优势。

德米奇两度做嫁衣，成就沙奇里帽子戏法

第 70 分钟，杀得兴起的德米奇前场左侧轻巧杀至禁区，将球倒三角传回门前,沙奇里迎球打门上演帽子戏法,瑞士队 3:0 完胜洪都拉斯队。

双方出场阵容:

瑞士队(4-2-3-1):1- 贝纳利奥 /2- 利希施泰纳、20- 乔鲁、22- 沙尔、13- 里查多·罗德里格斯 /11- 贝赫拉米、8- 因勒 /23- 沙奇里(15- 哲马伊利,第 86 分钟)、10- 扎卡(6- 米希尔·朗,第 76 分钟)、18- 穆罕穆迪 / 19- 德米奇(9- 塞费罗维奇,第 73 分钟)

主教练:希斯菲尔德

洪都拉斯队(4-4-2):18- 巴利亚达雷斯 /21- 贝克莱斯、5- 贝纳德斯、3- 菲格罗亚、6- 胡安·卡洛斯·加西亚(17- 纳哈尔,第 76 分钟)/20- 克拉罗斯、8- 帕拉西奥斯、14- 奥斯卡·加西亚、15- 埃斯皮诺萨(23- 马文·查韦斯,第 46 分钟)/11- 本特森、13- 科斯特利(9- 杰里·帕拉西奥斯,第 38 分钟)

主教练:路易斯·费尔南多·苏亚雷斯

赛场　厄瓜多尔 0:0 法国

赛前硝烟:

此前与南美球队交手,法国队 3 胜 3 平保持不败金身。本场比赛,法国队只需 1 分便可拿到小组头名,而厄瓜多尔队则必须在击败法国队的同时还要看瑞士队与洪都拉斯队比赛的结果。

本场比赛,法国队在首发阵容方面,做出 6 人大轮换,阿森纳中卫科斯切尔尼顶替瓦拉内,边后卫萨尼亚和迪涅取代了德比希与埃弗拉,小将博格巴重回先发,在南安普顿奉献精彩一季的小将后腰施奈德林取代停赛的卡巴耶,另一位备受瞩目的小将格列兹曼与本泽马搭档锋线。厄瓜多尔队则只换了一人,中场阿罗约顶替前锋卡塞多出场。

北京时间6月26日凌晨4点，巴西世界杯小组赛E组最后一轮，法国队与厄瓜多尔队的比赛在里约热内卢的马拉卡纳球场展开对决。上半场，两队将主要精力都放在了中场，上半场比赛两队0:0互交白卷。

瓦伦西亚恶意犯规染红，厄瓜多尔队闷平出局

下半场比赛风云突变，效力于曼联队的厄瓜多尔头号球星瓦伦西亚因为恶意蹬踏对方球员迪涅，被裁判红牌驱逐。此后，法国队并没有抓住对手人数上的劣势破门得分，最终经过90分钟激战，两队0:0握手言和。

小组赛3场战罢，法国队2胜1平积7分以小组第一出线，八分之一决赛的对手是非洲雄鹰尼日利亚队；1胜1平1负积4分的厄瓜多尔队则打道回府。

双方出场阵容：

法国队（4-3-3）：1-洛里斯/15-萨尼亚、21-科斯切尔尼、5-萨科（4-瓦拉内，第61分钟）、17-迪涅/22-施奈德林、14-马图伊迪（9-吉鲁，第67分钟）、19-博格巴/18-西索科、11-格列兹曼（20-雷米，第79分钟）、10-本泽马

主教练：德尚

厄瓜多尔队（4-4-1-1）：22-多明戈斯/4-帕雷德斯、2-古阿古阿、3-埃拉索、10-瓦尔特·阿约维/14-明达、6-诺沃亚（11-卡塞多，第90分钟）、16-安东尼奥·瓦伦西亚、7-蒙特罗（5-伊瓦拉，第63分钟）/15-阿罗约（21-阿齐利尔，第83分钟）/13-恩纳·瓦伦西亚

主教练：鲁埃达

《豪门盛宴》解读世界杯

【绝对巨星】梅西

从19岁到23岁，再到如今的27岁，梅西已经在世界杯上度过了3个生日。

本届世界杯最后一轮小组赛前，梅西就已率领阿根廷队提前出线，夺取小组第一也几乎没有悬念，但这场对阵尼日利亚队的比赛对于梅西来说有着特殊的意义。

　　4年前，23岁的梅西使出浑身解数，也无法攻破尼日利亚门将恩耶亚马把守的大门。今年，已为人父的"小跳蚤"在世界杯赛场上的表现更加成熟，展现出了一代巨星的风范。开场不到3分钟，梅球王就抓住机会补射，为阿根廷队首开纪录，这也是他职业生涯中最快取得的进球。上半场补时阶段，他又用一记凌厉的直接任意球，再次击溃了恩耶亚马。

　　梅开二度的梅西，连续第3场获得国际足联评选的全场最佳球员。在带领俱乐部豪取一系列荣耀之后，肩负重任的梅西渴望带领阿根廷队在世界杯舞台上摘取桂冠，向前辈球王马拉多纳看齐，成为史上最伟大的足球运动员之一，为1986年夺冠以后便再无缘世界杯金杯的阿根廷队带来一片蓝白色的黎明。

【世界杯上的著名帽子戏法】

　　今天凌晨，瑞士队在亚马孙竞技场迎来了小组赛的最后一个对手洪都拉斯队，"小钢炮"沙奇里上演帽子戏法。比赛开始仅5分钟，沙奇里就利用出色的个人能力为瑞士队打破僵局，之后沙奇里又在第30分钟和第70分钟连下两城，将场上比分锁定为3:0，瑞士队挺进16强，这是世界杯历史上第50个帽子戏法。

　　本届世界杯上，第一个"戴帽"的是沙奇里在俱乐部的队友托马斯·穆勒。他导演了德国队4:0横扫葡萄牙队的比赛，不仅完成了本届世界杯上的首个帽子戏法，还导致佩佩被红牌罚下。以10人应战的葡萄牙队，在穆勒的德意志战车面前，只有招架之功毫无还手之力。

　　世界杯历史上不乏著名的帽子戏法。最早在一届世界杯上完成两个帽子戏法的人是匈牙利的柯奇士。1954年世界杯，在所向披靡的匈牙利队中，柯奇士表现极为抢眼，在小组赛连续两次"戴帽"，攻击力让所有对手胆寒。1958年世界杯，方丹创下了前无古人后无来者的13球纪录。首战乌拉圭，方丹便上演帽子戏法，用一场酣畅淋漓的大胜为法国队开启了世界杯之旅。在与联邦德国队争夺第3名的比赛中，方丹再发神威，用一个大四喜捍卫了"高卢雄鸡"的荣耀。在

1970年的墨西哥世界杯上,盖德·穆勒让全世界记住了他的身影。他在对阵摩洛哥队和秘鲁队的连续两场比赛中,接连上演帽子戏法,最终以10粒进球成为了那届世界杯上的金靴奖得主,从此盖德·穆勒"轰炸机"的名号响彻世界。

1994年的世界杯成就了巴蒂斯图塔,他在与希腊队的世界杯处子战中用3粒风格迥异的进球让全世界为之一振。4年后的法国世界杯上,在对牙买加队的比赛中,巴蒂斯图塔再次上演帽子戏法,成为了世界杯历史上第一个也是唯一一个连续两届世界杯都上演帽子戏法的球员。

1958年,年轻的贝利横空出世,年仅17岁的他在半决赛中打入3粒进球,帮助巴西队5:2淘汰法国队进军决赛,他创下的世界杯历史上最年轻的帽子戏法球员纪录一直保持至今。

1966年世界杯,英格兰队在自己的家门口一路过关斩将杀入决赛,决赛对手是贝肯鲍尔领衔的联邦德国队,在0:1落后的情况下,赫斯特成为了救世主。他先为英格兰队扳平比分,在加时赛中,又连进两球帮助英格兰队第一次捧起金杯,而赫斯特也成为迄今为止唯一一个在世界杯决赛中上演帽子戏法的球员。虽然没有带领球队闯入决赛,但"黑豹"尤西比奥也在那一年有过神奇的表演。四分之一决赛中,葡萄牙队面对朝鲜队,在球队0:3落后的生死关头,"黑豹"尤西比奥突然爆发,上演大四喜,凭一己之力助葡萄牙队5:3完成了惊天大逆转。

1982年世界杯上,"金童"罗西成为了蓝衣军团的传奇。四分之一决赛,面对强大的巴西队,罗西主宰了比赛,他用一记头球和两次禁区内的偷袭,把桑巴军团送回了家。而随后意大利队也顺利地进入了决赛,捧起了球队历史上的第3座世界冠军的金杯。

1994年的美国诞生了太多的传奇。在俄罗斯队与喀麦隆队的比赛中,萨连科不可思议地攻入了5粒进球,他用现象级的表演,创造了世界杯历史上单人单场进球数最多的纪录,至今没人打破。

【N角度】瑞士队 VS 洪都拉斯队——美丽的地缘邂逅

瑞士是一个多山的国家,山清水秀,有着田园一般的唯美和童话般的恬静。

中南部的阿尔卑斯山脉占总面积的60%，它是欧洲最高大、最雄伟的山脉。阿尔卑斯山由东向西伸展，形成了瑞士气候的分界线。瑞士夏季不热，冬天很冷，全国年平均气温为8.6℃。

洪都拉斯位于中美洲北部，北临加勒比海，南濒太平洋的丰塞卡湾。洪都拉斯属热带气候，年平均气温23℃。位于伯利兹外海约96.5公里处的大蓝洞，是全世界最大的水下洞穴，蓝洞近137米的深度及洞内的钟乳石群显然不适合于一般潜水者探访，而且这里的鲨鱼品种繁多。正因如此，它犹如充满魔力的磁场一般，强烈地吸引着全世界勇敢的潜水爱好者前来亲身体验，一探究竟。它是全球最负盛名的潜水胜地之一。

瑞士队与洪都拉斯队在绿茵场上大显身手，各具特色，这不由得让我们想到这样一句话："一方水土养育一方人。"的确，即使是在足球场上，地理元素也是不可忽视的。

由于瑞士主要与意大利、法国及德国接壤，并且这三个国家的语言在瑞士都被作为通行用语，因此，瑞士足球除了具有自己的鲜明特色之外，还能从中看到日耳曼式的足球章法、法国式的足球浪漫以及意大利式的足球顽强，而瑞士那田园般的唯美以及童话般的恬静，也同样渗透在瑞士的足球风格之中。

而低调沉着的洪都拉斯足球，则似乎在传递着来自著名景观大蓝洞的某种神秘。太平洋与加勒比海相夹，以及低地亚热带气候与高山气候的交错，这种种特质都让洪都拉斯足球具有了中北美洲足球所特有的风格和深邃古朴的美。

来自中欧与中北美的两种足球风格的较量，似乎也是阿尔卑斯山与加勒比海的较量。瑞士人似乎充分领会了阿尔卑斯山的灵秀，所以，他们能够以犀利而酣畅的进攻连中三元。而洪都拉斯人则没有能在自己的球门前形成无法逾越的加勒比海，兴不起有威胁的惊涛骇浪。

【动物世界杯】高卢雄鸡VS厄瓜多尔秃鹫

高卢雄鸡是法国的拟物化形象。罗马帝国把今天的法国叫作高卢，而高卢在拉丁语里的另一个意思是雄鸡。法国人逐渐接受了雄鸡这一代表形象，文艺复兴时期，雄鸡正式成为法国的象征。法兰西第一共和国国旗上有雄鸡形象，而现代法国的足球队标志上也有雄鸡的形象。从20世纪80年代起，高卢雄鸡被当作法国足球队和橄榄球队的标志，高卢雄鸡从此举世闻名。

秃鹫是隼形目鹰科秃鹫属的一类以食腐肉为生的大型猛禽，体长约1.2米，是高原上体格最大的猛禽。体羽主要呈黑褐色，飞羽和尾部黑色更深，领部羽毛淡褐接近白色。秃鹫头部有绒羽，最显著的特征是颈后羽毛稀少或者没有羽毛。一般以死尸、腐肉为食，很少袭击健康的动物，偶尔也会捕食生病或受伤的动物。

在风景如画并且有着"狂欢节之都"之称的里约热内卢，法国雄鸡的确准备在与厄瓜多尔秃鹫决战之后，给自己一个绿茵狂欢，因为连续两场的胜利是最好的理由。

然而，厄瓜多尔秃鹫已然摆出了狭路相逢勇者胜的拼命架势，它们完全不想看到秃鹫有时飞得比鸡低，而笃信鸡永远飞不了秃鹫那么高。它们需要借助信心与勇气的上升气流，才能在胜利的天空中翱翔！

从一开始，雄鸡与秃鹫的搏杀就显得异常激烈甚至有些血腥。以全新阵容出战的法国雄鸡，欲借连胜的高昂士气迅速取得战果，厄瓜多尔秃鹫自然不敢怠慢，好斗的雄鸡跳起了令对手恐怖的舞蹈，而秃鹫则一次次做着鹞式战斗机般的俯冲进攻！

格列兹曼、西索科率先冲出鸡群，对准秃鹫老巢频频猛啄，而秃鹫群中的悍将阿罗约也险些直捣对方的鸡窝！秃鹫在进食争斗的时候，面部和脖子就会出现鲜艳的红色。而现在整个绿茵场都仿佛被血色所笼罩，双方的血性都被激起，并且愈演愈烈，当秃鹫中的一只——瓦伦西亚终于被逐出绿茵场之后，双方的争斗似乎变得规矩了一些。

法国雄鸡欲凭借数量上的优势，一举打败厄瓜多尔秃鹫，但总是欲速则不达。而厄瓜多尔秃鹫也在做最后的垂死挣扎！最终，不分胜负的结局，让法国雄鸡的确飞得比秃鹫更高，而厄瓜多尔秃鹫则不得不与这块充满诱惑与荣耀的绿茵告别。

【舌尖上的世界杯】阿根廷菲力牛排

阿根廷是不折不扣的足球强国，在足球史上斩获无数殊荣。阿根廷球员们精壮的体魄、不凡的带球能力很大程度上要归功于他们的饮食习惯——对牛肉的大量食用。

被誉为全球牛肉仓库的阿根廷，牛的数量比人口的数量还多，阿根廷经典名吃菲力牛排，就是阿根廷人的餐桌挚爱。

选用两岁左右牛的里脊肉——里脊是牛身上最嫩的肉，用中火烤制。阿根廷人吃牛肉讲究肉质本身的口感，所以只加少许盐，待颜色烤制成酒红色五分熟时的口味最令人难忘。

与此同时，蘑菇切片，芦笋去根只用顶端，新鲜的青红椒切丝，所有的蔬菜用热水烫完之后，用黄油炒制，放入食盐鸡粉和白葡萄酒。配菜与牛肉的烤制几乎在同时完成，才不会延误新鲜烤制的菲力牛排上桌的时间。

最后的点睛之笔是浇上名贵的黑松露菌汁，这种与牛骨一起熬制48小时的菌汁，让牛肉的味道激发了无数的层次感。

阿根廷盛产世界名菜，也盛产足球巨星。从马拉多纳到梅西，阿根廷就是传奇的足球大国，曾两次夺取世界杯冠军。再夺大力神杯，是所有阿根廷人的梦想。如今崭新的阿根廷球队，在梅西的带领下，将创造何种奇迹，我们拭目以待。

15 | 6月27日

赛场 | 德国 1:0 美国

赛前硝烟：

纵观两队历史交锋，德国队6胜3负，进21球失15球，明显占优。两队在世界杯上最近的对决也要追溯到12年前，当时凭借巴拉克的进球，德国队在2002年韩日世界杯四分之一决赛1:0击败美国队。

小组前两轮，德国队4:0大胜葡萄牙队，2:2战平加纳队，1胜1平积4分，暂时领跑小组；美国队 2:1 战胜加纳队，2:2 憾平葡萄牙队，同样积到 4 分，只是因净胜球劣势排名小组第二。接下来是默契踢平同时出线还是力争小组第一，勒夫和克林斯曼将做出抉择。

北京时间 6 月 27 日 0 时，2014 年巴西世界杯 G 组最后一轮德国队与美国队的比赛，在巴西累西腓的伯南布哥竞技场展开。第 55 分钟，穆勒打进全场唯一进球。而在同组另外一场事关出线的比赛中，葡萄牙队 2:1 战胜加纳队。这样，2 胜 1 平积 7 分的德国队和 1 胜 1 平 1 负积 4 分的美国队，分列小组前两名晋级 16 强。C 罗领衔的葡萄牙队也同积 4 分，但因净胜球少于美国队，遗憾出局。

穆勒破门超越三传奇，德国小胜美国携手出线

第 54 分钟，德国队开出战术角球，默特萨克头球回做被美国门将霍华德挡出，埋伏在禁区前沿的穆勒迎球打门，为德国队首开纪录。凭借此球，穆勒不但与梅西、内马尔共以 4 球领跑射手榜，而且也以两届世界杯打进 9 球的成绩，一举超越球王马拉多纳、巴西巨星里瓦尔多和前辈沃勒尔保持的 8 球进球纪录。德国队也凭借此球 1:0 小胜美国队，打破赛前默契球的谣言。

美国德国 1

双方出场阵容：

德国队（4-1-4-1）：1- 诺伊尔 /20- 热罗姆·博阿滕、17- 默特萨克、5- 胡梅尔斯、4- 赫韦德斯 /16- 拉姆 /10- 波多尔斯基（11- 克洛泽，第 46 分钟）、18- 克罗斯、7- 施魏因斯泰格（19- 格策，第 73 分钟）、8- 厄齐尔（9- 许尔勒，第 88 分钟）/13- 穆勒

主教练：勒夫

美国队（4-2-3-1）：1- 霍华德 /7- 比斯利、3- 奥马尔·冈萨雷斯、5- 贝斯勒、23- 法比安·约翰逊 /15- 贝克曼 13- 杰梅因·琼斯 /19- 祖西（2- 耶德林，第 83 分钟）、4- 布拉德利、14- 戴维斯（11- 贝多亚，第 58 分钟）/8- 邓普西

主教练：克林斯曼

赛场 葡萄牙 2:1 加纳

赛前硝烟：

本次交手是两队在国际 A 级赛事中的第一次。此前，葡萄牙队在世界杯上 3 次会面非洲球队：1986 年世界杯 1:3 负于摩洛哥队；2006 年世界杯 1:0 胜安哥拉队；2010 年世界杯 0:0 平科特迪瓦队。加纳队则在往届的世界杯上与欧洲球队 4 次相逢：2006 年小组赛 2:0 击败捷克队，0:2 负于意大利队；2010 年世界杯 1:0 小胜塞尔维亚队，0:1 负于德国队；在本届杯赛小组赛首轮，加纳队 2:2 战平德国队。

北京时间 6 月 27 日晚 0 点，2014 年巴西世界杯小组赛 G 组第 3 轮比赛迎来一场事关出线的生死之战，在巴西利亚的国家体育场，葡萄牙队和加纳队为小组出线展开最后一搏。上半场比赛，加纳队后卫博耶送上乌龙大礼。下半场比赛中，加纳前锋吉安打进一球，将比分扳平。第 80 分钟，C 罗左脚劲射打进制胜球。最终葡萄牙队 2:1 战胜加纳队，小组赛 3 战 1 胜 1 平 1 负积 4 分，由于同组的另外一场比赛中德国队 1:0 击败美国队，因此，葡萄牙队在与美国队平分的情况下，由于净胜球处于劣势，饮恨出局。这也是球队自 2002 年韩日世界杯之后，又一次被挡在复赛之外。

加纳铁卫送上乌龙大礼

第 5 分钟，C 罗右边路突破时，一脚传球形成射门之势，皮球经过小角度飞行绕过门将达乌达的十指关，直接砸在横梁上，本场比赛力求大胜的葡萄牙队开场就险些进球。第 23 分钟，阿萨莫阿开出角球，吉安 12 码处头球攻门被贝托封住。第 30 分钟，葡萄牙队后腰维洛索前场左路起球，加纳队后卫博耶却不慎将这一传中力量并不大的来球解围进自家大门，葡萄牙队幸运地取得领先。

葡萄牙加纳 1

C 罗锁定胜局难阻葡萄牙队出局

下半场，双方均没有在人员上做任何变化。第 51 分钟，阿萨莫阿送出好球，

葡萄牙加纳2

葡萄牙加纳3

吉安禁区弧顶处右脚射门被封堵。第57分钟，加纳队取得进球。阿萨莫阿左边路突破时将球传至禁区内，埋伏在后点的吉安包抄门前，头球攻门为加纳队扳平比分。

第80分钟，葡萄牙队左边路策动进攻，球传至禁区被门将破坏，但并没有踢远，C罗中路无人防守，起左脚劲射死角，2:1！本次进球是C罗本届世界杯上的第1粒进球。最终，葡萄牙队2:1战胜加纳队，但因为首场比赛的大比分失利，最终因净胜球的劣势，被美国队力压出局。

双方出场阵容：

加纳队（4-2-3-1）：16-达乌达/23-哈里森·阿弗尔、21-博耶、19-门萨、20-阿萨莫阿/17-拉比乌（6-阿库瓦，第75分钟）、8-巴杜/7-阿特苏、18-瓦里斯（13-乔丹·阿尤，第70分钟）、10-安德烈·阿尤（22-瓦卡索，第82分钟）/3-吉安

主教练：阿皮亚

葡萄牙队（4-3-3）：22-贝托（1-爱德华多，第89分钟）/21-若昂·佩雷拉（18-瓦雷拉，第61分钟）、3-佩佩、2-布鲁诺·阿尔维斯、4-维洛索/6-威廉·卡瓦略（10-维埃利尼亚，第69分钟）、8-穆蒂尼奥、20-阿莫里姆/17-纳尼、7-克里斯蒂亚诺·罗纳尔多、11-埃德尔

主教练：本托

赛场　阿尔及利亚1:1俄罗斯

赛前硝烟：

在本场比赛前，阿尔及利亚队在世界杯上7次对决欧洲球队，仅取得一场胜利。之前4:2击败韩国队的比赛则是他们时隔32年后，再次在世界杯上获胜，因此他们士气正旺。而俄罗斯队在此前4场世界杯小组赛中1平3负未尝胜绩。

北京时间 6 月 27 日凌晨 4 时，2014 年巴西世界杯 H 组最后一轮拉开帷幕。在库里奇巴的拜沙达竞技场，"北非之狐"阿尔及利亚队遭遇"北极熊"俄罗斯队。最终经过 90 分钟激战，阿尔及利亚队 1:1 战平俄罗斯队。开场第 6 分钟，孔巴罗夫左路起球助攻科科林打破僵局。第 60 分钟，苏莱曼尼抓住俄罗斯门将阿金费耶夫的出击失误，头球将比分改写成 1:1。世界杯 H 组战罢，由于另外一场比赛中比利时队 1:0 小胜韩国队，比利时队与阿尔及利亚队分列小组前两名出线。在淘汰赛中，阿尔及利亚队将迎战 G 组头名、上届季军德国队，而比利时队则遭遇美国队。这也是阿尔及利亚队自从 1982 年首次参加世界杯以来，历史上首次晋级世界杯复赛，上一支被阿尔及利亚队淘汰的球队，是 1986 年墨西哥世界杯上的另一支北非球队摩洛哥队。

俄罗斯队抓住短暂人数优势取得领先

比赛开始后，已无退路的俄罗斯队一改前两场缓慢的节奏，开场便大举压上。

第 5 分钟，阿尔及利亚队核心费古利在争抢时与队友相撞导致头部流血，不得不短暂离场，接受队医处理。这一分钟内，俄罗斯队抓住短暂的人数优势，由孔巴罗夫策动进攻，在左路送出助攻。

俄罗斯阿尔及利亚1

科科林在禁区内跃起头球，抢得先机。1-0！俄罗斯队首开纪录。这是前锋科科林个人的首粒世界杯进球，同时也是他 23 次代表俄罗斯队出场打进的第 5 球，而孔巴罗夫策动进攻的左路正是费古利受伤接受处理时的后防区。

阿金费耶夫再现低级失误，苏莱曼尼头球还以颜色

第 60 分钟，卡兹洛夫侵犯贾布，主裁判判罚给阿尔及利亚队一个任意球。布拉希米主罚将皮球开到后点，门将阿金费耶夫在防守中受到看台上球迷的绿色激光笔干扰，出现严重失误，阿尔及利亚队前锋苏莱曼尼头球将比分扳平。1:1！此球是苏莱曼尼本届世界杯上的第 2 粒进球。此后双方再无力改写比分，1:1 的比分也保持到终场。

俄罗斯阿尔及利亚2

双方出场阵容：

阿尔及利亚队（4-4-2）：23-姆博尔希/20-曼迪、4-贝尔卡勒姆、5-阿利舍、6-梅斯巴/11-布拉希米（7-耶布达，第71分钟）、12-梅贾尼、18-贾布（9-吉拉斯，第77分钟）、14-本塔莱布/10-费古利、13-苏莱曼尼（15-苏达尼，第91分钟）

主教练：哈利霍季奇

俄罗斯队（4-4-2）：1-阿金费耶夫/2-卡兹洛夫、14-别列佐夫斯基、4-伊格纳舍维奇、23-孔巴罗夫/8-格鲁沙科夫（7-德尼索夫，第46分钟）、19-萨梅多夫、17-沙托夫（10-扎戈耶夫，第66分钟）、20-法伊祖林/11-科尔扎科夫（6-卡努尼科夫，第81分钟）、9-科科林

主教练：卡佩罗

赛场　韩国0:1比利时

赛前硝烟：

在世界杯历史的交锋上，两队只有两次会面。1990年意大利世界杯小组赛中，比利时队2:0击败韩国队。在1998年法国世界杯小组赛末战中，双方1:1战平，当时比利时队主教练威尔莫茨还是球员。

在本届世界杯末轮开赛前，比利时队2战全胜积6分已经提前出线，阿尔及利亚队积3分暂列小组第二，俄罗斯队和韩国队同积1分。韩国队只剩下理论上的出线可能：首先他们必须大比分击败已经出线的比利时队，还要寄望于阿尔及利亚队不胜俄罗斯队，这样才有机会与同组其他球队比拼净胜球决定出线。

本场比赛前，卢卡库、阿扎尔、孔帕尼等绝对主力休息，曼联新秀贾努扎伊、"FM妖人后卫"范登博雷、埃弗顿边锋米拉拉斯等7将进入首发。韩国队方面，郑成龙、朴主永无缘这场生死战。

德福尔首发染红

比赛进行到第 20 分钟，比利时队中场费莱尼直塞，米拉拉斯形成单刀破门被判无效。第 30 分钟，韩国队断球反击，金信煜策动攻势，寄诚庸突破至禁区弧顶前射门被库尔图瓦扑出底线，韩国队开出角球，制造禁区内混乱，金信煜头球攻门被小将德福尔救险。第 44 分钟，德福尔铲球时蹬踏金信煜，澳大利亚主裁威廉姆斯将其直接红牌驱逐出场。比利时队在世界杯上遭遇红牌判罚还要追溯到 16 年前。

维尔通亨"客串"前锋，比利时队小胜锁定小组头名

易边再战，韩国队撤下后腰韩国荣，换上李根镐，意在强攻。1 分钟后，李青龙右肋传中，李根镐头球打门，高出横梁。第 77 分钟，比利时队取得领先。小将奥利吉禁区前大力射门，造成金承奎扑球脱手，左后卫维尔通亨跟进补射，为比利时队取得领先。

韩国比利时 1

接下来，韩国队虽然全力猛攻，但进攻手段单一。最终比利时队 1:0 战胜韩国队，取得小组赛三连胜，以小组第一晋级 16 强，他们在八分之一决赛中的对手是美国队。韩国队则以 3 战 1 平 2 负的惨淡成绩垫底出局。亚洲球队在本届世界杯 3 平 9 负，全部小组垫底。累计上届世界杯成绩，亚洲球队在世界杯上已经连续 15 场没有尝到胜利的滋味。

双方出场阵容：

韩国队（4-2-3-1）：21- 金承奎 /12- 李镕、20- 洪正好、5- 金英权、3- 尹锡荣 /14- 韩国荣（11- 李根镐，第 46 分钟）、16- 寄诚庸 /17- 李青龙、13- 具滋哲、9- 孙兴民（19- 池东沅，第 72 分钟）/18- 金信煜（7- 金甫炅，第 65 分钟）

主教练：洪明甫

比利时队（4-3-3）：1- 库尔图瓦 /21- 范登博雷、15- 范比滕、18- 隆巴茨、5- 维尔通亨 /8- 费莱尼、16- 德福尔、19- 登贝莱 /14- 梅尔滕斯（17- 奥利吉，第 59 分钟）、11- 米拉拉斯（10- 阿扎尔，第 87 分钟）、20- 贾努扎伊（22- 查德利，第 59 分钟）

主教练：威尔莫茨

《豪门盛宴》解读世界杯

【绝对巨星】C 罗

世界杯，足球领域最高的荣誉殿堂，成就了无数"一代天骄"，也让很多悲情英雄抱憾。对于荣誉满身的 C 罗而言，国家使命似乎就意味着生命中不能承受之轻。2006 年世界杯，葡萄牙队点球淘汰英格兰队，C 罗率领国家队继 1966 年后再次挺进半决赛，但随后 0:1 不敌法国队，无缘决赛，C 罗擦着眼泪离开慕尼黑安联球场。

今年年初，C 罗终于如愿获得国际足联金球奖，哽咽中包含了难为外人道的辛酸。只可惜，世界杯前的新科金球奖得主，无法夺得当届世界杯，这样的魔咒仍在继续。

最后一轮小组赛，积分和净胜球均不占优势的葡萄牙队即使赢下比赛，也几乎只能寄出线希望于奇迹的发生。C 罗又换了一个新发型，剃掉了右侧部分头发，似乎希望更加轻盈的发型能帮助自己扭转乾坤。

刚刚开场，C 罗就有一记右路射门打中了横梁。下半时，在 1:1 的不利局面下，又是 C 罗为葡萄牙队再次将比分反超。80 分钟时加纳门前出现混战，门将将皮球击出，正好落在 C 罗面前，他没有停球，直接用左脚轻松抽射破门。直到最后时刻，C 罗仍多次发动攻势，为渺茫的希望而付出百倍努力，只可惜仍然无法摆脱出局的命运。

遇到挫折的 C 罗，从来不会逃避。人们喜欢他的原因有很多，不喜欢他的人也有自己的道理。但对于他从一个毛头小子勤勤恳恳进化为世界顶级巨星的努力，每一个人都必须敬佩。

【关键先生】穆勒

带伤出战，打入制胜一球，穆勒迎来本届杯赛第 4 粒进球。在与美国队的比赛中，穆勒 28 次传球，2 次射门，效率再次成为他的制胜法宝。

开场后，德国队在场面上完全占据主动，高达 60% 的控球率印证了这一点，然而在美国队打造的防守体系下，德国队却没有几次真正的威胁。就在德国队久攻无果、比赛快要平局收场时，托马斯·穆勒挺身而出。第 55 分钟，穆勒利用一次右侧角球机会，在禁区线劲射入网。正是这粒关键进球终结了美国队所有的努力，也确保了德国队的小组头名身份。本场比赛，踢满 90 分钟的穆勒共有两脚射门，其中 1 个转化为进球，进攻效率可谓惊人。他全场触球 43 次，85.7% 的传球成功率，充分显示了其在德国队进攻体系中的重要性。

从世界杯上演首个帽子戏法，到带领德国战车全速挺进 16 强，托马斯·穆勒，本场比赛的关键先生。

【传奇】"北非之狐"创历史

本届世界杯传统豪门马失前蹄，新军黑马频频跑出。跻身 16 强的球队当中，最神秘的应该是来自北非的阿尔及利亚队。经过 32 年的漫长等待，4 次征战世界杯小组赛的铩羽而归，"沙漠之狐"终于向前迈出了最重要的一步。

1982 年是阿尔及利亚足球史上最光辉也最遗憾的一年，那年的他们首次杀进决赛圈，摩拳擦掌期盼能大展身手。首战面对夺冠大热联邦德国队，没有人看好这支非洲球队，即使是马杰尔为他们首开纪录，德国人也没有把他们放在眼里，何况 10 分钟后联邦德国队的头号射手鲁梅尼格就扳平了比分。全世界都没有想到的是，1 分钟后，贝洛米的进球令这支新军再度占得先机，2:1 的比分保持到了终场。对阵欧洲强队取得一场干净利落的胜利，神秘之师的首次亮相堪称惊艳，爆出世界杯历史上一大经典冷门。

最后一轮小组赛，阿尔及利亚队率先获胜，总成绩 2 胜 1 负，出线的可能性很大。只可惜，联邦德国队与奥地利队联手制造了 1:0 的比分，三队积分相同的情况下，阿尔及利亚队因为净胜球的劣势遗憾出局。竭尽全力，战绩彪炳，但却还是差了一点点。这次事件影响深远,此后国际足联决定,世界杯小组赛最后一轮同一小组的比赛必须同时开球,在最大程度上杜绝默契球的产生。

4年之后的墨西哥世界杯,阿尔及利亚队没能延续上届的状态,小组出局且未尝胜绩。漫长的低潮持续到2010年的南非,这次的成绩单更加惨不忍睹,3场比赛一球未进。

本届世界杯阿尔及利亚队发挥出色,以小组第二的身份史上第一次杀进淘汰赛,但对于这个非洲国土面积最大的国家而言,还没有到庆祝的时候。八分之一决赛对阵老对手德国队,阿尔及利亚队能否再度创造历史?

【最痛"亚洲悲"】

当韩国队带着渺茫的晋级希望走进圣保罗的科林蒂安竞技场,可能很多人都会想到,这是亚洲足球在本届世界杯上的落幕演出。当德福尔半场吃到红牌,多一人作战的韩国队似乎看到了曙光,但无奈还是被对手抓住机会一击致命,韩国人彻底失去了反击的信心。这,就是亚洲足球留给这届世界杯最后的表情。

4次出赛,仅积3分,无一胜绩,垫底出局,这创造了亚洲球队24年来世界杯上最差的成绩。如果说澳大利亚队和伊朗队的出局有点悲壮,毕竟他们曾经让荷兰队和阿根廷队如此狼狈,那么日本队和韩国队的离开则是彻底的完败。

20世纪末的美利坚和法兰西,亚洲足球曾经给世界杯点缀了几笔鲜亮色彩。奥维兰单骑闯关,几乎复制了马拉多纳的神奇。1998年世界杯小组赛,虽然亚洲球队全军覆没,但至少留下了伊朗队击败美国队的画面。

2002年,当世界杯第一次来到亚洲的土地,亚洲足球井喷式的变化震惊了世界。日韩携东道主之利双双从小组赛强势出线,韩国队更是先后淘汰强大的意大利队和西班牙队打入四强,创造了亚洲球队的世界杯最好战绩。

2006年的德国世界杯,刚刚加入亚洲足球大家庭的澳大利亚队积4分成为亚洲唯一出线的球队。同届世界杯,虽然韩国队小组赛折戟,但也1胜1平拿到了4分,险些将最终的亚军法国队逼上绝境。

4年之后,虽然朝鲜队3战皆败垫底出局,但日本队先后击败喀麦隆队和丹麦队拿到6分晋级16强，韩国队拿到4分同样突围，澳大利亚队虽遭淘汰但也赢得了一场胜利。应该说，从1998年开始，亚洲足球逐渐在世界足坛占有了一席之地。

但是随着今晨韩国队的失利，亚洲足球一夜之间被打回了20年前。如果能有一次重来的机会，相信本田圭佑、香川真司、孙兴民、卡希尔这些亚洲足球之星一定会给亚洲球队带来不同的命运，但他们只能等到2018年，去俄罗斯重新来过。

1978年至1990年连续4届世界杯，亚洲球队均未能小组出线，事实上是连续4届世界杯没有品尝过赢球的滋味——1978阿根廷世界杯上，代表亚洲出战的伊朗队1平2负小组垫底出局；1982年西班牙世界杯上，代表亚洲的科威特队1平2负小组垫底出局；1986年墨西哥世界杯，韩国队1平2负，伊朗三战皆负；1990年意大利世界杯，韩国队与阿联酋队均是三战皆负。数十年时间内，亚洲足球只能用朝鲜队在1966年英格兰世界杯上爆冷打入八强的历史故事来聊以自慰。

直到1994年美国世界杯，沙特队小组赛2胜1负出线，才终结了亚洲球队在世界杯大多折戟于小组赛的尴尬纪录。那届世界杯上奥维兰对比利时队一战的千里走单骑入球，被视为世界杯历史上仅次于马拉多纳对英格兰队一战球王品质入球的经典作品，那个入球也可视为亚洲足球在世界杯上的一个历史性转折点。但如今，又是面对比利时队这个对手时，亚洲足球被迫接受了重新回到小组赛全军覆没时代的尴尬结果。世界足球在整体进步，亚洲足球则在本届世界杯又遭遇了历史性拐点！

【一起去2018】

今天凌晨，俄罗斯队迎来了与阿尔及利亚队之间的"熊狐之战"，双方实力不分伯仲，都要力争在最后一战中搭上晋级的末班车。第5分钟，阿尔及利亚队的费古利便血染赛场，科科林抓住机会率先为俄罗斯队打破僵局，比赛正在朝着他们希望的方向发展。但是苏莱曼尼在第59分钟的进球，将俄罗斯人推到了悬崖边。时间一分一秒地流逝，终场哨响，阿尔及利亚人创造了历史，而俄罗斯队带着三战不胜的尴尬战绩，黯然告别世界杯。12年的蛰伏和金牌教头卡佩罗的入主，并没有给俄罗斯队带来质变。

首战面对实力并不强劲的韩国队，门将阿金费耶夫脱手失误送出大礼，似乎已经预示着俄罗斯队的巴西之旅注定充满无奈。虽然替补出场的科尔扎科夫很快就为球队扳平比分，但也没能更进一步带来胜利。面对年轻得甚至有些紧张的比利时队，卡佩罗的球队却显得信心不足。阿扎尔最后时刻的爆发让沉闷了80分钟的比赛变成了俄罗斯人的梦魇，他助攻奥利吉绝杀，将俄罗斯队推到了生死边缘。

12年的等待，俄罗斯球迷翘首企盼的惊喜并没有出现，卡佩罗治下的这支俄罗斯队仍有很长的路要走。不过他们有理由充满期待，毕竟曾经的苏联足球，在世界舞台上留下过无数经典的瞬间，而传奇的血脉还在继续。4年之后，俄罗斯人就将在自己的家门口迎来世界杯，4年的轮回，他们有足够的时间卧薪尝胆，用全新的姿态重现2008年的神奇。只不过，还有很多事情需要他们慢慢改变。

【N角度】比利时队 VS 韩国队——光影中的绝代佳人赫本、全智贤

奥黛丽·赫本是英国知名音乐剧与电影女演员，出生于比利时的布鲁塞尔，晚年曾经担任联合国儿童基金会特使。身为好莱坞最著名的女星之一，她以高雅的气质与有品位的穿着著称。她生前主演的多部电影例如《罗马假日》《蒂凡尼早餐》和《窈窕淑女》等至今仍为荧屏经典。1999年她被美国电影学会选为百年来最伟大的女演员第3名。

全智贤，韩国女演员，2001年凭借电影《我的野蛮女友》掀起一阵"野蛮风"，获得韩国电影大钟奖最佳女主角奖。之后相继主演《野蛮师姐》《雏菊》《雪花秘扇》等多部电影。2013年，全智贤时隔14年首次回归小银幕，与金秀贤共同出演电视剧《来自星星的你》，该剧红遍东南亚，成为各大颁奖礼上的最大赢家。因此，全智贤入围第50届百想艺术大赏最佳女演员奖，最终拿下电视部门最高奖项——大赏。

高贵中的超凡脱俗，华丽中的雍容淡雅，比利时队与韩国队的比赛就在这样

黑白对比明快的基调下，缓缓地拉开了大幕。

　　典雅的黑色代表着比利时高贵与深沉的气质。欧洲红魔的青春绽放仿佛喧嚣的尘世间开出的那朵惊世红颜，正如布鲁塞尔送给世界最好的礼物——奥黛丽·赫本那样：绝美婉约、高贵动人。又像往昔光影中，流连在窗前的那抹皎洁的光："月亮河，宽不过一英里。总有一天我会优雅地遇见你。"

　　而雍容的白色则衬托着韩国人清新明快的节奏。太极虎的勇猛顽强就像盛夏似火般的骄阳，又如韩国当红佳丽全智贤给我们的印象：一泓清泉，两种味觉。这不由得让我们想起那年回荡着阵阵花香的阿姆斯特丹广场：我真希望日子就这样一天天过去，直到永远。

　　光影中的流年，是缘的流转，也是最美的遇见。当两种美丽转化为绿茵场上的争奇斗艳时，擦出的火花必然是情感的升华。沉寂12年，再次回归世界足坛红毯中心的比利时人，一边用高超的技艺致敬经典，一边用无限的活力抒写青春。即使刺刀见红，全场被动，他们依然用绝杀换来了属于他们的骄傲。

　　而对于韩国人来说，他们用壮士扼腕般的勇猛顽强得到了对手的尊重，也用16年如一日的信念抒写了对世界杯的爱。即使离去，也孑然一身。正如光影中表达的那样："爱，其实就是给喜欢你的人一个机会。"

　　忘记时间，才能留住银幕上的经典；回首岁月，记忆从不曾侵蚀那嫣然的笑脸。在这充满激情的绿茵场，两支球队为我们谱写的是足球的冰与火之歌。而在那蓦然回首的流光中，两位绝代佳人留住的是对生活最美的希望。就像奥黛丽·赫本定位的那样："优雅，是唯一不会褪色的美。"

名言汇总：

1. 月亮河，宽不过一英里。总有一天我会优雅地遇见你。

——《月亮河》

2. 爱，其实就是给喜欢你的人一个机会。

——《我的野蛮女友》

3. 优雅，是唯一不会褪色的美。

——奥黛丽·赫本

【动物世界杯】葡萄牙野山羊VS加纳鳄鱼

野山羊皮毛棕灰色，上体部分较深，雄性长有胡须和一对微弯的大角，上面有许多横亘隆起，像连绵的山脉一样。野山羊步履稳健，有极好的平衡能力，能够迅速、稳健地从一块岩石跳到另一块岩石上。为了逃避敌人，它们总是选择敌人难追的地方跑。如果走投无路，野山羊就会转身用它们的角同敌人进行战斗。

鳄鱼属脊椎类两栖爬行动物，其性情凶猛暴戾，是迄今发现活着的最早和最原始的动物之一。现存大型种类鳄鱼平均体长3米以上，重约100kg以上。颚强而有力，长有许多锥形齿，腿短，有爪，趾间有蹼。尾长且厚重，皮厚带有鳞甲。

在巴西戈亚斯州高原马拉尼翁河与维尔德河汇合而成的三角地带上，在巴西利亚的林查绿茵上，葡萄牙野山羊高昂着头颅，发出最后的野性的呼唤！呼唤再一次的胜利！呼唤下一次征程！然而之前德国雄鹰给予他们噩梦般的重创，致使它们面对加纳鳄鱼的战斗，更加悲壮而艰难。

加纳鳄鱼同样需要用一场胜利来抚慰被美国海雕啄伤的痛苦，但是在面对强大的葡萄牙野山羊时，却显得底气严重不足，因为，之前刚刚发生的一场内乱，使得鳄鱼群不得不赶走了两尾最强悍的鳄鱼蒙塔里与博阿滕。

作为葡萄牙野山羊犀利的羊角，C罗不仅代表着野山羊的尊严与荣耀，更是克敌制胜的有效武器。C罗一次次灵巧却不乏凶猛地顶向加纳鳄鱼，虽然羊角带伤，但是C罗依然给了对手最大的威胁。

当加纳鳄鱼博耶自摆乌龙，使得整个鳄鱼群遭受重击之后，鳄鱼群开始了疯狂的反扑，吉安的狠命撕咬，让葡萄牙野山羊也感到了死亡的恐惧。C罗再次奋勇打破平衡的态势，用尖利的羊角证明了自己不容被小觑的实力。

在最后时刻，双方展开疯狂的对攻，最终还是加纳鳄鱼败下阵来，不过遗憾的是，这也同时是葡萄牙野山羊与加纳鳄鱼在巴西绿茵场上的死亡终结。

【舌尖上的世界杯】德国烤肘子

如果说足球与美食本身就是一对孪生兄弟的话，那么想必缺少任何一个都会让激情减色不少。位于欧洲大陆的德意志民族则将美味的瞬间用心创造，代代相传，与粗犷本真的足球风格结合形成了独树一帜的足球文化。

肘子是德国人偏爱的肉食，烤制的肘子，在德国人心中地位非凡。精选猪前肘作为原料，各家的厨房和餐厅都有自己独门的腌制方法，将腌制好的肘子加水煮制，然后放入烤箱中蒸制，再进行重新烤制，历时两个小时的德国烤肘子就完成了。

肘子可搭配德式酸椰菜、薯泥、德式面包丸子，当然还少不了自酿的黑啤酒。在德国传统中，上桌前肘子是整只的，上桌后由食客自己切开，充分享受分享的欢乐。

从口到脚，从脚到心，德国人延续着对足球和美食特有的感知方式。无论是烤猪肘，还是鲜啤酒，总有一种滋味在不断演变中不因各方的冲击而消失，反而越来越强大、清晰，奠定了这个国家的味觉之本，那就是勇敢、坚韧、细致的德意志精神。

16　6月28日

《豪门盛宴》解读世界杯

【万万没想到】

两周前的圣保罗，巴西世界杯拉开了战幕，巴西球迷满心期待着内马尔能有石破天惊的表演，用世界杯首球带领巴西队赢得开门红。没想到的是，比赛刚开始10分钟，斜刺里突然杀出个马塞洛，用一粒进球生生抢走了内马尔的戏份，更没想到的是，他打进的居然是自家球门。本届世界杯的第1粒进球就这样尴尬地诞生了。无辜的马塞洛站在门线前遥望着前场的内马尔，心中默念：哥们儿，我真不是故意的。

当西班牙队带着大赛三连冠的荣誉来到巴西,很多人都自然地认为斗牛士会又一次出现在决赛的赛场上。但是西班牙人第一场的表现就让所有人大跌眼镜,面对荷兰队行之有效的防守,西班牙队仅仅是靠一粒点球取得领先,却在之后迅速被范佩西扳平,下半场则完全成为了西班牙球员的梦魇,就连全队最稳定的卡西利亚斯也出现了这样的低级失误。一个血淋淋的1:5让卫冕冠军的光环瞬间黯淡。更没有想到的是,小组赛第二轮,无路可退的西班牙队被智利人两球完胜,小组赛两场连败,早早地告别了巴西,他们也成为了世界杯历史上最早被淘汰的卫冕冠军。

当乌拉圭队、意大利队和英格兰队同时出现在死亡之组,人们的目光始终放在鲁尼、苏亚雷斯和皮尔洛们的身上,而纸面实力最弱的哥斯达黎加队早早被视为这个小组中的送分童子。然而就是这个别人眼中的鱼腩球队,首战在落后的情况下,居然3球逆转乌拉圭队,爆出了本届世界杯的第一个大冷门。次战意大利队,鲁伊兹的头球绝杀帮助哥斯达黎加队再度爆冷,拿到6分提前出线。3支世界冠军还没缓过神来,就只能看着这支神奇的黑马绝尘而去。最后一场战平英格兰队,哥斯达黎加人以不败战绩从死亡小组昂首出线,震惊了足坛的同时,也将两支世界豪门送回了家。而八分之一决赛面对希腊队,他们还有机会继续创造历史。

当苏亚雷斯两球绝杀英格兰队,人们期待着刚刚伤愈的苏神在这届杯赛中能够继续神奇。然而末轮和意大利队的生死战进行到第77分钟时,苏亚雷斯突然失控,一口咬向防守他的基耶利尼,疼得后者满地翻滚,而冷静下来的苏神立即捂着牙作受伤状,逃过了处罚。这个插曲也影响了意大利人的状态,最终,戈丁的进球帮助乌拉圭队死里逃生。如果算上之前联赛中的两次前科,苏亚雷斯居然上演了雷人的咬人帽子戏法。虽然逃过了当值主裁判的眼睛,但如此恶劣的行径最终逃不过国际足联的处罚:苏亚雷斯被禁赛9场,4个月禁止参与足球活动。苏神这一口,咬掉的不只是乌拉圭队的世界杯希望,更可怕的是,他几乎咬掉了自己的职业前景。

本届世界杯,来自亚洲的4支球队一共只取得3个积分,无一例外全部小组垫底,创造了24年来世界杯历史上的最差成绩。如此惨淡的结局,赛前恐怕没有多少人能够想到。近几年上升势头猛烈的日本队发挥让人失望；澳大利亚队虽然在与荷兰队一战中打得激情四射，但难掩技战术层面的落后；伊朗队虽然曾经让阿根廷队手足无措，但整体实力的不足还是难逃连败的苦果；而韩国队在被阿尔及利亚队4球完爆之后就彻底失去了再次站起来的信心，出局只是时间问题。面对这样的结果，亚洲足球也只能从头再来。

【N角度】小组赛小结——悲剧与喜剧

莎士比亚是文艺复兴时期英国杰出的思想家、作家、戏剧家、诗人。他创作的大部分是诗剧，主要作品有《李尔王》《哈姆雷特》《奥赛罗》《罗密欧与朱丽叶》《威尼斯商人》等，他的创作高峰的标志是四大悲剧：《哈姆雷特》《奥赛罗》《李尔王》《麦克白》，喜剧有《仲夏夜之梦》《威尼斯商人》《第十二夜》。他的作品是人文主义文学的杰出代表，在世界文学史上占有极重要的地位，直至今日依旧广受欢迎，在全球以不同文化和政治形式演出和诠释。

本届世界杯的小组赛，经历是是非非、悲欢去留，已然尘埃落定，正如鲁迅先生所说："悲剧是将人生的有价值的东西毁灭给人看，喜剧是将那无价值的撕破给人看！"

当我们心目中的欧洲传统绿茵豪门西班牙队、英格兰队、意大利队、葡萄牙队先后被淘汰出局之后，我们痛心疾首地看到了巴西绿茵场上的四大悲剧，这也同时让我们联想到了莎士比亚著名的四大悲剧。哈姆雷特有这样一句名言："生存还是毁灭，这是个问题！"

欧洲四大豪门在小组出线战役中的轰然倒塌，也让我们看到了哥斯达黎加队等新锐强势崛起的多幕多场景喜剧。而喜剧源于古希腊，由在收获季节祭祀酒神时的狂欢游行演变而来。因此，一边是对英雄没落的悲剧式的送行与挽歌，而另一边，则是为新星新秀的喜剧式的喝彩与赞歌。

而从苏神到苏牙的一出闹剧正应了"将那无价值的撕破给人看"，也因此，这的确是一出典型的讽刺喜剧。但是英国诗人柯勒律治告诉我们"闹剧在本质上比喜剧更接近于悲剧"，为人粗鲁意味着忘却了自己的尊严，我们细品其中的丑陋，是人性的可悲，是绿茵的可悲！

亚洲球队以无一胜绩而全数退场，自然是亚洲足坛的悲剧，然而如果这样的悲剧带来的是卧薪尝胆、破釜沉舟的励精图治，则恰恰又是新生代涅槃重生的喜剧的开端！

啊！悲剧与喜剧，欢笑与哭泣！本届世界杯上的悲剧与喜剧，只不过才刚刚开始！

名言汇总：

1. 悲剧是将人生的有价值的东西毁灭给人看，喜剧是将那无价值的撕破给人看！

——鲁迅

2. 生存还是毁灭，这是个问题！

——莎士比亚《哈姆雷特》

【动物世界杯】回家的感觉

踏上英伦三岛的英格兰狮群早已饥肠辘辘，因为它们没能用哪怕一场胜利来填充曾经雄心勃勃的胃口。电影《狮子王》里木法沙的那句话或许能给它们一丝慰藉：一个国王的统治期就如同太阳的起落一样。

西班牙牛群已经抵达了绿草如茵的比利牛斯山麓，然而它们的心仿佛依然还滞留在巴西高原。它们蓦然回首4年前的胜利与风光，恍惚之间，它们从辉煌中跌落，变成了愤怒而悲壮的公牛。

在亚平宁半岛，地中海吹来的上升气流，让意大利山鹰在空中无精打采地盘旋着，此次的巴西绿茵飞翔，它们一点也没有找到展翅高飞的感觉。现在，它们必须励精图治，重新丰满和强健自己的羽翼，4年之后，争取飞出一个新的高度。

葡萄牙野山羊在家乡的悬崖间灵动自如地跳跃着，而在美洲那块平坦的绿茵上却找不到这种恣意跳跃舍我其谁的霸气。它们痛苦地思忖着，它们绝不应该是绿茵祭坛上的祭品！

在亚洲与大洋洲那广阔无垠的大地，波斯狼群归来了，太极虎归来了，日本神龟归来了，澳大利亚袋鼠归来了。不同的物种，不同的家园，因为在巴西绿茵场上的相似的征战搏杀，而居然有了相同的回家的感觉。那就是垂头而不丧气，失意而不绝望，默默地吞食着痛苦与挫折，然后通过强有力的消化系统，将它转化为争取明天辉煌的巨大能量！

不管各自回家的感觉如何，它们毕竟回家了，而心灵的回归才是真正的回家。

17 | 6月29日

赛场 | 巴西 4:3 智利

赛前硝烟：

纵观两队出线历程，东道主巴西队以2胜1平积7分，凭借净胜球优势力压墨西哥队排名A组第一；智利队则在卫冕冠军西班牙队与欧洲劲旅荷兰队的围堵中，以2胜1负积6分的成绩力压西班牙队，抢得小组第二。

纵观两队历史交手记录，两队一共奉献过68次对决，巴西队48胜13平7负进159球失58球，占据绝对心理优势。两队在世界杯历史上共交手过3次且全部出现在淘汰赛阶段，巴西队取得三战全胜的战绩。而两队近两次在世界杯决赛圈交手，都是八分之一决赛，巴西队在1998年法国世界杯及2010年南非世界杯分别以4:1及3:0完胜。

首发阵容方面，巴西队用效力于英超曼城队的费尔南迪尼奥顶替小组赛表现糟糕的保利尼奥，智利队则迎回队中头号球星比达尔及中场另一主将阿兰吉斯。

北京时间6月29日0时，2014年巴西世界杯八分之一决赛首场对决，东道主巴西队与智利队的比赛在贝洛奥里藏特的米内罗球场拉开帷幕。双方在120分钟内1:1平分秋色。点球大战中，塞萨尔发挥神勇，连续扑出智利队两个点球，而智利队最后主罚的后卫哈拉则将球打在了立柱上，巴西队最终3:2力克智利队，以总比分 4:3 首先进入八强。

"南美内战"火药味十足，杀出带刀后卫"鲁蓬蓬"

第 10 分钟，智利队后场策动进攻，桑切斯接到队友传球后右路下底传中，巴尔加斯杀入禁区内与大卫·路易斯相撞后倒地，主裁判韦伯拒绝判罚点球，示意比赛继续。而在球场另一端，巴西队前锋浩克禁区内倒地，韦伯同样不予理睬。第 13 分钟，古斯塔沃左路衔枚疾走，在禁区外左侧被智利球员侵犯，内马尔主罚任意球传至门前，并未对智利队大门构成威胁。第 15 分钟，梅纳左路防守时故意手球，主裁判韦伯向其出示黄牌，梅纳也将累计黄牌停赛，缺席球队下一场比赛。第 17 分钟，巴西队取得领先。内马尔左翼主罚角球，两位中卫在对方禁区内进行了一次进攻连线，队长蒂亚戈·席尔瓦前点头球一蹭，大卫·路易斯倚住智利队中卫哈拉，用左大腿将球打进球门，1:0，"鲁蓬蓬"帮助桑巴军团率先建立领先优势。

巴西智利 1

内马尔受到重点"照顾"，桑切斯禁区内灵光一现

内马尔在本场比赛受到对方的重点看护。第 28 分钟，尤文中场比达尔拼抢时，一记凶狠的抢断将内马尔放倒在地，被裁判韦伯出示黄牌。第 32 分钟，马塞洛后场界外球回掷给前锋浩克，后者回传失误被智利队前锋巴尔加斯断下，智利队随即展开反击。巴尔加斯顺势直传禁区，桑切斯门前停球稍加调整，抢在席尔瓦倒地封堵前，右脚打远角中鹄，1:1！凭借巴西队一次漫不经心的失误，智利队顽强扳平比分。此后双方你来我往，并未再次改写场上比分，经过 120 分钟鏖战，双方不得不开始残酷的点球大战。

巴西智利 2

塞萨尔发挥出色，"门柱君"护送巴西队晋级

巴西队经过掷硬币拿到了先踢点球的机会。第 1 轮，大卫·路易斯长距离助跑后假动作骗过门将布拉沃，爆射将球打进，而智利队第一个出场的皮尼亚的点球角度太正，结果被经验丰富的门将塞萨尔轻松化解，1:0；第 2 轮，威廉主罚

偏出,但是塞萨尔发挥神勇,神奇地将桑切斯射向球门左下角的点球扑出,巴西队仍旧1:0领先智利队;第3轮,马塞洛主罚,布拉沃虽然判断正确,但是却难以阻止皮球飞入球网,随后阿兰吉斯的劲射直挂球门右上角,塞萨尔毫无反应,2:1;第4轮,布拉沃奋力挡出本场比赛表现不佳的浩克罚出的点球,迪亚斯假动作骗过塞萨尔,将点球从中路打进,智利队在点球大战中顽强扳平比分;第5轮,内马尔稳稳将点球罚入球门,而哈拉主罚的点球被东道主的门柱挡出,巴西队3:2惊险淘汰智利队,晋级八强。

巴西智利点球

双方出场阵容:

巴西队(4-2-3-1):12-塞萨尔/2-阿尔维斯、3-蒂亚戈·席尔瓦、4-路易斯、6-马塞洛/17-古斯塔沃、5-费尔南迪尼奥(16-拉米雷斯,第71分钟)/7-浩克、11-奥斯卡(19-威廉,第106分钟)、10-内马尔/9-弗雷德(21-若,第63分钟)

主教练:斯科拉里

智利队(3-5-2):1-布拉沃/18-哈拉、17-梅德尔(13-罗哈斯,第107分钟)、5-费朗西斯科·席尔瓦/4-伊斯拉、20-阿兰吉斯、21-迪亚斯、8-比达尔(9-皮尼亚,第87分钟)、2-梅纳/7-桑切斯、11-巴尔加斯(16-费利佩·古铁雷斯,第56分钟)

主教练:桑保利

赛场 哥伦比亚2:0乌拉圭

赛前硝烟:

本场比赛是继巴西队对智利队之后的第2场南美内战。纵观历史战绩,双方一共38次狭路相逢,哥伦比亚队11胜9平18负稍处劣势。两队上一次在世界杯决赛圈阶段遭遇还是遥远的1962年世界杯小组赛,当时乌拉圭队2:1击败哥伦比亚队。

本届世界杯南美区预选赛双方两回合交手中，哥伦比亚队在主场4:0狂胜乌拉圭队，但做客到访则以0:2告负。在小组赛中，哥伦比亚队不但三战全胜，而且队中詹姆斯·罗德里格斯、夸德拉多等新星光芒四射；而以老将为班底的乌拉圭队在首战1:3负于黑马哥斯达黎加队之后爆发强大战斗力，连续击败小组热门英格兰队和意大利队，突围成功。但是头号球星苏亚雷斯因为咬人停赛，也让本队整体实力大受影响。

北京时间6月29日凌晨4点，2014年巴西世界杯八分之一决赛第2场"南美内战"乌拉圭队与哥伦比亚队的比赛，在里约热内卢的马拉卡纳球场拉开帷幕。上半场比赛哥伦比亚新星詹姆斯·罗德里格斯左脚奉献世界波，下半场他再下一城，帮助哥伦比亚队2:0完胜乌拉圭队，晋级八强。在四分之一决赛中，哥伦比亚队将与东道主巴西队展开较量，届时J罗也将迎来与内马尔的个人对决。

J罗发威助球队完胜，苏神停赛乌拉圭无力回天

哥伦比亚乌拉圭1

第28分钟，哥伦比亚队先拔头筹，阿吉拉尔中路头球回做，J罗禁区前胸部从容卸下来球，左脚凌空抽射奉献惊艳世界波，1:0！世界杯开赛以来，新秀J罗连续4场比赛都有破门，追平了2002年韩日世界杯罗纳尔多和里瓦尔多保持的纪录。凭借J罗的神奇发挥，哥伦比亚队上半场暂时领先。

下半场开始，哥伦比亚队继续控制场上局面，而缺少苏亚雷斯的乌拉圭队则在进攻中受到很大影响。第48分钟，J罗主罚任意球，传至后点，老将耶佩斯头球攻门被乌拉圭队后卫用身体挡出。

J罗暂领射手王，夸德拉多领跑助攻榜

哥伦比亚乌拉圭2

第50分钟，波尔图锋霸杰克逊·马丁内斯禁区前横传，禁区左侧角内插上的阿尔梅罗将球传至后点，夸德拉多头球一点，J罗在小禁区线附近，轻松右脚推射梅开二度，2:0！哥伦比亚队扩大比分。凭借此次助攻，新秀夸德拉多也以4次助攻领跑世界杯助攻榜，他也是继2006年世界杯的托蒂和里克尔梅后，首位单届世

界杯助攻达到 4 次的球员。此外，J 罗也以 5 球暂时领跑射手榜。下半场补时 3 分钟，最终哥伦比亚队 2:0 完胜乌拉圭队，八强战将与东道主巴西队一决雌雄。

双方出场阵容：

哥伦比亚队（4-2-3-1）：1- 奥斯皮纳 /18- 祖尼加、2- 萨帕塔、3- 耶佩斯、7- 阿尔梅罗 /8- 阿吉拉尔、6- 桑切斯 /11- 夸德拉多（13- 瓜林，第 81 分钟）、10- 罗德里格斯（19- 阿德里安·拉莫斯，第 84 分钟）、21- 杰克逊·马丁内斯 /9- 古铁雷斯（15- 梅西亚，第 68 分钟）

主教练：佩克尔曼

乌拉圭队（5-3-2）：1- 穆斯莱拉 /16- 马克西·佩雷拉、13- 希门尼斯、3- 戈丁、22- 卡塞雷斯、6- 阿尔瓦罗·佩雷拉（18- 拉米雷斯，第 52 分钟）/20- 阿尔瓦罗·冈萨雷斯（8- 赫尔南德斯，第 68 分钟）、17- 阿雷瓦洛、7- 克里斯蒂安·罗德里格斯 /21- 卡瓦尼、10- 弗兰（11- 斯图亚尼，第 52 分钟）

主教练：塔瓦雷斯

《豪门盛宴》解读世界杯

【绝对巨星】桑切斯

今天凌晨两场淘汰赛，一场见证 J 罗崛起，一场目送桑切斯离开。悲情英雄，最后一战输给了无情的门框，让人唏嘘不已。

身处上届冠亚军西班牙队、荷兰队所在的 B 组，智利队出线形势一片暗淡，但桑切斯的精彩表现带领他们一路披荆斩棘。首战"袋鼠军团"，桑切斯凌空推射首开纪录，这是智利队史上第 3 快的世界杯进球。两分钟后，他又以迅雷不及掩耳之势助攻队友得分，帮助球队取得开门红。

次战世界冠军西班牙队，面对状态低迷的巴萨队友，桑切斯连续策动攻势，两球零封卫冕冠军，将球队送入了 16 强。

从死亡之组突围而出，智利队遭遇宿敌巴西队，此前 3 次闯入淘汰赛，都是被巴西队无情淘汰。桑切斯的这一粒进球堪比金子，扳平了比分，之后双方互无建树，进入加时赛。

　　加时赛读秒阶段，桑切斯送出直传，只可惜皮尼亚射中横梁，没能上演绝杀。残酷的点球大战，桑切斯第二个出场，落后一球的形势令他心理压力骤增，选择推射左下角，竟又被神勇的塞萨尔封出。最后一轮，皮球击中的不仅是右门柱，更是无数智利人的心。

　　尽管被点球淘汰，但智利队的表现堪称惊艳，而拼到最后一分钟的桑切斯，更是本届世界杯上的巨人。

　　【传奇】塞萨尔：桑巴守护神

　　当34岁的塞萨尔带领年轻的桑巴之师踏入米内罗球场时，没人会意识到，他就是巴西队的救世主。整场比赛巴西队的表现令人失望，面对智利人滴水不漏的防守和犀利的快速反击，桑巴将士们却只剩疲于奔命，苦苦支撑。好在塞萨尔始终发挥稳健，牢牢地镇守着身后的城池，他用一次精彩的扑救为巴西队保住希望。在智利人错过了绝杀的机会后，比赛被拖入了残酷的点球决战。天堂地狱仅一线之隔，塞萨尔用自己的沉着挡住了皮尼亚的第1粒点球。不祥的预感开始笼罩智利人，不过这仅仅是他们噩梦的开始。球门前的塞萨尔像是塔法雷尔附体一般，桑切斯的射门再次被他挡在球门线之外，智利人的信心顷刻间崩塌了。随着哈拉的射门击中门柱弹出，整个巴西都陷入了疯狂。这场艰难的胜利成就了一个英雄，他就是塞萨尔。

　　【同期】

　　4年前我也接受过一个采访，但那是一个非常难过非常讨厌的采访，现在我在这里重复这种采访，但是是充满幸福的一个采访。只有上帝和我的家人知道这些年我经历了什么，才走到了今天。我的队友们也是这样，我们经过了很多的努力才来到了今天的赛场。我等这一刻的采访等了很久，这是充满幸福的采访，整个巴西都在欢庆，这是我的梦想。

——塞萨尔

激动的泪水布满了塞萨尔的面庞，4年前的南非，在与荷兰队的四分之一决赛中，塞萨尔的出击失误让斯内德为橙衣军团扳平了比分，最终巴西队惨遭逆转。4年之后的今天，在上帝和家人的见证下，塞萨尔亲手完成了自我救赎。

2004年美洲杯，世人第一次知道，除了迪达，巴西队还有一个拥有扑点神技的门将叫塞萨尔。决赛中，巴西队遭遇阿根廷队，阿德里亚诺在读秒阶段为球队扳平比分，把比赛拖入点球大战。第一个出场的达利桑德罗就在与塞萨尔的对决中倒下，阿根廷人的信心受到了严重的打击。第二个出场的海因策将球打飞，在塞萨尔的护佑下，最终巴西队如愿再次称霸美洲。

而同一年，塞萨尔登陆欧洲加盟了国际米兰，开始了自己近十年的蓝黑生涯。凭借稳定的发挥，他逐渐占据了主力门将的第一把交椅，在左扑右挡之间成就了国际米兰2010年的三冠伟业。

2013年联合会杯，塞萨尔作为桑巴军团的一号门将带领球队出战，在半决赛中，他再次展现了自己扑点球的绝技，飞身扑出弗兰的点球，助巴西队顺利杀入决赛。决赛中，面对来自于塞萨尔的无形压力，拉莫斯同样将点球罚丢。塞萨尔被评为那届联合会杯的最佳门将，阵中的队友已换上了一张张年轻的面孔，他却始终用执着的坚持护卫着属于巴西足球的梦想。

虽然已经淡出了顶级联赛，但他依然是桑巴军团最不可或缺的定海神针。今晨过后，那些关于他已不复当年勇的质疑烟消云散，坚毅的塞萨尔还会一路护送他深爱的黄衫军团不断前进。

【桑巴军团的号码传承】

当巴西队只能依靠35岁的塞萨尔在点球大战中的神奇发挥才能涉险打进八强，所有人都明白，这支锋无力的巴西队必须有所改变。斯科拉里苦心经营的锋线三叉戟组合中，7号浩克和9号弗雷德似乎游离于体系之外，这两个身背象征巴西队进攻核心号码的球员，今天凌晨的表现实在有些愧对前辈留下的衣钵。

在巴西队历史上星光熠熠的花名册中，7号球衣的主人都给我们留下过无数美妙的回忆。1958年的瑞典世界杯，让"小鸟"加林查的名字享誉世界足坛，虽然他腿部天生就有缺陷，但老天却阴差阳错地给了加林查神奇的盘带技术，和不可思议的突破能力。1962年的世界杯，贝利受伤病困扰，加林查一人扛起了巴西队的进攻重担，他打入4球，帮助桑巴军团卫冕了世界杯，在巴西球迷心中，他是和贝利并肩的绝对巨星。

1994年的美国，这个镜头成为了世界杯历史上的永恒经典。那届杯赛，身披巴西队7号的贝贝托，是罗马里奥身边的隐形杀手。跑位聪明机警、助攻能力出色的贝贝托同样拥有灵敏的门前嗅觉，这两个人组成的桑巴锋线在那届杯赛中几乎无坚不摧。在经历了扎加洛、雅伊尔津霍的辉煌之后，7号黄衫又找到了它新的主人。

在贝贝托之后，巴西队7号球衣的主人依然星光璀璨。当年被视为天才的阿德里亚诺就是其中之一，2006年世界杯，他身披7号战袍为巴西队打入一球，而这也几乎是他在世界杯上仅有的画面。此外，桑巴军团的两代灵魂罗纳尔迪尼奥和卡卡都曾经身披7号球衣走上了巨星之路，只不过，那个精灵般的身影和那张阳光俊朗的面庞几乎不会再出现在世界杯的赛场上了。

9号黄衫，只因一个人充满传奇，就是那个无所不能的"外星人"罗纳尔多。从1994年到2006年，4届世界杯，2次登顶，15粒进球，这是罗尼留下的纪录。22岁站上世界杯决赛舞台，26岁在决赛中独中两元，30岁打破世界杯历史进球纪录。罗尼一直是主宰者，直到现在，在球迷心中，9号黄衫的主人依然是他们的足球情人罗纳尔多。而在罗纳尔多之后，接过9号战袍的法比亚诺也是一位出色的杀手，他在2010年世界杯上的惊艳表现，让人们看到了后罗纳尔多时代巴西队锋线的希望。但年过30的法比亚诺最终还是没能征服斯科拉里，无缘巴西的赛场。

进军八强，对于巴西队是一个新的开始。但愿黄衫号码的荣耀能帮助他们找回王者的力量，完美地继承前辈留下的传奇衣钵。

【N角度】哥伦比亚队VS乌拉圭队——宝石文化解读

哥伦比亚是南美洲西北部的一个国家，以开采石油和煤为主，是拉丁美洲主要产金国，绿宝石产量居世界首位。哥伦比亚是顶级祖母绿的代名词，该地所产的祖母绿，颜色浓艳。哥伦比亚每年出产数以千万美元计的祖母绿到世界各地的市场，占全球祖母绿市场的一半。

乌拉圭位于南美洲东南部，因其形似宝石而又盛产紫晶石，获誉为"钻石之国"。紫水晶是乌拉圭的国石。紫水晶象征着宁静、安全，据说还能带来灵感和智慧。我国《博物要览》中说，紫水晶"色如葡萄，光盈可爱"。这种如葡萄般的紫色是由于水晶中含微量氧化铁所至。

当哥伦比亚队携三战全胜的彪炳战绩磨刀霍霍时，当乌拉圭队携连克英意的豪情万丈针锋相对时，这场美丽的对决仿佛焕发奇异之光的宝石一样，在今晨世界杯的"美洲盛宴"上熠熠生辉。

当哥伦比亚人用最美丽、最饱和的方式带来了属于他们的绿茵激情时，当詹姆斯·罗德里格斯的射门像一道绿光划过绿茵天际直捣黄龙时，我们不由得联想到来自这个国家的"众石之王"祖母绿宝石带给我们的感官印象：和谐不失优雅、自然不失快乐。

乌拉圭人则在这场巅峰对决中丝毫不落下风。虽然他们的王冠上缺少了最亮的一颗宝石，但是纵观全场，他们用最激昂的对攻狂想曲，谱写着壮丽的篇章，也用执着的信念守护着他们对世界杯的爱。正如他们的国石紫水晶富含的寓意：勇气可嘉、忠贞不渝。

当世界杯的赛场迎来哥伦比亚队的惊艳爆发时，一种和谐的自然之美也应运而生。正如佩戴祖母绿使人拥有轻快、欢愉的感官体验，我们也仿佛可以在祖母绿的流光中，品味绿茵场上哥伦比亚队的这份优雅与沉稳。

当别离的乐曲奏响，世界杯不得不在这份不舍中送走乌拉圭队时，那如紫水晶般晶莹剔透的青春与光芒四射的无所畏惧，也将久久回荡在世界杯夏日的思绪中。我们也有理由期待这份爱会持之以恒，永铭于心。

【舌尖上的世界杯】乌拉圭汉堡

乌拉圭位于南美洲东南部,气候温和湿润,是一片天然的草场。对这个拥有300多万人口的国家来说,足球和牛肉是草场的馈赠,与人们的生活息息相关。

乌拉圭是一个超级足球学校,在街头巷尾都能见到足球的身影,足球融入了乌拉圭人的生活。在足球世界之外,生性豪爽的乌拉圭人无肉不欢,对人均有3头牛的他们来说,牛肉是最好的食材,风味可口、营养全面的乌拉圭汉堡早就摆上了每个乌拉圭家庭的餐桌。

切两片西红柿,取两个洋葱圈,培根用油煎脆,乌拉圭牛里脊切片,放锅里煎熟,再煎一个荷包蛋,准备些生菜叶,依次夹在预先准备好的面包中,再用刀从中间切开,就可以同家人享用了。在分享了一顿美味的乌拉圭汉堡后,来一碗马黛茶是一个不错的选择。马黛茶被南美人称为"仙草",有400多年的饮用历史,能清肠解腻,是佐食牛肉的佳品,深受乌拉圭人的喜爱。

餐桌上积蓄的能量在球场上得到了完美的释放,乌拉圭人不会忘记第一次举起世界杯冠军奖杯的荣耀,足球激发了乌拉圭人潮水般的热情和天生的好胜心,让这一抹神奇的天蓝闪耀在绿茵赛场。

18 | 6月30日

赛场 | **荷兰 2:1 墨西哥**

赛前硝烟:

回首两队在16年前法国世界杯上的交锋,科库、罗纳德·德波尔、布兰科、赫尔南德斯等球星的闪耀以及2:2的比分至今历历在目。而对于本届世界杯上的两队来说,荷兰队小组赛三战打进10球,而墨西哥队三战只丢1球,本场比赛可谓名副其实的"矛盾之争"。

此役,范佩西结束停赛,首发登场;小布林德位置回撤,驰援后防;斯内德迎来具有个人里程碑意义的比赛，这将是他第 15 次代表荷兰队出战世界杯决赛圈比赛，他成为队史第一人；老将库伊特也将迎来国家队比赛的百场纪念。

对于墨西哥队来说，后腰巴斯克斯累计黄牌停赛，老将萨尔西多出任首发，效力于曼联的队中头号球星"小豌豆"埃尔南德斯依然被安排在替补席上。

北京时间 6 月 30 日 0 点，2014 年巴西世界杯展开第 3 场 16 强战，荷兰队对墨西哥队的比赛在福塔莱萨的卡斯特劳体育场展开争夺。第 48 分钟，多斯桑托斯远射打破场上僵局。第 88 分钟，斯内德接亨特拉尔头球助攻，怒射扳平比分。补时阶段，罗本禁区内摔倒造点，亨特拉尔罚进制胜点球。荷兰队 2:1 逆转击败墨西哥队，挺进八强；墨西哥队则连续 6 届世界杯止步于 16 强阶段。

"墨西哥小罗"远射打破僵局

下半场开场，墨西哥队便做出人员变动。上半场因伤被抬下场的莫雷诺无法坚持比赛，迭戈·雷耶斯替补出场。第 48 分钟，德弗赖解围未把球处理干净，"墨西哥小罗"多斯桑托斯门前 25 码处起左脚远射，荷兰队门将西莱森拦挡不及，1:0！墨西哥队先拔头筹。此前，墨西哥队在世界杯决赛圈的比赛中，12 次面对欧洲球队场场都有进球。

荷兰墨西哥 1

奥乔亚继续神勇发挥

比赛进行到第 57 分钟，罗本主罚右侧角球，德弗赖小禁区附近尝试右脚打门，小组赛期间有精彩发挥的门神奥乔亚机敏一挡，球中柱弹出。第 74 分钟，罗本右路高速杀入禁区的射门被奥乔亚用腿封出底线。随后，墨西哥主帅埃雷拉遣上队中头号球星"小豌豆"埃尔南德斯，换下表现平平的佩拉尔塔。随后，范加尔也用亨特拉尔换下范佩西，比赛进入高温补水的时间。

斯内德救主，亨特拉尔传射逆转

比赛进行到第 79 分钟，老将萨尔西多在禁区外尝试远射偏出。此后，由于

荷兰墨西哥2

荷兰墨西哥3

墨西哥队主帅埃雷拉发泄不满情绪，被主裁判口头警告。第84分钟，亨特拉尔在越位位置拿到射门机会，但是他的射门依然被奥乔亚奋勇扑出。第87分钟，罗本将角球罚至后点，亨特拉尔头球回传至禁区前沿，墨西哥队后卫盯人不紧，斯内德近距离右脚怒射终于攻破奥乔亚十指关，1:1！荷兰队将比分扳平。比赛在伤停补时阶段再起波澜，第92分钟，罗本带球杀至禁区内被老将马克斯侵犯后摔倒，主裁判判罚点球并黄牌警告马克斯，瓜尔达多上前抗议无效也领到黄牌。面对门神奥乔亚，亨特拉尔果断将球罚进球门左下角，2:1！荷兰队反败为胜，战胜墨西哥队，惊险晋级八强。

双方出场阵容：

荷兰队（5-3-2）：1-西莱森/12-费尔哈赫（21-德佩，第56分钟）、2-弗拉尔、3-德弗赖、5-布林德、15-库伊特/20-维纳尔杜姆、8-德容（4-因迪，第9分钟）、10-斯内德/11-罗本、9-范佩西（19-亨特拉尔，第75分钟）

主教练：范加尔

墨西哥队（5-3-2）：13-奥乔亚/22-阿吉拉尔、15-莫雷诺（5-迭戈·雷耶斯，第46分钟）、4-马克斯、2-弗朗西斯科·罗德里格斯、7-拉云/18-瓜尔达多、3-萨尔西多、6-埃雷拉/19-佩拉尔塔（14-埃尔南德斯，第74分钟）、10-多斯桑托斯（20-阿基诺，第61分钟）

主教练：埃雷拉

赛场 哥斯达黎加1:1（点球6:4）希腊

赛前硝烟：

两匹黑马在16进8的比赛中狭路相逢，无论哪家晋级八强，都将创造本国在世界杯史上的最佳战绩。

哥斯达黎加队是小组头名中进球最少的球队之一（与比利时队并列4球），

主帅平托力图稳固防守，沿用了小组赛阶段的防守阵型，效力于阿森纳队的小将坎贝尔出任单箭头；而创造神话、小组赛最后一刻戏剧性晋级的希腊队却是16强中进球最少的球队。两支以防守见长的球队，究竟鹿死谁手，不得而知。

北京时间6月30日凌晨4时，世界杯八分之一决赛第4场，哥斯达黎加队与希腊队的比赛在累西腓的伯南布哥竞技场展开争夺。双方在120分钟内打成1:1，点球大战中，凭借门将纳瓦斯的发挥，哥斯达黎加队5:3击败希腊队，以总比分6:4拿到八强入场券。

布莱恩·鲁伊兹再现神奇

上半场双方略显保守，下半场以防守见长的两队开始进行有威胁的进攻。第47分钟，希腊队的霍莱巴斯策动进攻，萨马拉斯禁区内的头球攻门，被门将纳瓦斯没收。第48分钟，哥斯达黎加队中场特赫达对卡拉古尼斯犯规，裁判给予黄牌警告。第52分钟，哥斯达黎加队取得领先。博拉尼奥斯左路将球传至中路，布莱恩·鲁伊兹大禁区线上左脚射门，希腊队门将卡尼齐斯视线受到干扰，球飞入球门右下角，1:0！这是哥斯达黎加队24年来首个世界杯淘汰赛入球，布莱恩·鲁伊兹创造了历史。

哥斯达黎加希腊1

希腊神话再次上演，以多胜少压哨扳平

第55分钟，哥斯达黎加队右路发动攻势，希腊队后卫托罗西迪斯在禁区内解围时左手不慎打到皮球，裁判并未理睬，引来哥斯达黎加队替补席上一片抗议，替补球员格拉纳多斯也因此染黄。随后，希腊队用效力于英超富勒姆队的米特罗格卢换下萨马里斯，哥斯达黎加队撤下特赫达，换上库贝罗，意在加强防守。第66分钟，哥斯达黎加队杜阿尔特侵犯霍莱巴斯，两黄变一红被迫下场。

此后，哥斯达黎加队换上阿科斯塔，力图守住一球优势，希腊队则换上传奇老将卡楚拉尼斯，力图用其丰富的大赛经验做最后一搏。第90分钟，哥斯达黎加队门将纳瓦斯因拖延时间，被裁判黄牌警告。补时第1分钟，哥斯达黎加队

哥斯达黎加希腊2

为他们的过于保守付出代价：耶卡斯距球门8米处转身抽射，门将纳瓦斯扑球脱手，帕帕斯塔索普洛斯补射扳平比分！希腊神话补时阶段再次灵验！补时第3分钟，希腊队甚至有机会完成绝杀。米特罗格卢接到右路传中，禁区12码处头球攻门，哥斯达黎加队纳瓦斯做出精彩扑救，力保大门不失。

黑马对决点球决胜，哥斯达黎加队晋级创造奇迹

点球大战第1轮：哥斯达黎加队博尔赫斯中路中鹄，米特罗格卢骗过纳瓦斯射左上角得手；第2轮，鲁伊兹打右上角得分，克里斯托多洛普洛斯稳稳打进右下角；第3轮，冈萨雷斯再次打中中路，霍莱巴斯将球送进大门右死角；第4轮，乔·坎贝尔假动作骗过门将打中左下角得分，而纳瓦斯猜中耶卡斯的射门，飞身将其扑出，哥斯达黎加队4:3；第5轮，乌马尼亚稳稳将球送进球门，5:3！哥斯达黎加队总比分6:4战胜希腊队，昂首挺进八强。

哥斯达黎加希腊点球

双方出场阵容：

哥斯达黎加队（5-4-1）：1-纳瓦斯/16-甘博亚（2-阿科斯塔，第77分钟），6-杜阿尔特，3-吉安卡罗·冈萨雷斯，4-乌马尼亚，15-迪亚斯/10-鲁伊兹，5-博尔赫斯，17-特赫达（22-库贝罗，第66分钟），7-博拉尼奥斯（14-布雷内斯，第83分钟）/9-乔·坎贝尔

主教练：平托

希腊队（4-3-3）：1-卡尼齐斯/15-托罗西迪斯，4-马诺拉斯，19-帕帕斯塔索普洛斯，20-霍莱巴斯/10-卡拉古尼斯，2-马尼亚蒂斯（21-卡楚拉尼斯，第78分钟），22-萨马里斯（9-米特罗格卢，第58分钟）/14-萨尔平吉迪斯（17-耶卡斯，第69分钟），16-克里斯托多洛普洛斯，7-萨马拉斯

主教练：桑托斯

《豪门盛宴》解读世界杯

【绝对巨星】斯内德

4年前的南非，10号斯内德是荷兰打进决赛的绝对功臣，他出战了全部7场比赛，打入5球奉献1个助攻。

梅开二度送走巴西队，制胜一球淘汰乌拉圭队，中场指挥官斯内德屡屡在关键时刻拯救球队，只可惜无冕之王最终还是未能打破宿命捧起大力神杯。光芒四射的他包揽了那届世界杯的银球奖和铜靴奖。

今年的橙衣军团雄心勃勃，首战5:1狂胜卫冕冠军西班牙队，一雪前耻。随后三连胜豪取9分，小组头名出线。

淘汰赛对阵墨西哥队，斯内德继续首发登场，刷新了队史世界杯出场纪录。一路遭到压制的荷兰队到第88分钟仍然一球落后，正当大家以为又将送别一支豪门的时候，斯内德一脚石破天惊的爆射再一次拯救了球队！30岁的他用这样一个有如神来之笔的关键进球证明了自己的核心价值。橙衣军团在最后时刻获得了点球，比分变为2:1，上演了神奇大逆转，继续追逐着那个夺冠梦想。

斯内德在此前出场的5场淘汰赛中共打入5球，在一战定生死的淘汰赛阶段，他总能成为橙衣军团的真神，这样的大心脏着实让人叹服。本届世界杯南美球队对欧洲球队形成围剿之势，我们期待这位南美杀手能带领荷兰队杀出重围。

【关键先生】纳瓦斯

历史，总是由特定的人来改写，比如门将纳瓦斯。今天凌晨的比赛，纳瓦斯上演多次神级扑救，几乎凭一己之力将哥斯达黎加队送进八强，让希腊神话成为童话。

这不是纳瓦斯第一次展现出门神特质，世界杯4场比赛，纳瓦斯的表现堪称神级，扑救成功率高达87%。首场对阵乌拉圭队，纳瓦斯先后扑出弗兰和卡瓦尼的头球攻门，对阵意大利队和英格兰队全部零封对手，3场小组赛只丢1球，纳瓦斯宛若哥斯达黎加队的定海神针。

与希腊队的比赛中，纳瓦斯成了全场最忙碌的人，他66次触球，7次扑救，在少一人作战的情况下，纳瓦斯不断用精彩的扑救挽救哥斯达黎加队于水火之中。加时赛，在哥斯达黎加队员体能几乎耗尽的情况下，纳瓦斯连续扑出希腊队射门，靠一己之力将球队带入点球大战。面对耶卡斯的射门，纳瓦斯飞身鱼跃将球扑出。这一刻，他成为了哥斯达黎加队的国家英雄。

每逢关键时刻，总有英雄出现，纳瓦斯，当选本场比赛关键先生。

【张斌语录】

为了梦想前进。并不是每支球队心中都怀揣着世界杯冠军的梦想，譬如像克林斯曼，他在世界杯前，就曾经对《纽约时报》的记者说："我们注定是很难赢得世界杯的，但这并不意味着我们的美国队不能向前多迈那一步。"所有怀揣梦想的球队都是有尊严的，无论比赛的最终结果如何。

【传奇】谢谢，我们不要奖金

当耶卡斯的点球失手，这位 34 岁的老将用球衣盖过头顶，他不想让人看到泪水淌过自己坚毅的脸庞。当哥斯达黎加队员罚进最后一个点球，用最残酷的方式宣告希腊神话的破灭，蓝色战袍下不屈的勇士难掩遗憾和悲伤，久久不愿离开赛场。

虽然最终未能继续前进，但是希腊队在本届世界杯上的表现已经足够让他们昂首离开。小组赛首战完败于哥伦比亚队，让希腊队背负了各种批评，他们是小组中最不被看好的球队。但是，次战逼平日本队之后，希腊队在和科特迪瓦队的生死战进行到最后一刻时绝处逢生，萨马拉斯制造并罚中压哨点球。希腊人的疯狂庆祝仿佛带我们回到了 10 年前的里斯本光明球场，上一任希腊神锋查理斯特亚斯一剑封喉，把希腊神话写进了欧洲杯的史册。

在希腊人民眼中，赛场上的希腊球员就是斯巴达的铁血勇士，用不屈的斗志捍卫国家的尊严，而这支希腊队令人肃然起敬的，不只是球场上的顽强。在小组成功突围之后，23 名球员联名致信希腊总理，他们说：我们不奢求额外的奖励，我们比赛只是为了希腊和这个国家的人民，我们所希望的就是能在合适的地方为国家队建造一座训练中心。

本届世界杯，几支非洲球队曾经为了奖金问题而拒绝参赛，喀麦隆队差点宣布不来巴西，加纳队和尼日利亚队则是在总统许诺奖金之后才回到了球场。在这场为钱而战的闹剧过后，希腊队用血液里流淌着的民族血性维护着足球的纯粹。这就是希腊队，他们以足球的名义而来，不允许任何贪婪的欲望来沾染爱琴海纯净的蓝色。即便离开，他们依然配得上所有的称赞。

【N角度】希腊队 VS 哥斯达黎加队——爱琴文明与加勒比海文化之战

希腊被誉为西方文明的发源地，拥有悠久的历史。西南濒爱奥尼亚海，东临爱琴海，南隔地中海与非洲大陆相望。最大半岛是伯罗奔尼撒半岛，最大岛屿为克里特岛。

哥斯达黎加位于中美洲地峡，东临加勒比海，西靠北太平洋。加勒比海碧海蓝天，阳光明媚，海面水晶般清澈。在那片因加勒比海盗而闻名世界的遥远海域，潟湖和海湾环绕着浓密的红树林，沿海地带有椰树林，各岛普遍生长仙人掌和雨林，珍禽异兽种类繁多。

当哥斯达黎加小将坎贝尔顶住压力让战斗继续扣人心弦时，当希腊老将耶卡斯的马失前蹄，为希腊队奏起离别的颂歌时，世界杯上的新老球员擦肩而过，仿佛历史沿革脉络中的爱琴文明与加勒比海文化在绿茵场上的一次交错：细细品读，感慨良多。

对酒当歌，人生几何。当哥斯达黎加人在冠军林立的小组中以不败战绩和毫无争议的方式昂首杀出时，已经没有人会质疑这支球队的战斗力。就像他们赖以生存的美丽海域——加勒比海被印第安人部族命名的那样："我们是勇敢者""做人堂堂正正"。

对于希腊人来说，2004年的冠军光环早已尘封，小组赛最后时刻的神奇晋级也没有换来过多渲染的笔墨。但这支球队的表现却如爱琴文明中克里特岛的历史遗迹带给我们的印象：虽风化千年，但历久弥新。

纵观整场比赛，鲁伊兹的进球让哥斯达黎加人一度开启胜利的宝藏，仿佛溯源千年的加勒比海盗传说在绿茵场上的续写，但是庆祝酒宴中的不冷静让他们拱手交出了主动权。希腊人则抓住了机会，但爱琴文明中的独特性则注定了戏剧化的结果：帕帕斯塔索普洛斯的补时扳平让我们再次看到了爱琴艺术神话般的沿革，而米特罗格卢加时赛准绝杀的错过，则为比赛增添了些许伏笔式的婉约与离合。

当悲壮的点球大战缓缓落下帷幕，当绿茵场上的悲欢在最后时刻化作英雄相惜的赞歌，我们也许会说，文明交错过往的一瞬间，这里没有失败者。

【动物世界杯】猎豹罗本 VS 眼镜王蛇鲁伊兹

罗本是荷兰著名足球运动员，其位置多是边锋或前锋。他在国家队的球衣为11号。2010年南非世界杯，罗本率领荷兰队夺得世界杯亚军。2013年欧冠决赛，罗本奉献一次助攻一次绝杀，率领拜仁重回欧洲之巅。2014年巴西世界杯，罗本率领荷兰队夺得世界杯季军，同时荣膺FIFA世界杯铜球奖。罗本是当今荷兰队内的头号球星，被誉为继奥维马斯之后，荷兰最出色的边锋。

布莱恩·鲁伊兹，哥斯达黎加著名球星。队长，司职前锋。曾效力于特温特足球俱乐部，现效力于富勒姆足球俱乐部。代表国家队出场18次，进4球。

一只已然不再年轻的猎豹，却依旧以闪电般的速度在绿茵场上奔跑，突袭，它的眼神里透出一丝的忧郁，但是它的视野非常开阔，每一个瞬间捕猎的大好时机，它都一定不会错过，这就是任何对手都会望而生畏的荷兰11号猎豹——罗本。

然而，来自墨西哥的鬣狗群是它的死对头。在这次一对三的争斗中，猎豹被悲壮地扑倒，面对用强悍讲理的对手，身躯略显单薄的它，只能报以无奈。终于，猎豹从左路突破鬣狗群的围堵，发动一次快速突袭，虽然没能奏效，却也大显神威。然而，它的无比英勇，往往不能得到同伴的支援，因此，它一次次被悲壮地放倒，直到激战的最后时刻，猎豹最终以再次被放倒的英勇代价，换得了致命的一次攻击，并锁定胜局！人们不得不为猎豹欢呼，为罗本欢呼！

在另一块绿茵场上，来自哥斯达黎加的眼镜王蛇鲁伊兹于草丛中自信而不动声色地快速游走着，在它那飘逸灵动之中，深藏着浓烈的杀气，它咝咝地吐芯，嗅着猎物的气息，一旦它躬身昂起头，迅猛的攻击就要开始了。然而，它的第一次有威胁的攻击，却由于精准度稍有偏差，让对手幸运地躲过了一劫，但也足以使对手倒吸一口凉气。作为眼镜王蛇，它自然有致命的杀手锏，一个稍纵即逝的时机被鲁伊兹准确地捕捉住，还是那般的飘逸灵动，看似缓缓的不可思议的一击，却是卓有成效并且大放异彩的。正是这一击，让哥斯达黎加队获得了宝贵的先机，而这似乎也预示了它们必然获得此役的最终胜利。

19 | 7月1日

赛场 | **法国 2:0 尼日利亚**

赛前硝烟：

无论是世界杯还是传统的洲际比赛，此次交锋都是两队第一次正式比赛对决。在 2009 年的友谊赛中，尼日利亚队曾经 1:0 小胜法国队。纵观法国队与非洲球队的交战记录：1998 年在本土举办的世界杯上，小组赛第 1 场 3:0 击败南非队，2002 年韩日世界杯首战爆冷 0:1 输给塞内加尔队，2006 年德国世界杯第 3 场出线战 2:0 战胜多哥队，2010 年南非世界杯第 3 场 1:2 输给东道主南非队。4 战 2 胜 2 负，与非洲球队平分秋色。而非洲雄鹰尼日利亚队自美国世界杯首次参赛后，共与欧洲球队交手 10 次，成绩为 5 胜 2 平 3 负，占据优势。

北京时间 7 月 1 日 0 点，2014 年巴西世界杯八分之一决赛法国队与尼日利亚队的比赛在巴西利亚的国家体育场拉开帷幕。上半场比赛两队互交白卷。下半场效力于尤文图斯的小将博格巴头球首开纪录，随后尼日利亚队后卫雅博送上乌龙大礼，最终法国队 2:0 完胜尼日利亚队，继 2006 年世界杯之后再次晋级八强。他们下场比赛的对手将在德国队和阿尔及利亚队之间产生。

尼日利亚"淡定哥"罕见失误，尤文新帝星首开纪录

上半场两队打成 0:0，比赛在下半场凸显波澜。第 73 分钟，本泽马禁区前沿起右脚打门，皮球擦着左侧立柱飞出底线。第76分钟，瓦尔布埃纳主罚右侧角球，效力于阿森纳的中卫科斯切尔尼前点头球打在尼日利亚队后卫奥梅鲁奥身上弹出，随后瓦尔布埃纳开出左侧角球，本泽马抢后点打门，皮球再次被解围，禁区外卡巴耶觅得良机，拔脚怒射，皮球击中横梁弹出。第78分钟，博格巴中场突破时遭遇侵犯，瓦尔布埃纳主罚任意球至禁区腹地，本泽马头球抢点被"淡定哥"恩耶亚马飞身化解。第79分钟，法国队终于打破场上僵局，又是瓦尔布埃纳开出角球，恩耶亚马出击解围失误，博格巴头球笑纳大礼，1:0。尤文新帝星终于开胡。

法国尼日利亚1

"雄鹰"后卫送乌龙大礼，"高卢雄鸡"锁定胜局

第82分钟，法国队另一位新星格列兹曼接队友长传，禁区左侧形成单刀，被恩耶亚马神奇扑出。第89分钟，效力于切尔西的边锋摩西被队友恩沃姆尔换下。第91分钟，尼日利亚队再送大礼，瓦尔布埃纳与队友开出战术角球，随后一记直塞，后卫雅博不慎自摆乌龙，2:0，法国队锁定胜局。第93分钟，瓦尔布埃纳被纽卡悍将西索科换下。最终凭借对方的两次失误，法国队2:0完胜尼日利亚队，尼日利亚队在世界杯历史上第3次止步于16强。

双方出场阵容：

法国队（4-3-3）：1-洛里斯/2-德比希、4-瓦拉内、21-科斯切尔尼、3-埃弗拉/19-博格巴、6、卡巴耶、14-马图伊迪/8-瓦尔布埃纳（18-西索科，第93分钟）、10-本泽马、9-吉鲁（11-格列兹曼，第62分钟）

主教练：德尚

尼日利亚队（4-2-3-1）：1-恩耶亚马/5-安布罗斯、2-雅博、22-奥梅鲁奥、13-奥沙尼瓦/17-奥纳齐（4-加比埃尔，第60分钟）、10-米克尔/7-穆萨、8-奥德姆温吉、11-摩西（19-恩沃姆尔，第89分钟）/9-埃梅尼克

主教练：斯蒂芬·凯希

赛场　德国 2:1 阿尔及利亚

赛前硝烟：

如果你仔细查询两队的交锋历史，你会发现，德国队在双方历史上唯一的两次交锋中以进 1 球失 4 球的惨淡战绩，两战皆负。抛开 1962 年友谊赛 0:2 告负不提，最著名的的一次交锋便是在 1982 年西班牙世界杯小组赛，联邦德国队首战 1:2 爆冷不敌阿尔及利亚队，结果在最后一轮，德国队与奥地利队踢出疑似默契球，使得阿尔及利亚队饮恨小组赛，这也是世界杯历史上臭名昭著的"希洪耻辱"。在西班牙世界杯的那场比赛之后，各类洲际大赛小组赛最后一轮比赛都被安排在同一时间开球。事实上，阿尔及利亚队也是唯一战胜过德国队的非洲球队，在心理上占据绝对优势。

北京时间 7 月 1 日凌晨 4 时，2014 年巴西世界杯八分之一决赛的一场厮杀在阿莱格里港的贝拉里奥球场开始，日耳曼战车德国队与"北非之狐"阿尔及利亚队在 90 分钟内互交白卷。加时赛中，凭借许尔勒与厄齐尔的进球，德国队以 2:1 击败阿尔及利亚队。

德国精妙任意球配合成"笑柄"，小猪常规时间失绝杀

第 85 分钟，德国队后卫博阿滕禁区外射门打在对方球员费古利手上，裁判判给德国队禁区前任意球。只见德国队一共 5 人参与到了本次的任意球设计中，穆勒甚至还有一个假戏真做的摔倒动作，可惜最后主罚的克罗斯未能将球打到指定区域，本次任意球也未能发挥功效。第 88 分钟，出彩的德国球员轮到了门将诺伊尔，在一次防守中，诺伊尔冲出球门接近 30 米，飞身将球解围。他也为自己赢得了"门卫"这一绰号。第 90 分钟，德国队迎来绝佳机会，拉姆将球传入禁区，"小猪"无人看防下的头球攻门被门将姆博尔希牢牢封住。第 93 分钟，许尔勒右路低平球扫传中路，阿利舍抢在拉姆之前将球解围出危险地带。最终，双方 90 分钟内互交白卷，比赛进入加时赛。

许尔勒化身板凳奇兵，厄齐尔浪费绝佳机会

第 91 分钟，穆勒带球闯入禁区传中，许尔勒门前本欲左脚打门，球却鬼使神差地打在脚后跟上飞入球门，凭借许尔勒的运气球，德国队 1:0 领先！第 95 分钟，厄齐尔几近形成单刀，可惜他在禁区内的变向摆脱被前来支援的阿利舍识破。但此次进攻被破坏后，阿利舍也因为腿抽筋无法坚持比赛。第 101 分钟，穆斯塔法利用混战机会，一脚凌空抽射，皮球稍微偏出。加时赛半场结束，德国队凭借许尔勒的进球，1:0 领先。

克拉默世界杯首秀，厄祖将功补过锁定比赛

加时赛下半场，第 106 分钟，拉姆因为战术犯规领到黄牌。布拉希米任意球射门，由于力量不大，角度也没有打开，球被诺伊尔直接没收。之后"小猪"因伤无法坚持比赛，效力于门兴格拉德巴赫队的新秀克拉默替补上场，迎来世界杯首秀。第 117 分钟，穆勒接克罗斯直传，带球过掉出击的门将姆博尔希后，横传门前，可惜没有与队友形成传跑默契。1 分钟后，阿尔及利亚队迎来绝佳机会，苏莱曼尼获得单刀球机会，只可惜被补防的博阿滕破坏。第 118 分钟，浪费机会的阿尔及利亚队受到了惩罚，许尔勒单刀面对门将并不贪功，将球传给厄齐尔，后者面对机会再次回敲，许尔勒射门被后卫挡出门线之外，厄齐尔跟上拔脚怒射，2:0！德国队锁定胜局。随后的比赛，阿尔及利亚队并未放弃。第 120 分钟，费古利右路传中，贾布后点包抄终于攻破诺伊尔十指关，1:2！最终，德国队 2:1 艰难过关，进军八强。

双方出场阵容：

德国队（4-1-4-1）：1- 诺伊尔 /21- 穆斯塔菲（6- 赫迪拉，第 68 分钟）、20- 热罗姆·博阿滕、17- 默特萨克、4- 赫韦德斯 /16- 拉姆 /8- 厄齐尔、18- 克罗斯、7- 施魏因斯泰格（23- 克拉默，第 106 分钟）、19- 格策（9- 许尔勒，第 46 分钟）/13- 穆勒

主教练：勒夫

阿尔及利亚队（4-2-3-1）：23-姆博尔希/20-曼迪、5-阿利舍（2-布格拉，第96分钟）、4-贝尔卡勒姆、3-古朗/8-拉桑、19-泰德尔（11-布拉希米，第77分钟）/10-费古利、22-穆斯塔法、15-苏达尼（18-贾布，第100分钟）/13-苏莱曼尼

主教练：哈利霍季奇

《豪门盛宴》解读世界杯

【关键先生】诺伊尔

诺伊尔，他不是门将是门卫，战胜阿尔及利亚队后，德国球迷不得不发出这样的赞誉。这个夜晚，谁会想到志在夺冠的德国人踢得如此艰难，相反，若不是门卫诺伊尔防线清道夫式的表现，或许德国人已经跟世界杯说再见了。

在雨夜湿冷的阿雷格里港河畔球场，诺伊尔除了牢牢把守着自己的城池，还充当了最后一名后卫的角色，他如此肆无忌惮地在禁区外活动，并以后卫的方式将球解围，几乎是为德国队又增加了一名后卫的防守力量。数据显示，诺伊尔全场跑动距离达5.45公里，传球成功率75%，禁区外5次关键解围全部成功，这怎么看也不像是一个门将的表现。然而正是这些，最终帮助德国队赢得了这场四分之一决赛。

28岁的诺伊尔，无论是在国家队还是俱乐部，他都是后防线上的顶梁柱。还记得2012年欧洲杯德国队对战意大利队的最后一刻，诺伊尔冲到中场参与进攻，奋不顾身地鱼跃头球将皮球顶向意大利队禁区，意大利人惊慌失措。欧洲超级杯，拜仁与切尔西狭路相逢，还是这样经典的中场冲顶，一度让切尔西陷入绝境。今晨对阿尔及利亚队一战，更是有德国媒体称，诺伊尔是继贝肯鲍尔和马特乌斯之后的又一伟大清道夫。

也许你对切尼、奇拉维特等能进球的门将非常熟悉，但诺伊尔这颗永远向前的心从未改变，功勋也好，失误也罢，能够帮助德国队捧得大力神杯是此时诺伊

尔的无限渴望。

【绝对巨星】恩耶亚马

不同于一夜走红的奥乔亚，早在4年前的南非，江湖上就流传着淡定哥恩耶亚马的名号。小组赛尼日利亚队对阵希腊队，对方前锋已突破至小禁区，恩耶亚马却只是淡然地斜靠在门柱旁，漠然地看着对手。有人说他试图"用眼神杀死对手"，更有人怀疑他"睡着了"。但事实上，那场比赛尽管尼日利亚队落败，但恩耶亚马赛后却被国际足联评为当场最佳。

今年，尼日利亚队与阿根廷队狭路相逢，非洲球队没能上演逆袭好戏，但恩耶亚马仍然是发挥最好的球员。虽然3次从球网中捡球，但门前反应速度极快的他多次化解阿根廷队的进攻，调皮的他更在一次扑救后把梅西调戏了一番，相当可爱。

淘汰赛对阵"高卢雄鸡"，淡定哥的出色发挥多次拯救了球队，79分钟将本泽马的头球托出横梁的一幕更是堪称经典，只可惜在随后的角球防守中出击失误，给博格巴送了一个空门。

尼日利亚队最终还是出局了，但恩耶亚马仍然是本届世界杯表现最出色的门将之一，这一点毋庸置疑。

【勇士礼赞】

今天凌晨的八分之一决赛，阿尔及利亚队在强大的德国人面前，用坚决的战术执行力和意志力将悬念拖到了加时赛的最后一刻。他们富有弹性的防守和快速有效的反击一度将德国队打得失去了比赛节奏。或许只需要一点运气，他们就能击败德国队，在32年后又一次完成这不可能的任务。

虽然阿尔及利亚足球很少亮相世界级舞台，但是，这支"北非之狐"的实力绝对不容小觑。他们和法国足球的渊源让这支球队被称为"法国二队"。

本届杯赛，阿尔及利亚队阵中有16人出生于法国，其中8人代表法国至少一个年龄段的国家队参加过比赛。在首场对阵比利时队的小组赛中，在上场的14

名队员中，有 11 人都是彻彻底底的"法国制造"。中场核心费古利就是其中一位，现效力于西甲瓦伦西亚的费古利，在 6 年前就获得了法国队前任主帅多梅内克的青睐，但最后他还是选择了效忠"北非之狐"。中场新秀泰德尔也是从小就接受法国足球的熏陶，之后在意甲博洛尼亚打得风生水起，在年初被国际米兰高价签约。他们都是法国足球散落在北非的瑰宝。

而法国队中也流淌着来自北非的血液。此次没有随队出征的天才中场纳斯里就有着纯正的北非血统。而在本届世界杯发挥出色的神锋本泽马，也是一名阿尔及利亚后裔。两人都曾经公开表示为自己的家族血统感到自豪。当然，法国和阿尔及利亚最完美的足球结晶当数齐达内。这个球场上不可复制的艺术大师，用美妙的舞步让法国人在家门口捧起了大力神杯，无所谓身世如何，他是跨越两个大洲，共同的国家骄傲。

虽然遗憾告别了世界杯的舞台，但是这支阿尔及利亚队已经带给我们太多的惊喜，从击溃韩国队完成 32 年来的世界杯首胜，到战平俄罗斯队历史性地杀入 16 强，再到今晨将强悍的德国战车险些逼入绝境，"北非之狐"配得上任何华丽的褒奖，正如他们的口号一样，"沙漠勇士在巴西"，他们赢得了勇士般的礼赞。

阿尔及利亚队与韩国队的比赛，不但成全了阿尔及利亚队 32 年来在世界杯上的首胜，还成为亚洲球队在巴西世界杯上丢球最多的比赛，还有耻辱性的半场零射门……

【那些机关算尽的任意球】

人生如戏全靠演技，穆勒今天凌晨就在全世界的球迷面前表演了惊天一跪。第 87 分钟，德国队获得任意球，几名队员谋划着再演经典配合。只见施魏因斯泰格率先助跑，虚晃一枪，紧接着穆勒启动佯装摔倒，起身后迅速前插，克罗斯起脚假射真传。不过，德国队这个精心布置的战术并没有奏效，面对对手浮夸的表演，阿尔及利亚队的球员不为所动，淡定的人墙挡住了皮球的去路。这还不是德国队在本届世界杯上精心策划的第一个任意球配合，在与葡萄牙队的首场比赛中，穆勒、拉姆、格策和克罗斯就用过类似的任意球战术。1、2、3，走……不过，这个精简版的任意球配合同样没有敲开对手的球门。

这样的任意球神配合并不是德国队的独门秘籍。今年，日本乙级联赛横滨 FC 队与京都不死鸟队的比赛中，就惊现这一神技。面对横滨队 8 名队员组成的人墙，京都不死鸟队派出了 6 名球员排队站在皮球前，6 人依次从球的上面跨过，直到第 4 名球员才起脚拨动皮球，第 5 名球员大力轰门将球打进。几年前的德甲联赛，在勒沃库森与沃尔夫斯堡的比赛中，勒沃库森获得任意球，只见他们几乎半个队都站在罚球点前，正当对方球员分神琢磨他们要出什么样的怪招时，德尔迪约克一脚将皮球送入球网，这招故弄玄虚让对手无可奈何。

假装内讧，也是近些年江湖上流行的高招。最著名的"迷惑任意球"战术要数苏格兰队。1982 年世界杯苏格兰队与新西兰队的比赛中，索内斯装作与队友相撞，然后他迅速推开队友，为罗伯逊闪开了射门的空当，后者一击命中，这个充满想象力的配合永远留在了世界杯的经典史册上。去年，德国足坛也上演过 6 人合唱一台戏的表演。在维斯艾森队与杜塞尔多夫队的比赛中，维斯艾森队 6 名球员围在球前，两名队员同时助跑似乎都要来主罚任意球，正当众人的目光被这两人吸引时，真正主罚的球员斜刺里杀出，冷不丁一脚，将球送进球网。对方球员完全被迷惑，没做任何抵抗便缴械投降。

明星大腕也曾演过一些机关算尽的任意球，双排人墙就是其中一技。主罚者是齐达内，贝克汉姆和菲戈在对方的常规人墙前搭起了小人墙。齐达内起脚，两人迅速闪开，这样精心的设计，给对方球员的判断带来了很大的干扰。在欧冠赛场也出现过类似的神技，在尤文图斯与拜仁的比赛中，任意球大师皮尔洛操刀主罚任意球，只可惜诺伊尔反应神速，飞身将球挡出了球门。

2007 年，女足世界杯上，日本队则演练过搭建跪式人墙的任意球战术，荒川惠理子和酒井跪在英格兰队的人墙前。英格兰队员顿时不知所措，可惜泽穗希的射门打在自己球员的身上没有奏效。下半时，日本队再获得任意球，两人正准备跪下，队长悄悄示意他们起来，英格兰队更加迷茫，龚建玲乘机射门，皮球从两名日本球员闪出的空当中飞入球网。几年后，在第 91 届日本高中联赛中，横翔高中球员效仿前辈杰作。不明所以的对手只能眼睁睁地看着横翔小元起脚攻门直挂死角。但是这些跪式玩法不能随意模仿，否则是要付出代价的。

【"淡定哥"恩耶亚马】

本届世界杯可以说是门将表演的舞台，神扑救频频上演。但通常只有门将表现神奇的球队，都不会走得太远，因为他的队友给了他太多"表现"的机会。独木难支，奥乔亚、布拉沃相继离场，今天凌晨，尼日利亚门将恩耶亚马也告别了世界杯。

恩耶亚马成名于2010年南非世界杯，在梅西领衔的阿根廷队的围攻之下，恩耶亚马发挥神勇，扑出6记必进球，让梅球王也十分无奈。那场比赛的最佳球员没有颁给进球的海因策，而是授予了落败一方的恩耶亚马。

第2轮尼日利亚队对阵希腊队，对方前锋已带球进入小禁区，恩耶亚马却依然一动不动，斜靠着门柱看着对手，淡定程度令世人自叹弗如。这一幕红遍全球，引起了无数球迷的围观，常言道"艺高人胆大"，用来形容他再恰当不过。

4年后，尼日利亚队再次与阿根廷队狭路相逢，非洲球队最终2:3落败，恩耶亚马发挥依旧神勇。第60分钟，场上的摄像头捕捉到了这样一个瞬间："淡定哥"伸出手指戳了一下梅西的右脸，好似男女之间的打情骂俏，感觉两人"萌萌哒"。

"淡定哥"除了门前反应速度奇快，还有另一项绝技——罚点球。曾经效力于以色列特拉维夫工人队的恩耶亚马是球队第一点球手，曾经在国内联赛和欧冠比赛中罚进无数点球。只可惜尼日利亚队近年都没有在世界杯比赛中获得过点球，否则恩耶亚马很可能打破历史，成为世界杯赛场上第一个攻破对方球门的门将。

今天凌晨进行的八分之一决赛，恩耶亚马又多次贡献精彩扑救，其中将本泽马的头球托出横梁堪称经典，可惜他在随后的角球防守中出现出击失误，尼日利亚队遗憾出局。

赛后，"淡定哥"自责不已，31岁的他表示可能就此退出国家队。英雄的背影茕茕孑立，心底的孤独与叹息试问有谁共鸣？再见，恩耶亚马，你的名字永远值得我们尊敬。

【N角度】德国队 VS 阿尔及利亚队——《浮士德》文学语言解读

歌德是18世纪中叶到19世纪初德国和欧洲最重要的剧作家、诗人、思想家。歌德在短暂的人生岁月中留下了众多的名作，其中就包括一部世界上最伟大的诗剧——《浮士德》。《浮士德》以德国民间传说为题材，以文艺复兴以来的德国和欧洲社会为背景，写一个新兴资产阶级先进知识分子不满现实，竭力探索人生意义和社会理想的生活道路。诗剧构思宏伟，内容复杂，熔现实主义与浪漫主义于一炉，将真实的描写与奔放的想象、当代的生活与古代的神话传说杂糅一处，时庄时谐，有讽有颂，形式多样，色彩斑驳，达到了极高的艺术境界。

32年前，震惊世界的"希洪耻辱"让初次与世界杯邂逅的阿尔及利亚人痛苦地闭上了眼睛；光阴似箭，32年后，当阿尔及利亚队的围攻一度让习惯了统治球场的德国人狼狈不堪时，那场尘封的恩怨也许可以就此化解。就像歌德在《浮士德》中所说："仍然拥有的仿佛从眼前远遁，已经逝去的又变得栩栩如生。"

纵观整场比赛，阿尔及利亚人有理由自信。他们针对性的战术与有声有色的反击，让德国队的门前一度风声鹤唳。他们的表现，似乎在用对自我永不满足、不断进取的"浮士德精神"，于整场比赛中揶揄着高傲的德国人。

而反观德国队，在常规比赛的大部分时间里，球员似乎被对手如魔鬼梅菲斯特般的进攻所诱惑，但比赛后半段的猛醒，犹如复活节上之于浮士德的钟声，让他们开启了胜利的模式。加时赛的两粒进球也如抵御住魔鬼诱惑后精神升华的浮士德：追求、体验和征服成了他们巨大的动力。

硝烟散去，当场上激烈的剑拔弩张变成了亲切的握手致意，当凯歌中交杂着淡淡的别离，回首两支球队的表现，我们会笃定地为他们送上掌声与敬意。胜利者，请你执着进取！失败者，请你昂首前行！正如浮士德在前进中慷慨激昂地宣称的那样："我要纵身跳进时代的奔波，我要纵身跳进时代的车轮；苦痛、欢乐、失败、成功，我都不问，男儿的事业原本要昼夜不停。"

名言汇总：

1. 仍然拥有的仿佛从眼前远遁，已经逝去的又变得栩栩如生。

——歌德《浮士德》

2. 我要纵身跳进时代的奔波，我要纵身跳进时代的车轮；苦痛、欢乐、失败、成功，我都不问，男儿的事业原本要昼夜不停。

——歌德《浮士德》

【动物世界杯】法国雄鸡VS尼日利亚雄鹰

在巴西利亚，在一个叫作加林查的绿茵场，法国雄鸡与尼日利亚雄鹰的双雄决斗，令人难忘。加林查，一个绿茵场上的英雄的事迹同时鼓舞着雄鸡与雄鹰，令它们热血沸腾，令它们充满求胜的强烈欲望。

法国雄鸡一路高歌，一副志在必得的架势，而尼日利亚雄鹰一路磕磕绊绊，似乎有些鹰气不足。然而，事关生死的决战，尼日利亚雄鹰必然要拼死放出毕其功于一役的胜负手。

战斗一开始，法国雄鸡便大张着翅膀，向尼日利亚雄鹰展开了咄咄逼人的攻势，以本泽马为首的雄鸡高唱，它们以出色的表演，一次次地威胁着雄鹰的要害。而雄鹰也绝不愿意飞得比鸡低，它们必须还以厉害的颜色，奥德姆温吉想要来一个鹰抓小鸡，却没能如愿以偿，此时此刻，它们才发现，法国雄鸡的确是太英勇好斗了。博格巴的致命一啄，让法国雄鸡占得先机。而乱了阵脚的尼日利亚雄鹰，在补时阶段又送给了法国雄鸡一份大礼。

最终，法国雄鸡以一声高亢而嘹亮的鸡鸣，迎来了属于它们的辉煌的曙光，它们将面对更强大的对手而面无难色。而尼日利亚雄鹰被折断了继续高飞的翅膀，只能期待从头再来。

20 | 7月2日

赛场 | **阿根廷 1:0 瑞士**

赛前硝烟：

纵观两队交锋史，阿根廷队以4胜2平，进14球丢3球占据绝对优势。在世界杯决赛圈阶段，两队有过一次交锋。在1966年英格兰世界杯中，阿根廷队在小组赛中曾经以2:0的比分击败瑞士队。此役，拉维奇取代因伤休战的阿奎罗首发出场，瑞士队主帅希斯菲尔德则沿用了与上场比赛相同的首发阵容。

北京时间7月2日0点，2014年巴西世界杯迎来第7场八分之一决赛。在圣保罗体育场，双方在90分钟内均无建树，阿根廷队凭借加时赛行将结束之际迪马利亚的进球，1:0淘汰瑞士队，晋级八强。

梅西加时赛灵光乍现，阿根廷队压哨绝杀瑞士队

常规时间内双方均未创造出好的机会，比赛在进入加时赛后掀起波澜。第118分钟，梅西中路撕开瑞士队防区，衔枚疾走后吸引多名防守球员注意，一记轻描淡写的斜传，球到了"天使"迪马利亚的脚下。迪马利亚加足了油，在无人盯防的情况下一记左脚推射将球送入球门死角，1:0！潘帕斯雄鹰在加时赛上上演压哨进球！

阿根廷瑞士1

此后，一心想拖入点球决胜的瑞士队如梦方醒，但留给他们的时间已经所剩无几。第119分钟，瑞士队左后卫里查多·罗德里格斯被迪马利亚侵犯，后者也因为这次犯规领到黄牌。比赛进入加时赛最后1分钟，又是里查多·罗德里格斯开出角球，冲到阿根廷队禁区内的瑞士队门将贝纳利奥右脚倒钩射门踢偏。

瑞士队补射再掀波澜，哲马伊利两次门柱惊魂

加时赛伤停补时阶段，瑞士队发起疯狂进攻，他们也迎来了绝佳机会。哲马伊利小禁区中路头球攻门被门柱挡回场内，皮球击中哲马伊利身体后，又擦着门柱出了底线，瑞士队错失全场比赛最好机会。第122分钟，由于门将贝纳利奥冲到前场参与进攻，迪马利亚中场左侧抓住机会吊射空门，可惜皮球稍稍高出横梁。1分钟后，加雷铲倒沙奇里被黄牌警告，沙奇里禁区弧内左脚任意球被人墙挡出。最终阿根廷队1:0小胜瑞士队，惊险晋级八强。

双方出场阵容：

阿根廷队（4-3-3）：1-罗梅罗/4-萨巴莱塔、17-费德里科·费尔南德斯、2-加雷、16-罗霍（23-巴桑塔，第105分钟）/5-加戈（6-比格利亚，第106分钟）、14-马斯切拉诺、7-迪马利亚/9-伊瓜因、10-梅西、22-拉维奇（18-帕拉西奥，第73分钟）

主教练：萨维利亚

瑞士队（4-2-3-1）：1-贝纳利奥/2-利希施泰纳、22-沙尔、20-乔鲁、13-里查多·罗德里格斯/8-因勒、11-贝赫拉米、10-扎卡（16-费尔南德斯，第65分钟）、23-沙奇里、18-穆罕穆迪（15-哲马伊利，第112分钟）/19-德米奇（9-塞费罗维奇，第81分钟）

主教练：希斯菲尔德

赛场 比利时2:1美国

赛前硝烟：

本场比赛是两支国家队历史上的第6次交锋。此前，比利时队以4胜1负领跑交锋纪录。虽然唯一的失利恰巧发生在世界杯决赛阶段，但那已是20世纪30年代的久远历史。

纵观近20年两队的交锋情况，比利时队取得4次胜利，其中就包括去年5月友谊赛中4:2击败美国队一役。本场比赛，比利时队的"FM妖人后卫"范登博雷腓骨骨折和停赛的波尔图中场新秀德福尔一起缺席。队长孔帕尼小伤无碍，重返首发。实际上与上战相比,主教练威尔莫茨对首发阵容做出了多达6处调整,小组赛绝杀俄罗斯队的小将奥利吉顶替表现不佳的"小魔兽"卢卡库突前任单箭头。美国队方面,小组赛首轮遭遇脚筋伤的桑德兰前锋阿尔蒂多尔依然未能重回先发,老将邓普西不得不继续顶在最前,戴维斯和贝克曼分别替下贝多亚和卡梅伦,先发出场。

北京时间7月2日凌晨4时,2014年巴西世界杯16强战最后一场展开争夺。在萨尔瓦多新水源竞技场,比利时队与美国队展开厮杀,双方在90分钟内战成0:0。加时赛上,比利时队依靠切尔西中场德布劳内的一射一传以2:1击败美国队,继1986年后,第2次杀进世界杯八强,这也意味着本次世界杯的八强球队全都是小组赛阶段排名首位的球队。此役战胜美国队后,北京时间7月6日0时,欧洲红魔将在巴西利亚的加林查国家体育场与阿根廷队争夺一个四强席位。阿扎尔也将在梅西面前,迎来检验自己实力的绝佳机会。

德布劳内灵光乍现,"小魔兽"完成最后一击

加时赛开始,威尔莫茨便用"小魔兽"卢卡库换下了小将奥利吉,意在冲击体能下降的美国队后防线。第91分钟,琼斯在远端接队友左路传中,高高跃起头槌偏出。第92分钟,卢卡库右路带球突破后,横传中路,美国后卫冈萨雷斯停球失误,德布劳内得球在大禁区右肋7米处右脚打破场上僵局,比利时队1:0领先。随后,比利时队攻势不减,维尔通亨大禁区外射门被挡减速,霍华德将皮球没收。第96分钟,卢卡库大禁区左肋低射再次被租借所在的埃弗顿队队友封出底线。第104分钟,另外一位埃弗顿队友米拉拉斯也用射门考验了一下霍华德。第105分钟,霍华德把守的美国队大门终于失守。欧洲红魔策动了一次闪击,两位租借在外的切尔西球员打出精妙配合。德布劳内禁区左侧直塞,卢卡库插上不调整,7米处顺势左脚低射近角,将比分改写为2:0。此役,美国队门将霍华德做出多次关键扑救,但对于这两个失球,他也无能为力。加时赛上半场结束时,比利时队2:0领先。

比利时美国1

比利时美国2

格林首次参加世界杯即进球

第 107 分钟，美国队中场布拉德利中路挑传，刚刚替补出场的小将格林在阿尔德韦雷尔德防守稍显懈怠之际，11 米处右脚打门，为美国队扳回一球。格林因此以 19 岁零 25 天的年纪，成为世界杯历史上第 8 年轻的进球者。第 108 分钟，琼斯在禁区左肋的射门将将偏出。第 110 分钟，卢卡库单刀球再次考验俱乐部队友，他在大禁区左肋的低射被霍华德用身体封出。第 113 分钟，美国队任意球配合打到比利时队禁区内，可惜邓普西的射门被比利时门神库尔图瓦化解。终场哨声吹响，凭借德布劳内与卢卡库的进球，比利时队加时赛以 2:1 击败美国队，拿到本届世界杯八强的最后一张入场券。

比利时美国 3

双方出场阵容：

比利时队（4-2-3-1）：1- 库尔图瓦 /2- 阿尔德韦雷尔德、4- 孔帕尼、15- 范比滕、5- 维尔通亨 /8- 费莱尼、6- 维特塞尔 /14- 梅尔滕斯（11- 米拉拉斯，第 60 分钟）、7- 德布劳内、10- 阿扎尔（22- 查德利，第 111 分钟）/17- 奥利吉（9- 卢卡库，第 91 分钟）

主教练：威尔莫茨

美国队（4-2-3-1）：1- 霍华德 /23- 法比安·约翰逊（2- 耶德林，第 31 分钟）、3- 奥马尔·冈萨雷斯、5- 贝斯勒、7- 比斯利 /13- 杰梅因琼斯、20- 卡梅伦 /19- 祖西（18- 翁多洛夫斯基，第 72 分钟）、4- 布拉德利、11- 贝多亚（16- 格林，第 106 分钟）/8- 邓普西

主教练：克林斯曼

《豪门盛宴》解读世界杯

【绝对巨星】迪马利亚

不到终场哨响那一刻，永远无法知道结果，这正是足球最大的魅力。一剑封喉，绝杀对手，今夜的迪马利亚值得所有阿根廷球迷的赞誉。

作为一名边锋，他的进球不算太多，然而一旦爆发，往往就能终结比赛。2008年北京奥运会，阿根廷队在决赛中与尼日利亚队相遇，迪马利亚一记如同蜻蜓点水一般的完美吊射，成全了蓝白军团的夺金梦。

今年欧冠决赛，皇马遭遇同城对手马竞，在1:1的僵持局面下，加时赛第110分钟，"天使"迪马利亚左路带球突破，灵巧飘逸，连过3人，尽管射门被挡出，却成就了给贝尔的一个助攻，帮助皇马反超比分，开启惊天大逆转的序幕。

2014年世界杯八分之一决赛，阿根廷队面对瑞士队坚不可摧的防线毫无办法，比赛拖入了加时赛。最后时刻，眼看即将进行点球决战，只见梅西一路奔袭，将球斜传至迪马利亚脚下，"天使"不停球直接将其轻巧推射入网，完成了让人窒息的绝杀。

迪马利亚在本场比赛中表现并非完美，但没有人能抹杀他的努力，绝杀将阿根廷队送入八强的瞬间，更将刻入蓝白记忆的深处。

【关键先生】霍华德

美国队可以昂着头告别世界杯了，与比利时队一战，正是门将霍华德不遗余力的扑救，让比利时人一次次无功而返，有了霍德华，美国队虽败犹荣。

"一夫当关，万夫莫开"，从开场后38秒奥利吉禁区内射门被霍华德封出那一刻起，这位代表国家队出战百场的35岁老将便开始了一次又一次的神奇扑救。远射难不倒霍华德，头球难不倒霍华德，正是他定海神针般的表现，让比利时队120分钟内的38次射门27次射正化为乌有，也造就了本场"关键先生"霍华德。数据显示，霍华德做出了惊人的16次扑救，并以27次扑救高居本届世界杯扑救榜首，也创造了有数据记录以来世界杯历史单场扑救纪录，910万推特信息中，更是有180万的信息提到了美国门将霍华德令人难以置信的表现。

然而，霍华德已经不是第一次成为拯救全队的核心人物。小组赛与葡萄牙队一战，霍华德奉献5次关键扑救。上半场快要结束时，纳尼远距离低射，诱使霍华德倒地，而在几乎失去重心的情况下，霍华德将埃德尔的吊射托出底线。"无重力扑救"也成为了美国队晋级16强的精彩画面。有媒体甚至将这一扑救称为

"世界杯上值得铭记的扑救之一"。

虽然在最后一刻，霍华德未能和队友一起品尝胜利的滋味，可是他在赛场上的表现让全世界感受到了何为战斗精神。霍华德绝对可以像英雄一般昂首离开巴西。多年以后，我们再回首，定将记得这位美国老兵在萨尔瓦多新水源球场的神奇表现。

【张斌语录】

每届世界杯赛，大家都在关心一个问题，美国这样的国度是如何接受足球的？足球在美国到底是怎样的一个运动？可以说每4年，美国足球的参与人数都有大幅度的提高，而这次虽然我们不敢断定美国队是否能够突破八强这个历史最好成绩，但是我们相信今天晚上的比赛，克林斯曼所率领的美国队一定是很彪悍的一支美国队。而且美国队的每一次前行和胜利都能给美国国内足球带来一种强大的推动力，所以说，美国足球的未来虽然不能用世界杯成绩去标注，但全民参与这件事儿，我相信美国一定会做得特别好。

【这一刻只有足球可以】

当最后一场八分之一决赛落下帷幕，美国队在演出即将进入高潮时默默走下了舞台。虽然星条旗下的美国梦未能继续下去，但他们已经留下了太多值得我们回味的瞬间。首战加纳，邓普西仅用时29秒就为美国队的巴西之旅打开了华丽的篇章，这支预选赛以头名强势晋级的球队，继续惊艳桑巴大地。次战面对命悬一线的葡萄牙队，美国人几乎将他们逼上绝境。今晨过后，巴西将不再见到美国人的身影，但这些名字却不会因为他们的转身而被遗忘。霍华德，他用一次次精彩的扑救，挽狂澜于既倒。在美葡大战中，他奉献的这个"无重力扑救"是他在本届杯赛上大放异彩的缩影。在与比利时队的比赛中他高接低挡，做出16次有效扑救，超过了荷兰门神奎罗加，成为世界杯有扑救统计以来之最。队长邓普西是美国队阵中名气最大的球员，他用两粒关键的进球护送美国队小组突围，延续着"美国队长"的传奇。刚满19岁的格林是美国队今年最大的收获，在多诺万逐渐淡出国家队后，他成为了美国队新的进攻核心，19岁便升入拜仁一线队的他，会在未来给我们更大的惊喜。

而这一切的改变都要归功于场边这个金发的男人，是他一手缔造了如今的美国队。3年前，克林斯曼执掌美国队帅印，他的到来让美国队的战斗力直线飙升。球员生涯的辉煌，让他在美国享有极高的声望。在过去的3年里，克林斯曼对美国足球进行了大刀阔斧的改革，他麾下的美国队已经蜕变为一支极具战术素养的足球新锐。克林斯曼动情地诉说着他对球队的情感：

【同期】

这些球员让我感到自豪，不光因为他们今晚所做的一切，更因为世界杯开赛以来他们所做的一切。他们所有人能让美国感到自豪。

——克林斯曼

克林斯曼有理由骄傲，本届世界杯过后不会再有人对他的执教水平表示质疑。在美国队队员心里，只要克林斯曼站在那里，他们便肯为了他披甲上阵赶赴沙场，对于一个将领来说这已然是最大的褒奖。在巴西，克林斯曼交给世界杯的答卷不够完满却足够震撼。

而本届世界杯上，美国足球带给我们的震撼还远不止于此。当我们还在把美国是足球荒漠这样的话挂在嘴边时，美国球迷已经在我们悄然不觉中慢慢壮大起来。随着贝克汉姆、亨利等天王巨星加盟美国职业大联盟，足球的影响力一路飙升。高傲的美国人不再吝惜向世人展现他们对足球的青睐，他们第一次如此疯狂地参与到世界足球盛宴中。奥巴马放下手头的工作，走进新闻发布厅观看球赛；电视转播纪录一次次被刷新；画着脸谱的球迷把公园和酒吧挤得水泄不通，这个夏天美利坚终于有了关于足球的梦想。欢笑、流泪、激动、失落……这一刻所有的表情都为足球而存在，这一刻所有的激情都为足球而挥洒，这一刻，只有足球可以。

【"四好先生"克林斯曼】

昨夜今晨，当美国队遗憾地在加时赛错过进球时，教练席上有一个人的脸上写满了惋惜。当我们在足坛难寻完美男人时，他却一直在那里，与自己心中的那份真爱不离不弃。

球技好：金色轰炸机名满天下

时光荏苒，梦回 1990 年的意大利之夏，克林斯曼帮助联邦德国队夺冠的同时，也让全世界都看到了一个巨星的出世。从此"金色轰炸机"名扬江湖。

1994 年在美国，克林斯曼达到了个人职业生涯的巅峰期，他 5 场比赛攻入 5 球，虽然德国队被保加利亚队淘汰出局，但全世界都记住了"金色轰炸机"最闪耀的世界杯演出。

1998 年在法国是克林斯曼最后一次参加世界杯的比赛，虽然他交出了 3 球答卷，但老迈的德国队还是被苏克领衔的克罗地亚队淘汰。失望的克林斯曼选择了退役，留下了 108 场国际比赛打入 47 球的成绩，其中在世界杯中一共打入 11 球。他的标志性"狮子甩头"也永远停留在球迷的记忆中。

执教好：提拔新人　指挥有方

2004 年 7 月，克林斯曼接替沃勒尔出任德国国家队主教练。在此期间，他大胆起用新人，为德国队注入了一股年轻的活力。球队也在他的带领下取得了 2006 年世界杯的季军。本届世界杯，克林斯曼带领的美国队在名副其实的死亡之组，力压 C 罗领衔的葡萄牙队和好手云集的加纳队挺进 16 强，只是在加时赛遗憾地输给了强将如林的比利时队。他的执教能力也得到了业界的肯定。

好男人：以家庭为重的好男人

克林斯曼的妻子戴比是一个有中国血统的女孩。婚后的克林斯曼也始终都是把家庭摆在第一位的，为此，当年他甚至拒绝了切尔西老板阿布拉莫维奇的执教邀请。在阿布拉莫维奇提供的 600 多万英镑年薪和陪伴自己家人之间，克林斯曼选择了后者。

好父亲：为孩子量身考虑发展环境

20 年前，克林斯曼与美利坚在世界杯上邂逅，这份情缘也深深地嵌入到他、妻子戴比和孩子们的心中。如今，克林斯曼的两个孩子乔纳森和莱拉已经长大成人。但是为了让家人逃离足球所带来的生活影响，克林斯曼还是把家安在了远离世界足球中心舞台的美国洛杉矶。克林斯曼曾经说过,他希望黛比能够带着两个孩子在美国生活,因为只有在这里,他们才不会受到媒体过多的关注。

【告别传奇希斯菲尔德】

当我们目送瑞士队离开世界杯的圣殿,我们也送走了一位满含足球智慧的传奇老者。这不仅是这位老帅与世界杯的最后道别,也很可能是我们最后一次看到他从教练席走出赛场。赛前,老帅忍着长兄过世的悲痛,要让这场比赛成为他教练生涯的亮点。可是,当沙奇里最后时刻的任意球被挡出,已经65岁的希斯菲尔德明白,这就是他执教生涯的句号。

让时光机摇回到17年前的慕尼黑奥林匹克球场,那是我们初识传奇的地方。一袭白色风衣卓然而立的希斯菲尔德率领多特蒙德与"银狐"里皮的尤文图斯会师欧冠决赛。当替补上场的小将里肯送出逆天弧线,多特蒙德欧洲封王,希斯菲尔德也跻身欧洲名帅之列。

之后,希斯菲尔德执掌德甲霸主拜仁慕尼黑,第一个赛季便率队重夺德甲"沙拉盘"。1998/1999赛季的欧冠决赛,希斯菲尔德面对年长他8岁的弗格森,本有机会创造历史,但是在距离奖杯咫尺之遥的地方却亲历了欧冠历史上最不可思议的逆转,只不过,这一次他和他的拜仁是没落的配角。

两年后的德甲最后一轮,当安德森神奇般地轰进了压哨任意球,希斯菲尔德和整个拜仁替补席疯狂地庆祝,一扫两年前被绝杀的阴霾,也成就了拜仁的联赛三连冠。两周后的欧冠决赛,希斯菲尔德率队走上了圣西罗的战场,这竟然是他4年内第3次走过圣伯莱德杯,拜仁在点球大战中取胜,希斯菲尔德成为了第二位率领两支球队赢得欧冠的传奇教头。

2002/2003赛季,希斯菲尔德又率拜仁夺得双冠王,这也是他第一次拜仁生涯最后的高光时刻。一年后他便卸任拜仁主帅。

2006/2007赛季,低谷中的拜仁慕尼黑在赛季末期重新请回了希斯菲尔德,虽然当赛季他没能妙手回春。但在第二年,他麾下的全新拜仁重夺联赛、杯赛双冠王,用统治级的表现宣告了德甲巨人的强势回归。他在拜仁的8个赛季,夺得

5次德甲冠军、3次德国杯冠军和1次欧冠冠军,是一名不折不扣的冠军教头。在安联球场的告别仪式上,年近六旬的老帅潸然泪下,过往的峥嵘岁月已经悄悄改变了他的容颜,让人不忍说再见。

2008年欧洲杯后,希斯菲尔德挂印瑞士国家队,退隐一年后,传奇老帅再战江湖。2010年的南非,希帅手下的瑞士队世界杯首战面对西班牙队,坚定有效的战术让欧洲冠军无计可施,瑞士人1:0取胜爆出了当届世界杯的第一个大冷门。虽然最终瑞士队小组未能出线,但是希斯菲尔德给瑞士队带来的变化让他们的支持者看到了希望。

4年之后的桑巴大地,一支攻守平衡的瑞士队已经被希斯菲尔德打磨成型。小组赛绝杀厄瓜多尔队、完胜洪都拉斯队,瑞士人终于再次杀进世界杯16强,追平历史最佳战绩。虽然无力射落潘帕斯雄鹰,但对于已过耳顺之年的希帅来说,手握19座冠军奖杯仍然征战金杯沙场,这已经成就了一段传奇。可能是他此生与大力神杯无缘,但就像他在自传中所说的那般:我服从我自己,自信而豁达,这已足够。

【安德烈斯·埃斯科巴】

1994年的美国世界杯留下许多记忆,塔法雷尔的狂欢,巴乔的落寞,当然,还有一个此后20年间不断被提及的名字——安德烈斯·埃斯科巴。

在与美国队的小组赛中,这位哥伦比亚队后卫不慎把对手的传中球捅入自家球门,导致球队1:2输掉了比赛。加上此前1:3输给罗马尼亚队,哥伦比亚队无缘16强。这一天是1994年6月22号。

当时一脸沮丧的埃斯科巴,也许想到了球队会因自己而倒下,也许想到了回国后球迷潮水般的批评,却无论如何也想不到,这个仅仅是终结了出线希望的乌龙球,竟然成了终结自己生命的导火索。

11天后的7月2号,麦德林郊外的酒吧里,不堪忍受嘲笑的埃斯科巴与人发生争执。凌晨3点,乱枪声中,争吵结束,埃斯科巴遇难。足球是和平年代的战争,这句本应停留在竞技范围内的诗意表达,却真的变成对生命的漠视。这一刻,哥伦比亚社会深层的矛盾,以足球为出口,宣泄而出。虽然埃斯科巴事件引发全球关注，但他泣血的墓碑前，仍然不断增加着受害者的名字。2004年，乌苏里亚加倒在枪口下。2006年，拜塞拉同样死于枪击。2011年6月，一伙武装分子冲入一场哥伦比亚室内足球赛的现场，当场枪杀6名球员。时光中，哥伦比亚足球虽然没有倒下，却因为鲜血的浸染，格外悲凉。

2014年6月29日，锁定胜利的哥伦比亚队球员，围成一团，双手指天。那一刻，他们是在告慰埃斯科巴，又何尝不是在祈祷一个纯粹的足球世界？

2014年7月2日，巴西世界杯的休赛日，埃斯科巴的20周年忌日。冥冥之中，足球暂停。这一天，愿我们以足球的名义，为了不被忘却的纪念，守住足球的纯真。

【动物世界杯】比利时红隼 VS 美国白头海雕

红隼是隼科的小型猛禽之一。喙较短，先端两侧有齿突，鼻孔圆形，翅长而狭尖，扇翅节奏快，尾较细长。飞行快速，善于在飞行中追捕猎物。栖息于山地和旷野中，多单个或成对活动，飞行较高。以猎食时有翱翔习性而著名。

白头海雕又名美洲雕，是北美洲所特有物种，美国的国鸟。它是隼形目鹰科海雕属的大型猛禽，成年海雕体长可达1米，翼展2米多长。眼、嘴和脚为淡黄色，头、颈和尾部的羽毛为白色，身体其他部位的羽毛为暗褐色，十分雄壮美丽。主要栖息在海岸、湖沼和河流附近，飞行能力很强。上喙边端具弧形垂突，适于撕裂猎物吞食。翅强健，翅宽圆而钝，扇翅节奏较隼科慢。

萨尔瓦多，潮湿而闷热，大西洋的波涛汹涌澎湃。鹰一族的决战就在这里展开，一边是未尝败绩因此雄心勃勃的比利时红隼，另一边是心比天大勇往直前的美国白头海雕。

从一开始，比利时红隼与美国白头海雕的搏杀就显得异常凶狠，它们相互都把对手当作了志在必得的猎物。然而，由于求胜之心过于急切，攻击就难免粗糙，不能有效地击中对方的要害。一次次的杀气腾腾，一次次的无功而返，时间随着一次次化险为夷而白白流逝。

面对比利时红隼一波波更加凶猛的攻击，美国白头海雕坚决给予反击。翁多洛夫斯基闪电般的一啄，令比利时红隼猝不及防，只可惜没能完成最后的绝杀。

鹰一族的决战不得不被拖入加时,因为生死之战必须决出胜负。

比利时红隼越战越勇,德布劳内与卢卡库通过天衣无缝的灵巧配合,以鹞子翻身之迅疾,先后两次击中美国白头海雕的命门,它们也因此而锁定了最后的胜局。不甘心于大势已去的美国白头海雕,在最后时刻进行疯狂反扑,格林的凌空一击,让美国白头海雕看到了一线希望,于是掀起了更加凶猛且不顾一切的进攻,但被比利时红隼最终化解。比利时红隼为取得这场来之不易的胜利欢呼雀跃,而斗志顽强的美国白头海雕虽败犹荣。

21　7月3日

《豪门盛宴》解读世界杯

【绝对巨星】保罗·博格巴

2006年屈居亚军,2010年未尝胜绩垫底出局,"高卢雄鸡"一直等待着一位带领球队走向荣誉的领袖级巨星。21岁的新锐中场保罗·博格巴,很可能会是答案。

2014年世界杯小组赛第一轮,法国队对阵洪都拉斯队,博格巴禁区内造得点球,法国队首开纪录,继而取得了一场酣畅淋漓的3:0大胜。

第2场迎战瑞士队,杀红了眼的"高卢雄鸡"早早取得3球领先,保罗·博格巴替补上场仅3分钟,就送出一脚机敏的挑传,助攻本泽马打入第4球。

曾经的传奇亨利和特雷泽盖都未曾在他们参加的首届世界杯淘汰赛阶段打入进球,而博格巴的第一粒世界杯进球,就发生在极为关键的八分之一决赛。法国队众将面对尼日利亚队门神恩耶亚马屡攻不下,这位机智的少年利用对方出击失误,头球破门,终于打开了胜利的大门。

2013年力压一众新星,一举夺得欧洲金童奖,技术全面、意识超凡的保罗·博格巴终于在世界杯的舞台得到了展现才华最好的机会,这位年轻的少年正高昂着头颅走在成为传奇的路上。

【五大转会神人】

世界杯作为足球最高荣誉殿堂，向来是巨星新星超新星表演的舞台。今天我们一起来盘点一下世界杯前后转会市场上最红的5颗星。

一口咬住基耶利尼的肩膀，也近乎咬掉了自己的前程。总统发话、国民力挺，日前乌拉圭神锋苏亚雷斯通过社交网络正式道歉，意在为自己在转会市场上赢回一点主动权。据多家外国媒体披露，巴萨与利物浦的会面已初步达成一致，BBC称最终转会费很可能在7200万英镑。

哥伦比亚队新核10号詹姆斯·罗德里格斯在本届世界杯大放异彩，每场都收获进球，在对阵乌拉圭队的八分之一决赛中梅开二度打进世界波，更是震惊了世界。炙手可热的J罗主动表示喜欢皇家马德里，向来豪气的弗洛伦蒂诺已经备好钞票，准备将J罗从摩纳哥挖来同C罗做伴。

世界杯当红门神小分队队长奥乔亚零封巴西队，一战成名，给他下赛季的转会增加了不少筹码。他所效力的阿雅克肖刚刚从法甲降级，他的合同也在今夏到期，AC米兰早已发出邀请，而阿森纳、利物浦、马竞等多家豪门也纷纷来抢夺。不过墨西哥门神本人称希望去德国踢球，花落谁家尚未可知。

德国队的克罗斯在本届世界杯赛场上的表现堪称世界级，这位新星技术十分全面，很好地担当起了中场发动机的角色，自然也成为了转会红人。消息称克罗斯本人已经同意加盟皇马，只不过他要求对方等世界杯结束后才发布声明。

马竞向来盛产神锋，这赛季问鼎西甲冠军的第一功臣迭戈·科斯塔在世界杯前就因拒绝巴西队，选择为西班牙出战而遭人诟病。卫冕冠军早早出局，作为首发中锋的科斯塔难辞其咎。不过由于上赛季表现过于神勇，切尔西仍然坚持将科斯塔带到英超。7月2号凌晨，切尔西官方宣布迭戈·科斯塔加盟，转会费超过3200万英镑。

除了最红的5颗星以外，法布雷加斯、比利亚、卢克·肖、拉拉纳等人均在近期完成了转会，相信世界杯结束后的转会市场将会更加火热。

【数据之王】

火热的世界杯已经进入了四分之一决赛的争夺，在过去的 20 天里，世界杯给我们留下了太多精彩的瞬间。56 场比赛，共打进了 154 个进球，随着西班牙队的出局，我们见证了一个王朝的没落，而南美球队的表现虽然跌宕起伏，但总体还算差强人意。接下来，我们用一组数据来回顾一下已经过去的 20 个比赛日。

关键词 1：传球

继西班牙队之后，德国队成为了 Tiki-Taka 传控打法新的继承者，这主要源自德国队主力阵容中 7 名来自拜仁的球员，而他们都是传控足球教父——瓜迪奥拉的弟子。在参加过的 4 场比赛中，德国人共进行了 2695 次传球，其中有 2378 次为成功传球，远远多于参加世界杯的所有其他球队。德国队的中场球员托尼·克罗斯是球队组织推进的节拍器，他一人就完成了 360 次有效传球，是世界杯上的传球之王。

关键词 2：射门命中率

这是一届鼓励进攻的世界杯，而最具进攻才华的荷兰队，射门命中球门范围的比例达到了 62.7%，居赛事之最。范加尔的球队进攻行云流水，尤其是在对卫冕冠军西班牙队的比赛中，他们打入了 5 个进球，让所有人瞠目结舌。球队的攻击核心罗本射门命中球门范围的比例达到了 88.9%，只少于墨西哥队的多斯桑托斯，后者射门命中球门范围的比例居然是逆天的 100%，也就是说他所有的射门都在球门范围之内。

关键词 3：盘带之王

在这项数据的排名上，梅西当仁不让地坐稳了头把交椅。除了送出 4 粒关键进球，梅球王 41 次盘带的数据到目前为止无人能及。其中的代表作就是对阵瑞士队的八分之一决赛助攻迪马利亚打进绝杀。而巴西天才内马尔完成了 36 次盘带紧随其后，表现同样可圈可点。

关键词 4：进球率

哥伦比亚队是这届杯赛上的一大惊喜。佩克尔曼的球队每 3 脚射门几乎就可以收获 1 个进球。打进 5 球的超新星罗德里格斯的射门转化率高达 62.5%，在金靴奖的争夺中暂时排名第一。而在这一指标上排名第 2 位的是黑马哥斯达黎加队的中场核心鲁伊兹，他射门转化成进球的比率为 40.1%，这也从一个方面体现了哥斯达黎加队进攻的超高效率。

关键词 5：扑救

这是一届门神的世界杯，奥乔亚、霍华德、恩耶亚马都有过不凡之作。其中，美国门神霍华德在 4 场比赛中一共做出了 27 次扑救，领跑本届世界杯扑救榜。而在与比利时队一战中，他单场就做出了创纪录的 16 次扑救，一个人把比利时队生生地拖进加时赛。虽然美国队遗憾止步 16 强，但是霍华德的出色发挥依然是本届世界杯最值得回味的故事之一。

【动物世界杯】虽败犹荣

在巴西的绿茵动物大战进入到生死攸关的对决之后，每一场惨烈的争斗，都是如此令人难忘，胜者准备下一场的征战，而负者则黯然踏上回家的旅程。

刚刚飞回家乡爱琴海的希腊和平鸽，盘旋在巍峨的帕特农神庙的上空，品味着神话英雄传说的深刻含义，它们虽然没能在累西腓的绿茵场上空将这样的神话进一步书写，但从它们震动的鸽翅，能够领略到更多的东西：勇气、果敢、顽强。

瑞士奶牛的悲壮，充分体现在与潘帕斯雄鹰的那场激烈的搏斗中，当它们被最后的绝杀所击倒之后，它们的内心依然无比强大。4 年之后，它们誓要将牛角磨得更尖，在莫斯科的绿茵沙场上一显身手，牛气冲天。

阿尔及利亚骆驼以坚忍不拔的顽强，赢得了对手内心的尊敬。因为，它们与之相搏的对手异常强大，而它们也是在鏖战 120 分钟后才最终落败，但是，败得英勇，败得顽强，败得完全像是一个被终结却依旧凶悍的猛兽。作为沙漠之舟的它们知道一个至关重要的词，那就是任重道远。

智利鸵鸟在一场战斗失利之后，却仿佛给自己的头上罩上了一个耀眼的光环，因为，它们所惜败的正是绿茵场上的王者巴西犰狳。在双方都全力以赴的情况下，对于有着出色表演的智利鸵鸟来说，失利虽然很痛苦，很悲壮，但是胜负已然并不是最重要的了。

尼日利亚雄鹰、墨西哥凤头卡拉鹰以及美国白头海雕，都有足以令鹰一族为它们骄傲的上佳表现，但是绿茵场上必定是要决出输赢的。因此，它们的辉煌退场，也同样代表了一种荣誉。还有那匹乌拉圭骏马，驰骋而来，也同样驰骋而归。如此英勇的绿茵动物们，带着悲壮与遗憾回家，然而内心永远都充满胜利的渴望，在这里，没有败者。

22 7月4日

《豪门盛宴》解读世界杯

【绝对巨星】罗德里格斯

本届世界杯最火的90后就是哥伦比亚新星罗德里格斯。淘汰赛打入世界波，带领国家队历史性杀入八强，暂居射手榜首位，这位年轻帅气的小伙子身上有着太多光环。高超的控球能力和精湛的脚下技术让他很好地承担起了经典10号前腰的作用，成为球队当之无愧的核心。

对阵乌拉圭队的八分之一决赛上的这一粒20米开外的进球，让全世界知道了J罗的名字。随后梅开二度，这第2个进球不仅帮助哥伦比亚队锁定了八强席位，更让这个少年登上了本届世界杯射手榜的首位。C罗和他的葡萄牙队带着落寞离场，而如今，我们又有了新的期待。他才22岁，第一次在世界杯舞台上登场，就吸引了所有人的目光，前途无可限量。

明天凌晨上演的四分之一决赛，巴西队对阵哥伦比亚队的南美德比，最大的看点就是内马尔和罗德里格斯。南美球队的全面崛起和他们带来的新生力量成为本届世界杯的绝对焦点，这两位22岁的国家队进攻核心，到底谁更强？巅峰对决，一触即发。

【勒夫：在质疑声中前行】

6月17日的下午，勒夫的德意志战车隆隆驶进萨尔瓦多新水源竞技场，在那里，他们4:0血洗了C罗领衔的葡萄牙队，用最强音向世界证明他们的到来。正当人们对这支德国队充满期待时，他们却在之后的比赛里步履维艰。迎战加纳队，拉姆的失误险些导致德国队折戟，好在克洛泽宝刀不老，攻入关键进球才帮助德国队勉强拿到1分。小组赛最后一轮面对克林斯曼的美国队，两队在友好祥和的气氛中，平平淡淡地携手出线。八分之一决赛，德国队迎来了第一场真正的考验，面对阿尔及利亚队。这场被看作没有悬念的比赛竟然让德国人踢得心惊肉跳，阿尔及利亚队极具针对性的战术，让德国队有心无力，德国队直到加时赛才打开局面，并且在最后时刻，险些让阿尔及利亚人完成逆袭。

跌跌撞撞地闯入八强，德意志战车的狼狈，让人们对主帅勒夫执教水平的质疑声越来越响。勒夫的4-3-3新阵并不奏效，完全照搬瓜迪奥拉的拜仁体系，显然不适合现在的德国队。拉姆在后腰位置上根本发挥不出在拜仁时的水平，这样不仅浪费了拉姆出色的边路助攻能力，也限制了他发挥稳固中场防守的积极作用。拉姆在拜仁打后腰的成功，全靠里贝里和罗本的两翼齐飞，为中路减轻了很多压力。而在德国队里，无论是厄齐尔还是格策与拉姆的呼应都不纯熟，边路配置不一，让拉姆在后腰位置上压力陡增。在对阵阿尔及利亚队的比赛中，赫迪拉上场后，拉姆撤回边后卫位置，效果立竿见影，德国队一下就找回了昔日的状态。完全的照搬，导致德国队不仅没能学到瓜迪奥拉的成功之处，甚至还将拜仁自身存在的问题暴露得更加明显，一味地强调地面配合，削弱了德意志战车的冲击力，进攻效率大不如前。虽然到目前为止德国队共进行了2378次有效传球，但大多数为横向传球，真正能撕开对手防线的犀利直传并不多见。

经过几年的磨合，事实证明，勒夫有足够的能力将德国队武装成所向披靡的战车，勒夫能不能在短暂的休整后让德国队焕然一新，能不能给所有质疑声最有力的回击，明天凌晨的德法大战将给出答案。

【N角度】法国绘画与德国哲学

法国浪漫派绘画重视的是栩栩如生的生命感和动感的表现，画面讲求整体效果而非局部修饰。而印象派绘画的出现，显示了画家摆脱传统的意愿，他们眺望自然并再现自然，捕捉的事物正是闪动的光影和色彩，同时也显现了真实生活的现代性，为世界开启了新视野和新道路，也可以看作是现代艺术的起点。

康德开始了德国哲学的革命，经过费希特和谢林的努力，最后由黑格尔集德国唯心主义之大成，完成了包罗万象的哲学体系。到了费尔巴哈，德国哲学开始向另一个方向发展。费尔巴哈对以黑格尔为代表的德国唯心主义哲学进行了批判和清算，重新确立了唯物主义的权威。德国古典哲学的最大成就，是从世界观的高度用辩证法代替了形而上学。马克思和恩格斯充分肯定了德国古典哲学的积极成果，他们把辩证法与唯物主义有机地结合起来，创立了辩证唯物主义和历史唯物主义，开辟了哲学史上的新纪元。

法国队与德国队之战，吸引了全世界球迷的关注，因为德国足球与法国足球都有着各自非常鲜明的风格与特点，并且同样是英雄辈出。而如果换个思路，从两国深厚的文化积淀中去品味他们的足球，可能会得到完全不同的情趣，我们不由得想到的是法国的绘画与德国的哲学。

法国绘画作为西方现代绘画艺术的鼻祖与发源地，产生出浪漫主义、印象主义等多彩多姿的流派，德拉克罗瓦、莫奈、雷诺阿、塞尚等一大批绘画大师的作品对整个绘画世界影响深刻。而法国足球似乎也深受其潜移默化的影响。

浪漫主义强调想象力、运动与色彩，是一种激情艺术，而从法国足球艺术之中我们不也同样感受到了吗？

法国足球那激情乐观并且带着拉丁风格的独特打法，好像正是在印证雷诺阿所说："绘画要有装饰功能，并给人以喜悦、乐观之感。"

德国哲学同样是西方现代哲学的鼻祖与发源地，康德、黑格尔、费尔巴哈、尼采这些哲学大师以其深邃、缜密的思索与推理，让整个哲学理性世界折服。而纵观德国足球艺术，也同样以严谨、缜密、一丝不苟的风格独树一帜。他们在足球场上所演绎的理性的美，正如康德的名言："美，是道德上的善的象征。"

当法国与德国在足球场上展开激战，我们如果想象着那是塞尚的绘画在对抗黑格尔的哲学，法国这一边参与进攻的是莫奈、雷诺阿、德加、毕沙罗的笔触与色彩，而德国那一边组成整体攻防的是康德、叔本华、尼采、海德格尔的论证与推演，那么，这场大战的看点或许会更丰富，更深入了。品着文化看比赛，或许比吃着薯条看比赛更有益于身心健康。

塞尚的这句名言或许就是对法国队的贴切评价："它是一个敏感的照相底版，但是这底版却须预先经过多次冲洗，进入敏感的状态。"而黑格尔则会如此教导德国队："精神上的道德力量发挥了它的潜能，举起了它的旗帜！"

名言汇总：

1. 绘画要有装饰功能，并给人以喜悦、乐观之感。

——雷诺阿

2. 美，是道德上的善的象征。

——康德

3. 它是一个敏感的照相底版，但是这底版却须预先经过多次冲洗，进入敏感的状态。

——塞尚

4. 精神上的道德力量发挥了它的潜能，举起了它的旗帜！

——黑格尔

【动物世界杯】法、德、巴、哥大点兵

明天凌晨的两场动物大决战必将达到白热化的程度，四大绿茵动物——哥伦比亚雄鹰、巴西鹦鹉、德国灰熊、法国雄鸡，正好是英（鹰）鹦（鹦）雄（熊）亮相。

在里约热内卢的马拉卡纳绿茵场，来自大西洋的海风似乎送来了大洋另一边的信息，让法国雄鸡与德国灰熊都从中嗅到了一丝丝家乡的味道，不过，此时此刻的法国雄鸡必须绞尽脑汁地思索如何打败硕大的德国灰熊，锐利的鸡喙本泽马誓要啄中灰熊的死穴。德国灰熊自然不会坐以待毙，强大的熊腰施魏因斯泰格、拉姆、赫迪拉是对付法国雄鸡的最有效手段。同时，还有一夫当关万夫莫开的后掌诺伊尔，这也将是灰熊制胜对手的另外一个关键法宝。

巴西鹦鹉与哥伦比亚雄鹰同时飞临福塔莱萨的卡斯特劳绿茵场，却有着完全不同的感觉。巴西鹦鹉因为是在家乡与哥伦比亚雄鹰做生死搏杀，因此得天时地利，整个鹦鹉群将围绕着内马尔大鹦鹉出色的突袭，展开致命的攻击，定要让哥伦比亚雄鹰在这里折翅铩羽。而哥伦比亚雄鹰则在年轻的鹰王罗德里格斯的率领下，誓做必压地头蛇的强龙，而夸德拉多等凶悍之鹰也必然会起到关键的作用。

当动物英雄们在绿茵场上狭路相逢之时，它们各自的心中不断翻腾的就只有这三个字——勇者胜！而勇者必胜！

23 | 7月5日

赛场 | 法国 0:1 德国

赛前硝烟：

在国际A级赛的历史上，法国队与德国队共交手25次，"高卢雄鸡"以11胜6平8负占据上风。在世界杯的历史上，法国队与德国队共交手过3次，常规时间内两队平分秋色，不分伯仲。1958年季军争夺战，法国队6:3大胜德国队；1982年两队在半决赛中打成3:3平，最终点球大战德国队笑到最后；1986年半决赛德国队2:0击败法国队。两队上一次交手还是在2013年的热身赛里，最终日耳曼战车客场2:1击败法国队。

北京时间7月5日0点，2014年巴西世界杯四分之一决赛的一场焦点战役在里约热内卢的马拉卡纳球场打响。两支欧洲老牌强队德国队和法国队为挺进半决赛展开了激烈的争夺。效力于多特蒙德队的中卫胡梅尔斯头球破门，打进了全场比赛唯一进球，最终德国队1:0战胜法国队挺进半决赛。德国队也成为世界杯历史上首支连续4次世界杯进入四强的球队，他们半决赛的对手将是巴西队和哥伦比亚队之间的胜者。

"狐媚"头球叩关，德国队闪击法国队

比赛进行到第12分钟，德国队首开纪录。博格巴后场防守犯规，裁判判给德国队前场左侧任意球，克罗斯将球传至禁区中路，胡梅尔斯头球得手，1:0。第23分钟，克洛泽禁区内突破时与德比希发生身体接触后倒地，但裁判没有任何表示，慢动作显示，法国队右后卫手上有个明显的拉扯动作，裁判的这次判罚值得商榷。第30分钟，埃弗拉后场防守放倒了克洛泽，裁判上前口头警告了法国队左后卫，并且判给德国队一个任意球，克罗斯将球罚到禁区内，马图伊迪一个蝎子摆尾般的杂耍动作，将球解围。

法国德国 1

克洛泽被替换下场，冲击纪录保留悬念

第69分钟，克洛泽被许尔勒换下场。本场比赛过后，克洛泽的世界杯进球数依然定格为15，冲击世界杯总进球纪录仍然留有悬念。1分钟后，法国队后场传球失误，德国队就地反击，穆勒接克罗斯横传，禁区右侧右脚推射，皮球擦着立柱飞出底线。第71分钟，效力于利物浦队的中卫萨科被科斯切尔尼换下。第73分钟，瓦拉内后场长传至禁区前沿，格列兹曼禁区前左脚打门，皮球飞出底线。随后，雷米上场替下卡巴耶。1分钟后，许尔勒接穆勒头球摆渡，禁区右侧右脚打门，皮球被雨果·洛里斯倒地化解。第75分钟，瓦尔布埃纳禁区左侧接格列兹曼分球，右脚射门打偏。1分钟后，格列兹曼禁区前斜传，本泽马左脚停球右脚抽射，皮球被拉姆伸脚阻截。第77分钟，法国队觅得良机，雷米左边路送出横传，马图伊迪后排插上，左侧底线附近左脚小角度抽射，诺伊尔封住角度，伸出双拳将球破坏。第80分钟，本场比赛异常活跃的格列兹曼反击中被"小猪"踢倒，裁判出示黄牌警告了德国人。

洛里斯神扑必进球，为法国队保留希望

第82分钟，"门卫"诺伊尔手抛球发动快攻，德国队前场形成4打2，穆勒

左边路送出横传，中路包抄队员一脚踢空，许尔勒后点左脚推射被洛里斯用脚神奇挡出，德国队错过了杀死比赛的绝佳时机。随后，格策上场换下厄齐尔。第84分钟，德尚换上阿森纳中锋吉鲁，换下瓦尔布埃纳，企图做最后一搏。下半场伤停补时4分钟，第91分钟，勒夫做出全场比赛最后一个换人调整，克拉默上场换下克罗斯。第94分钟，吉鲁禁区内做球，本泽马左肋左脚打门被诺伊尔扑出。此后双方再无建树，最终德国队1:0险胜法国队，率先昂首挺进半决赛。

双方出场阵容：

法国队（4-3-3）：1-洛里斯 /2-德比希、4-瓦拉内、5-萨科（21-科斯切尔尼，第71分钟）、3-埃弗拉 /19-博格巴、6-卡巴耶（20-雷米，第73分钟）、14-马图伊迪 /8-瓦尔布埃纳（9-吉鲁，第84分钟）、10-本泽马、11-格列兹曼

主教练：德尚

德国队（4-2-3-1）：1-诺伊尔 /16-拉姆、5-胡梅尔斯、20-热罗姆·博阿滕、4-赫韦德斯 /7-施魏因斯泰格、6-赫迪拉 /18-克罗斯（23-克拉默，第91分钟）、8-厄齐尔（19-格策，第83分钟）、13-穆勒 /11-克洛泽（9-许尔勒，第69分钟）

主教练：勒夫

赛场　巴西2:1哥伦比亚

赛前硝烟：

巴西队与哥伦比亚队此前共在国际A级比赛交锋25次，巴西队以15胜8平2负占据绝对优势。在得失球比方面，巴西队同样以进55球失11球占据明显上风。哥伦比亚队最近一次击败巴西队是在23年前，此后12次面对桑巴军团5平7负不胜，可谓苦主。不过，两队最近的4次对战全部以平局收场。

北京时间7月5日凌晨4时，2014年巴西世界杯第2场四分之一决赛拉开帷幕。在福塔莱萨的卡斯特劳体育场，经过90分钟激烈厮杀，东道主巴西队以2:1击败哥伦比亚队，赢得第2场南美内战。他们也将于北京时间7月9日凌晨4时在贝洛奥里藏特的米内罗球场与德国队争夺决赛权。第7分钟，队长蒂亚戈·席尔瓦接内马尔开出的角球远端用左膝将球撞入球门，不过席尔瓦下半场吃牌将因累计黄牌而无缘与德国队的半决赛。第68分钟，大卫·路易斯精彩的"电梯球"破门，将比分扩大为2:0。第77分钟，罗德里格斯主罚点球命中，扳回一球。

内马尔角球助攻，"弟媳"闪击破僵局

上半时伊始，两队便在中场展开激烈争夺。第4分钟，内马尔中路主罚直接任意球，偏出左立柱。第7分钟，内马尔左路开出角球，双方球员前点全部漏过，无人盯防的蒂亚戈·席尔瓦在远端小禁区内，近距离用左膝将球挡入球门，巴西队取得闪电进球，1:0！内马尔成为本届世界杯第7位送出助攻的巴西球员，这个进球也是巴西队在世界杯淘汰赛阶段的历史第3快进球。第10分钟，瓜林中路35米外任意球放出高射炮。随即，此前刷出5次助攻的夸德拉多在大禁区边缘一记左脚抽射，皮球擦着右立柱稍稍偏出。

巴西哥伦比亚1

席尔瓦愚蠢染黄无缘战德国，"鲁蓬蓬"送出"电梯"世界波

下半场伊始，哥伦比亚队率先做出了人员调整，效力于柏林赫塔的前锋拉莫斯替补出场。前10分钟，比赛依然是东道主巴西队的节奏。第59分钟开始，哥伦比亚队逐渐回勇，J罗垫传，瓜林不做调整20米外扫射打飞。第64分钟，蒂亚戈·席尔瓦毫无必要地干扰奥斯皮纳开门球，领到黄牌。巴西队长也因此在半决赛累计黄牌停赛，无缘对战德国队。第66分钟，耶佩斯在巴西队乱战中将球送入球门，不过哥伦比亚队之前便已经越位在先，进球无效。第67分钟，J罗滑铲放倒浩克领到黄牌。第68分钟，巴西队扩大领先优势。大卫·路易斯主罚中路30米外任意球，右脚直接射门轰出电梯球，皮球直接飞入球门右上角。在巴西队前锋不给力的情况下，"鲁蓬蓬"也连续两场比赛取得进球。

巴西哥伦比亚2

J 罗 5 场 6 进球，内马尔伤别世界杯

第 70 分钟，哥伦比亚队希望通过换人改变场上局面，巴卡上场替下古铁雷斯。第 73 分钟，内马尔的右脚弧线球擦门柱稍稍偏出。第 77 分钟，J 罗直塞妙传，巴卡赶在门将出击前顺势一领，随即被塞萨尔扫倒，主裁判贝拉斯科鸣哨黄牌警告塞萨尔并判罚点球，J 罗操刀骗过塞萨尔打左下角命中，取得个人在本届世界杯的第 6 球。

巴西哥伦比亚 3

最后阶段，巴西队连续换人，其中核心内马尔被哥伦比亚队后卫祖尼加侵犯，被担架抬离出场。他也因为这次受伤无缘本届世界杯余下比赛。补时阶段，哥伦比亚队前锋拉莫斯利用定位球机会抢点头球偏出。哥伦比亚队门将奥斯皮纳甚至冲到前场争抢任意球落点，不过拉莫斯的头球顶高。最终，桑巴军团以 2:1 击败哥伦比亚队，近 3 届世界杯首次闯入四强。而赛后大卫·路易斯安慰 J 罗的画面也成为世界杯上的又一个温情瞬间。

赛后 J 罗表示："是的，我非常伤心，但我们在场上已经做到了全力以赴，当然今天裁判的判罚也对我们有些不利。巴西队是非常强大的球队，但我们已经可以安静而骄傲地离开球场。"

面对本场比赛踢伤内马尔的争议犯规，对内马尔犯规的祖尼加表示："我对内马尔的受伤抱歉。但是在我看来，我并没有想伤害他，这只是一次合理拼抢。在比赛中，我从未想过伤害球员。我纯粹是为了我的祖国哥伦比亚，为了这身队服而去拼抢。"

双方出场阵容：

巴西队（4-2-3-1）：12- 塞萨尔 /23- 麦孔、3- 蒂亚戈·席尔瓦、4- 路易斯、6- 马塞洛 /8- 保利尼奥（18- 埃尔纳内斯，第 86 分钟）、5- 费尔南迪尼奥 /7- 浩克（16- 拉米雷斯，第 82 分钟）、11- 奥斯卡、10- 内马尔（15- 恩里克，第 88 分钟）/9- 弗雷德

主教练：斯科拉里

哥伦比亚队（4-2-3-1）：1- 奥斯皮纳 /18- 祖尼加、2- 萨帕塔、3- 耶佩

7 月 5 日

斯、7-阿尔梅罗/13-瓜林、6-桑切斯/11-夸德拉多（20-金特罗，第80分钟）、10-罗德里格斯、14-伊巴尔博（19-阿德里安·拉莫斯，第46分钟）/9-古铁雷斯（17-巴卡，第70分钟）

主教练：佩克尔曼

《豪门盛宴》解读世界杯

【张斌语录】

面对这样的比赛，我们对足球的认识一定是一次次地加深。足球容不得任何矫情和虚无，足球就是要胜利，世界杯就是要胜利。所以我们坚信一句话：胜利是继续胜利的能量。世界杯到这个阶段，唯有胜利，才能打开前进之路。

【关键先生】大卫·路易斯

虽然最后时刻罗德里格斯为哥伦比亚队扳回一球，但巴西人大卫·路易斯的光芒，仍无人能遮挡。面对强大的哥伦比亚队，司职中卫的路易斯成为巴西队的隐形攻击点。第67分钟，正是罗德里格斯的犯规领到一张黄牌给了巴西人路易斯展现任意球绝技的机会，在距离球门35码处，路易斯居然打出一脚力道十足、角度极佳的电梯球，令对方门将猝不及防。两球领先的巴西队此时已将哥伦比亚队逼上绝境。除了进球，路易斯在哥伦比亚队的两肋不断穿插跑动捍卫了巴西队的禁区，有了攻防两端的出色表现，路易斯自然是巴西队晋级四强的头号功臣。

在巴西队后防线上，大卫·路易斯因为他的爆炸头发型而格外显眼，而他在场上的表现跟他的形象一样吸引眼球，成为所有前锋的噩梦。首场淘汰赛面对强敌智利队，正是路易斯的进球让东道主率先打破僵局，点球决胜，又是路易斯第一个站在罚球点将球打进。关键时刻，球队不能缺领袖，但这支巴西队的领袖，毫无疑问是大卫·路易斯。

今晨巴西队为了胜利付出惨痛代价，头号球星内马尔严重受伤告别世界杯，队长蒂亚戈·席尔瓦吃到黄牌停赛，面对异常艰难的半决赛，大卫·路易斯将要带领新的后防组合抵御日耳曼战车的一次次冲击。

【内马尔：国家英雄】

当内马尔在全场观众的注视下躺在担架上缓缓进入球员通道，这个桑巴军团的天王领袖渐渐远离了他的队友，也远离了马拉卡纳最后的战场。从那个时刻开始，内马尔牵动着整个巴西的神经。他就是巴西人民心中的国家英雄。

从2009年初登职业足球的赛场，内马尔出众的足球才华在很短的时间内就征服了所有的球迷。永远都显得肥大的球衣，令人眼花缭乱的脚下技术和精妙的突破节奏让他成为了所有南美后卫的噩梦。

2010年的8月，年仅18岁的内马尔就完成了他的国家队首秀，轻松自如的盘带和一个干净利落的进球，让巴西球迷看到了罗纳尔多之后，桑巴军团又一个天王巨星的影子。2011年和苏格兰队的友谊赛，独中两元的内马尔一举确立了自己在桑巴军团的核心地位。

如此闪光的内马尔自然逃不过欧洲豪门的追逐，在巴塞罗那的诺坎普球场，内马尔迈出了他征服欧洲的脚步。在巴萨群星的簇拥下，他不再是以前那个骨瘦如柴的男孩儿，面对质疑，内马尔选择用进球回应。看到他的迅速成长，最高兴的人自然是巴西队主教练斯科拉里。

2013年的联合会杯，内马尔率领着可能是史上最平民的巴西队在家门口用完美的表现最终登顶。而他本人用4粒石破天惊的进球向所有人宣告，巴西队正式进入内马尔时代。

还是那张孩子的脸，泪水中依然能读出几分坚毅和从容。首战克罗地亚队，他单骑救主，对智利队的点球大战，巨大压力之下稳稳命中，内马尔用22岁的肩膀独自扛起了整个桑巴大地的梦想。当他无力从伤痛中站起，告别的一幕让我们不忍再看，这一刻，我们宁愿他还是那个桑托斯的精灵少年。请珍重，世界杯的舞台等你回来。

【罗德里格斯：最美的乐章】

20 天前，当这个稚气未脱的年轻人第一次走进世界杯的赛场，没有人会想到他将在世界杯的舞台上绽放光芒。对阵希腊队的比赛，他用一粒精彩的进球为哥伦比亚队锁定胜局，人们第一次记住了他的名字——罗德里格斯。15 天前，他在"魔兽"德罗巴的眼前把球送入科特迪瓦队球门，带领哥伦比亚队昂首前进。10 天前，罗德里格斯在不到 45 分钟的出场时间内，两传一射，护送哥伦比亚队以全胜战绩挺进 16 强。6 天前，他的那记 20 米开外的世界波，直接把乌拉圭队送回了家，这天过后，J 罗的名号响彻世界，这个 22 岁的年轻人用一次次惊艳的表现，抚平了哥伦比亚队失去法尔考的伤痛。今天，罗德里格斯再次攻陷对手的城池，只是这一次他没能再带领哥伦比亚队走得更远。终场哨响起，J 罗潸然泪下。

【同期】

对于这样的结果我很伤心，我们已经拼尽了全力。今天裁判对我们的判罚也有些不利，面对这样一支强大的巴西队，我们可以安静而骄傲地离开这个赛场。

我要谢谢我的球迷，他们始终对我们充满了信心，很遗憾我们没能达到他们预想的结果，但是我们还要继续前行。

——詹姆斯·罗德里格斯

当泪水从这张稚嫩的脸庞上滑过，我们才想起，这个连续 5 场比赛斩获 6 粒进球的超级杀手，这个即使遭到严防死守也能送出绝妙助攻的超级新星，这个凭一己之力护送哥伦比亚队披荆斩棘的超级英雄，如今只是一个 22 岁的大男孩。对于罗德里格斯来说，世界杯充满了太多的期待，也饱含着太多的残酷，当一切戛然而止，他只能用泪水为离别描摹最后的句点。J 罗请不要悲伤，当对手搂住你的肩膀，那是全世界对你深深的偏爱；J 罗请不要悲伤，当你洋溢着青春跳动曼妙的舞步，那是你留给我们最美的乐章；J 罗请不要悲伤，当你转身离去，等待你的是前程似锦的美好未来。

【绝对巨星】蒂亚戈·席尔瓦

头顶世界第一中卫的光环,肩配五星巴西的队长袖标,蒂亚戈·席尔瓦承载的压力不可谓不大。前锋若出现失误,那仅仅是他没能把握机会,而后卫若是出错,后果就严重得多,必须背负输球的责任。

不过这一切在蒂亚戈·席尔瓦身上,都不是问题,他既是桑巴军团后场当之无愧的防守司令,又是一名带刀侍卫,拦截对方攻势、前场参与进攻,样样精通,全场跑动,积极程度堪比劳模。

在本届世界杯小组赛阶段,他就曾多次在前场抢点,但始终未能建功。八分之一决赛对阵智利队,巴西队队长终于发威,助攻中卫搭档大卫·路易斯为球队首开纪录。

今天凌晨进行的另一场南美德比,五星巴西与首次杀入八强的哥伦比亚队争夺四强席位。全世界的目光都集中在两队头号球星内马尔和罗德里格斯身上,而蒂亚戈·席尔瓦开场仅7分钟就接应角球将皮球挡入球门,为球队取得领先。队长用这样的方式稳住了近期发挥不佳的巴西队全队的军心,告诉大家他会一直带领球队一步步前进,直到他们摘下那第6颗星。

【那年他们22岁】

那一年他们22岁,那一年他们是足球世界的焦点。

1962年,22岁的贝利在智利开始了他的第2次世界杯征战。在这届被称为史上最粗野的世界杯中,贝利也没能幸免,因为受伤他只打了一场半的比赛。不过巴西队依然卫冕成功。而贝利4次参加世界杯3次夺冠的历史犹如高山矗立在后辈的面前。

1982年,22岁的马拉多纳走上西班牙世界杯的赛场,如影随形的后卫让他失去了空间,也失去了理智。终于在与巴西队的比赛中,他用一张红牌结束了自己的首次世界杯之旅。尽管经历并不完美,但新球王的故事已经开篇。

2009年,另一位阿根廷巨星梅西22岁,这一年没有世界杯,但梅西仍然成为世界足坛最大的赢家。2008/2009赛季,他为巴塞罗那队打进38球,帮助球队赢得西甲、欧冠和国王杯3项冠军。这一年的金球奖、世界足球先生两项大奖被他毫无悬念地收入囊中。

同样写下22岁传奇的还有迈克尔·欧文。2001年，22岁的欧文为利物浦队连夺欧洲联盟杯、超级杯、英格兰足总杯、联赛杯以及慈善盾杯5项桂冠，54场比赛36个进球也让欧文当选为这一年的欧洲足球先生。

回到世界杯的舞台上，1998年，巴西人罗纳尔多22岁，这一年他终于以主力身份登上了世界杯殿堂。这届比赛中，罗纳尔多给世界留下了太多的记忆，标志性的狂飙突进，开启世界杯进球纪录的4次得分，当然，还有他决赛前突然晕厥的难解之谜。

2002年，罗纳尔迪尼奥22岁，韩日世界杯他和罗纳尔多、里瓦尔多一起，组立了令对手胆寒的"3R组合"。与英格兰队的四分之一决赛，全世界见证了罗纳尔迪尼奥的才华，他先是助攻里瓦尔多打入扳平一球，继而用一记35米外的吊射写下经典，尽管7分钟之后被红牌罚下，但他脚下诡异的弧线，还有他嘴角诡异的微笑，至今仍被球迷津津乐道。

时光行至2014，这一年，罗德里格斯22岁，内马尔22岁。虽然岁月更迭，但在22岁这个遗憾和希望交织的年纪，他们和前辈一起留下奋斗的足迹，有时幸福，有时感伤，有时锋芒毕露，有时暂别理想。请记住这个青春坐标，那一年，他们22岁。

【动物世界杯】荷、哥、阿、比大点兵

德国灰熊与巴西鹦鹉凭借英雄之豪情，再次以来之不易的胜利继续称霸绿茵沙场，而这极大地激励了另外4种绿茵动物前仆后继的雄心，它们是荷兰狮群、哥斯达黎加大王蛇以及潘帕斯雄鹰和比利时红隼。

在风景优美的海滨萨尔瓦多，荷兰狮群绝不是来欣赏美景的，因为在它们心中就只有一种美景，那就是胜利。狮子王罗本一定会继续实施它的快速攻击，让对手乖乖就范，而捕猎能手范佩西、斯内德、亨特拉尔也会与狮群密切协作，轮番发动有威胁的战术进攻！在绿茵中不动声色逶迤而行的哥斯达黎加大王蛇则小心地吐着蛇芯，探测着荷兰狮群的关键信息，鲁伊兹依然是大王蛇最有致命威胁的毒牙，如果对手被它注入毒液，或许这将为大王蛇打开胜利之门。

在鲜花盛开的巴西利亚，比利时红隼热切希望自己就是那朵最鲜艳的胜利之花。梅尔滕斯、德布劳内，卢卡库以及宝刀未老的范比滕就是红隼善于飞翔的有力的翅膀，而孔帕尼则是犀利进攻的钩状的喙，它会在转瞬之间啄向对手的要害。不过，潘帕斯雄鹰当然不是等闲之鹰，而令对手生畏的鹰嘴梅西，会以更快更准确的袭击还以颜色，迪马利亚与阿奎罗作为狠狠抓住猎物的鹰爪，也必然会凶猛异常！

两场决胜之斗，没有谁愿意悲惨地步法国雄鸡与哥伦比亚鹰的后尘，荷兰狮群誓要与哥斯达黎加大王蛇决出地上的王者，而比利时红隼与潘帕斯雄鹰则必然要比试出谁才是真正的空中之王！

【历史上的阿比之战】

蓝白军团大热亟待打破八强魔咒，欧洲红魔人才井喷有望创造历史，即将上演的这场四分之一决赛更大的看点来自于两队32年的历史渊源。

1982年的揭幕战是世界杯历史上著名的冷门，初出茅庐的马拉多纳没能在新东家的主场诺坎普发挥传说中的威力，却亲眼见证了范登博格的进球和欧洲红魔的崛起，阿根廷队0:1爆冷憾负对手。

4年后的墨西哥，比利时队势头依旧强劲，接连淘汰苏联队和西班牙队杀入四强，再次遭遇阿根廷队。上半时，双方势均力敌、互交白卷，但在下半时11分钟之内，马拉多纳便开启了球王模式，连入两球，几乎是凭借一己之力带领阿根廷队杀入决赛。正如比利时小将希福所说："阿根廷队并不可怕，但是他们有马拉多纳。"1986年堪称马拉多纳一个人的世界杯，欧洲红魔沦为球王加冕仪式的可怜配角。

28年后的今天，梅西能否复制神迹，红魔又能否突破极限？零点的巴西利亚国家体育场，这场强强对话即将拉开帷幕。

24 | 7月6日

赛场 | **阿根廷 1:0 比利时**

赛前硝烟：

在世界杯历史上，两队曾交锋过两次。在1982年世界杯小组赛中，比利时队曾以1:0击败阿根廷队。在1986年世界杯半决赛中，阿根廷队2:0击败比利时队，马拉多纳也留下了那张经典的照片。

此役，阿根廷队轮换3人，德米凯利斯、巴桑塔和比格利亚进入首发，小将罗霍因累计两张黄牌被停赛一场。比利时队轮换1人，效力于英超埃弗顿队的米拉拉斯顶替梅尔滕斯首发，有伤在身的范登博雷和维尔马伦则继续休战。

北京时间7月6日0点，2014年巴西世界杯第3场四分之一决赛开战。在巴西利亚的国家球场，阿根廷队1:0小胜比利时队，继1990年世界杯后首次打进四强。第7分钟，迪马利亚右侧直传被后卫触碰后变向，伊瓜因大禁区中路右脚迎球扫射，皮球飞入球门左下死角。1:0，阿根廷队取得领先，伊瓜因打进自去年8月以来个人第一个国家队进球！

伊瓜因闪击助阿根廷队领先

阿根廷队上一次进入世界杯四强还要追溯到24年前，当时在马拉多纳的带领下阿根廷队杀入决赛，最终0:1饮恨在联邦德国队脚下，屈居亚军。此后的5届世界杯里，阿根廷队虽然众星闪耀，但最好成绩也仅为八强。

比赛进行到第8分钟，马斯切拉诺在中场断球后传给梅西，梅西在吸引3名比利时队员防守后分球给迪马利亚。迪马利亚的传球被对方后卫改变了方向，正好落在前锋伊瓜因脚下，"小烟枪"反应神速，右脚外脚背冷射将球打入库尔图瓦把守的大门。这也是这位阿根廷队主力前锋世界杯开赛5场以来的首个进球。

阿根廷比利时1

阿扎尔低迷，比利时队进攻只开花不结果

阿根廷队的闪电进球，也让比利时队在开场之后陷入被动。但回过神来的欧洲红魔，随即发动反击。德布劳内在快攻中的一脚远射稍稍偏出，客串左后卫的维尔通亨的传中也颇具威胁。进球之后的阿根廷队采取了守势，比利时队有威胁的进攻层出不穷，但因为核心阿扎尔的低迷，始终无法获得进球。

第28分钟，阿根廷队通过反击获得了一次绝佳的进球良机，迪马利亚突袭到前场，获得了与比利时队队长孔帕尼一对一的机会，不过这位上赛季帮助曼城队获得英超联赛冠军的铁闸表现十分稳定，不但封死了迪马利亚的射门线路，还迫使迪马利亚离场，阿根廷队随即用佩雷斯将他换下。第39分钟，梅西盘带时被比利时队侵犯，阿根廷队获得了一个位置极佳的任意球，梅西的攻门稍稍偏出球门，随即惊出比利时队门将库尔图瓦一身冷汗。阿根廷队以1:0领先结束上半场。

下半场易边再战，阿根廷队的进攻稍有改善。第54分钟，伊瓜因再次觅得良机。他带球突破了比利时队防线后，形成单刀，随即一脚劲射，皮球重重砸在球门横梁上。此后，背水一战的比利时队派上了切尔西前锋卢卡库意在加强攻势，此后，比赛开始进入比利时队围攻、阿根廷队防守反击的节奏。比利时队的围攻收效不大，阿根廷队反而在补时阶段获得良机，梅西获得了宝贵的单刀球机会，但他的射门却被此役表现优异的马竞门神库尔图瓦成功封堵。虽然门将表现出色，但比利时队在进攻端碌碌无为，最终本届世界杯最受期待的黑马止步于八强。

双方出场阵容：

阿根廷队（4-2-3-1）：1-罗梅罗/4-萨巴莱塔、15-德米凯利斯、2-加雷、23-巴桑塔/6-比格利亚、14-马斯切拉诺/22-拉维奇（18-帕拉西奥，第70分钟）、10-梅西、7-迪马利亚（8-恩佐·佩雷斯，第32分钟）/9-伊瓜因（5-加戈，第80分钟）

主教练：萨维利亚

比利时队（4-2-3-1）：1-库尔图瓦/2-阿尔德韦雷尔德、15-范比滕、4-

孔帕尼、5-维尔通亨/8-费莱尼、6-维特塞尔/11-米拉拉斯（14-梅尔滕斯，第59分钟）、7-德布劳内、10-阿扎尔（22-查德利，第74分钟）/17-奥利吉（9-卢卡库，第58分钟）

主教练：威尔莫茨

赛场　荷兰4:3哥斯达黎加

赛前硝烟：

此役是荷兰队与哥斯达黎加队两国成年国家队之间的首次交锋，也是八强球队中"最锋利的矛"与"最坚固的盾"球队间的直接碰撞。本场比赛之前，荷兰队在近25场国际A级比赛仅负1场，且最近6场比赛全胜。此外，荷兰队最近11次面对中北美及加勒比地区的球队10胜1平未有败绩。而反观首次杀入世界杯八强的"黑马"哥斯达黎加队，最近7次面对欧洲球队只有可怜1胜，就是刚刚在小组赛阶段一球小胜"蓝衣军团"意大利队。

此役，荷兰队后腰德容伤停，德佩得令先发出现在边锋位置。另外，因迪回到首发，费尔哈赫重回替补席。范加尔虽然仅做出两处人员调整，但阵型变为3-4-3，强攻意味溢于言表。

哥斯达黎加队的后卫杜阿尔特被罚坐"球监"，阿科斯塔入替，这也是哥斯达黎加队与出战16强赛时相比先发阵容的唯一变化。本场比赛之前，两队还进行了反对种族歧视的仪式。

北京时间7月6日凌晨4时，2014年巴西世界杯四分之一决赛最后一场拉开帷幕。在萨尔瓦多的新水源竞技场，120分钟之内，荷兰队与哥斯达黎加队0:0闷平，点球大战前，范加尔祭出奇兵，最后时刻凭借替补出场的门将克鲁尔点球大战中的两次神勇扑救，最终以4:3淘汰哥斯达黎加队挺进半决赛。北京时间7月10日凌晨4时，荷兰队将在圣保罗竞技场与阿根廷队争夺进入决赛的门票。

斯内德击中横梁，哥斯达黎加队逃过一劫

第66分钟，哥斯达黎加队率先做出换人调整，乌雷尼亚上场，替下小将坎贝尔。第73分钟，斯内德主罚前场任意球，弗拉尔头球高出。第75分钟，伦斯换下德佩。之后，哥斯达黎加队用迈里换下了受伤的甘博亚。第81分钟，罗本左肋突破被冈萨雷斯拽倒，为荷兰队创造了位置极佳的任意球机会。第82分钟，斯内德主罚，右脚直接射近角，皮球绕过人墙直接击中左立柱弹出，哥斯达黎加队逃过一劫。第84分钟，范佩西大禁区右侧的右脚劲射又被纳瓦斯封出。

范佩西浪费3次绝杀

第88分钟，斯内德左路妙传，范佩西突然"断电"，他瞅准补位的推射居然未能踢到皮球。补时第1分钟，范佩西右路任意球直接射门被此役表现出色的纳瓦斯双拳将球击出。补时第2分钟，布林德接斯内德直塞球在左路横传门前，门前荷兰队居然多点漏过，范佩西大禁区内这次抽中了皮球，但是他的劲射被守在门线上的特赫达一挡击中横梁后弹出。90分钟比赛结束时，两队依然毫无建树，不得不进入加时赛争夺。

纳瓦斯神勇，荷兰队继续无奈

第94分钟，弗拉尔接罗本传球后撤中7米处头球攻门被纳瓦斯封出。第97分钟，哥斯达黎加队用完最后一个换人名额，库贝罗替补出场。随即，乌雷尼亚在荷兰队禁区内摔倒，伊尔马托夫示意比赛继续，弗拉尔则怒斥对方有假摔嫌疑。第102分钟，罗本连续两次射门都被防守球员直接封堵，不过第2次射门皮球打在迪亚斯胳膊上因此赢得任意球机会。加时赛上半场比赛结束时比分仍是0:0。

斯内德再次射中横梁，范加尔补时遣奇兵

加时赛下半场，亨特拉尔替补登场。第111分钟，亨特拉尔因为冲撞门将吃到黄牌。第115分钟，博拉尼奥斯在大禁区左侧射门被弗拉尔挡出底线。1分钟后，乌雷尼亚接鲁伊兹传球大禁区右侧射门，被西莱森封堵。第118分钟，斯

内德大禁区边缘右脚兜射弧线球，皮球再次击中横梁。最后阶段，范加尔祭出奇兵，荷兰队最后一个换人名额用在门将身上，来自英超纽卡斯尔联队的克鲁尔将此前 16 次面对点球全部让对手罚进的西莱森换下。

120 分钟比赛结束，比分依然是 0:0，因此进入点球决战，这是本届世界杯第 3 次点球决胜，也是哥斯达黎加队连续第 2 场通过点球大战决定比赛。

克鲁尔不负众望，神奇两扑助荷兰队挺进四强

点球决战第 1 轮，博尔赫斯和范佩西都将球打进球门右下角，虽然两队门将克鲁尔和纳瓦斯方向判断正确，但皮球都进入球网，1:1 平；第 2 轮，鲁伊兹左脚踢球门右下角被克鲁尔扑出，罗本主罚骗过纳瓦斯命中球门左侧，荷兰队 2:1 领先；第 3 轮，冈萨雷斯继续选择打右侧，克鲁尔方向依然判断正确，只是角度太刁皮球入网，斯内德则骗过纳瓦斯打左侧冷静罚中，荷兰队 3:2 领先；第 4 轮，博拉尼奥斯和库伊特也双双命中，荷兰队以 4:3 依然掌握优势；第 5 轮，乌马尼亚打球门右角又被克鲁尔神勇封出。凭借替补门将克鲁尔的神奇发挥，荷兰队也以 4:3 赢得点球大战挺进四强。

荷兰哥斯达黎加点球

双方出场阵容：

荷兰队（3-4-3）：1- 西莱森（23- 克鲁尔，第 120 分钟）/4- 因迪（19- 亨特拉尔，第 105 分钟）、3- 德弗赖、2- 弗拉尔 /5- 布林德、10- 斯内德、20- 维纳尔杜姆、15- 库伊特 /11- 罗本、9- 范佩西、21- 德佩（17- 伦斯，第 75 分钟）

主教练：范加尔

哥斯达黎加队（5-4-1）：1- 纳瓦斯 /16- 甘博亚（8- 迈里，第 77 分钟）、2- 阿科斯塔、3- 吉安卡罗·冈萨雷斯、4- 乌马尼亚、15- 迪亚斯 /9- 乔·坎贝尔（21- 乌雷尼亚，第 66 分钟）、5- 博尔赫斯、17- 特赫达（22- 库贝罗，第 97 分钟）、7- 博拉尼奥斯 /10- 鲁伊兹

主教练：平托

《豪门盛宴》解读世界杯

【绝对巨星】伊瓜因

天道酬勤,韬光养晦,厚积薄发,中国古代的智慧在阿根廷人伊瓜因身上表露无遗。

4年前的南非,伊瓜因在对阵韩国队的小组赛中独中三元,其中下半时的两个进球打得十分轻松。

八分之一决赛迎战墨西哥队,伊瓜因抓住后卫的失误,拿球轻快突破进入禁区,帮助球队挺进八强。当年"小烟枪"的强势表现让人闻风丧胆。

不过,本届世界杯打到第5场比赛,作为阿根廷队正选中锋的伊瓜因却仅有4次射门打在门框范围之内,不得不承认,这是一项令人尴尬的数据。尽管数据一般,但"小烟枪"不鸣则已,一鸣惊人。

四分之一决赛,阿根廷队遭遇强敌比利时队,开场8分钟他打进的这粒进球含金量极高,也为他赢得了全场最佳的名号,终结了梅西的四连庄。下半时,他还穿裆过掉孔帕尼,形成单刀,只可惜射门击中了横梁,错失了梅开二度的机会。

在蓝白军团最需要他爆发的时候,伊瓜因迅速从低迷的状态当中苏醒,担起了主力中锋的责任,带领阿根廷队稳步向前。

【关键先生】纳瓦斯

球队打进八强,哥斯达黎加人创造的历史离不开门将纳瓦斯的神奇表现。今晨对荷兰队一战,纳瓦斯差点将历史刷新,要不是他在120分钟内的7次扑救,恐怕比赛早已提前结束。虽然哥斯达黎加队的黑马之旅在四分之一决赛终结了,但纳瓦斯已经在本届世界杯上演了传奇。

比赛第21分钟,范佩西极具威胁的低射被纳瓦斯奋力挡出,这仅仅是他表演的开始。7分钟后,德佩的小角度打门、10分钟后斯内德的任意球打门、下半场伦斯和库伊特的两次头球均被纳瓦斯成功化解。本场比赛荷兰队20次射门15

次射正，但纳瓦斯的表现可谓"只手遮天"。虽然最终未能帮助球队晋级，但纳瓦斯120分钟的表现足以使他再度当选关键先生。

哥斯达黎加队作为本届世界杯最大黑马，从死亡小组以第一名出线，到击败希腊队晋级八强，第一次参加世界杯的纳瓦斯稳如泰山的表现一度成为哥斯达黎加队的英雄。作为世界杯上闪光的"门神"之一，"网球训练法"成为纳瓦斯常用的训练手段，在哥斯达黎加队一段纳瓦斯的训练视频中，纳瓦斯与西班牙网球选手巴勃罗·安度哈尔一起训练。巴勃罗挥拍开球，纳瓦斯则在门前扑网球，据悉网球球速达到了160公里每小时。但即使面对网球，纳瓦斯的扑救成功率依旧惊人。

当比赛结束的哨音响起，纳瓦斯和他的队友们结束了世界杯旅程，但他们留下的瞬间将在南美这片土地被永远铭记。

【传奇】范加尔的足球经

今天凌晨，范加尔再次向我们展现了他的指挥魔力。120分钟内，橙衣军团的狂轰滥炸始终无法攻破对手的城池，所有人都焦急地等待着主帅的变阵，范加尔却始终镇定自若。第120分钟50秒的时候，荷兰人终于亮出了自己的最后一张牌，用替补门将克鲁尔换下西莱森，正是这个世界杯历史上最晚的一次换人，成就了一段新的传奇。门线前的克鲁尔显得非常老练，哥斯达黎加队第2个出场的鲁伊兹就倒在了他的面前，哥斯达黎加人信心受到了严重的打击，乌马尼亚最后一轮出场，他的罚球再次被克鲁尔飞身封出。如果今天之前克鲁尔并非战功赫赫，那么今天，范加尔就亲手将他送上了神坛。与球员们的疯狂相比，范加尔略显平静，或许此刻他的心已经飞到了科林蒂安竞技场，几天后，在与阿根廷队的战场上，有更艰难的战役等着他去指挥。

这已经是范加尔在本届杯赛上第4次演绎神奇。小组赛第2轮面对澳大利亚队，中场休息时他换上了年仅20岁的小将德佩，结果德佩在下半场传射建功，成为了球队逆转取胜的重功之臣。最后一轮迎战智利队，眼看橙衣军团迟迟无力打开局面，他先后换上了德佩和费尔，两名90后小将不负众望，各入一球，帮助球队以小组第一挺进16强。八分之一决赛迎战墨西哥队，范加尔在最后时刻换上亨特拉尔，后者一传一射，帮助荷兰队死里逃生，惊险晋级。

在范加尔厚厚的执教履历中，巴塞罗那是最重要的篇章。他上任的第一个赛季，就带领巴塞罗那队豪取西甲冠军和国王杯冠军，并且在西班牙国家德比中，用两场漂亮的胜利双杀死敌皇马。第二个赛季，范加尔继续带领巴萨高歌猛进，蝉联西甲冠军。虽然执教巴塞罗那的时间并不长，但是范加尔为球队发掘了哈维、普约尔、伊涅斯塔、巴尔德斯等年轻球员。未来十数年，这些年轻人在巴萨和西班牙队一统天下的霸业中功勋卓著。

2009年7月，范加尔出任拜仁慕尼黑主教练。在拜仁的第一年，这位荷兰名帅就率队夺取国内联赛杯赛双冠王，欧冠赛场也杀入到了最后的决赛。一年内，他对拜仁进行了成功的改造，"罗贝里"的攻击组合名噪欧洲。拜仁极具观赏性的攻势足球就是出自范加尔的精心雕琢。而在拜仁，他同样为球队提携了托马斯·穆勒、巴德斯图贝尔等年轻的小将。他的到来，让低谷中的德甲霸主迅速恢复了活力。

世界杯结束后，范加尔已经确定接过曼联教鞭，这个满腹足球经纶的老帅，会不会在老特拉福德继续他的神奇，继弗格森之后，他能否在梦剧场开创属于自己的王朝，答案将由时间——揭晓。

【替补门神救世主】

今天凌晨的四分之一决赛中，范加尔在加时赛第120分钟打出了最后一张牌，门将克鲁尔替补出场，这次世界杯历史上最晚的一次换人成为了橙衣军团挺进四强的神奇武器。

克鲁尔的表现堪称天神下凡，5粒点球全部判断对了方向，扑出两球，直接将荷兰队送入了四强。

专为点球大战而换上超级替补门将，类似的精妙换人并不是范加尔的首创。2006年女足亚洲杯决赛，中国队与东道主澳大利亚队争夺冠军。中国姑娘们在落后两球的情况下，奇迹般地连扳两球，将比赛拖进了加时赛，之后双方都没有再取得进球。眼看即将进入点球大战，最后时刻，谁也没有想到，马良行竟然选择换上替补门将张艳茹。这个19岁的姑娘没有辜负教练的信任，连扑两球，成为了中国队夺冠的第一功臣。

不过，并不是每一次这样的调整都能收获奇效，韩国人就曾经打错了如意算盘。2010年广州亚运会男足半决赛，韩国队对阿联酋队的比赛打到了加时赛的最后时刻，比分仍然是0:0。这时韩国队认定，将以点球决胜，为此专门换上了"点球专家"李范永。谁知，正是换下守门员后片刻的混乱，酿成了大错。还剩20秒时，阿联酋队打进了绝杀一球。韩国人的秘密武器没有机会派上用场，只能无奈地目送对手晋级。

球场有风险，换人需谨慎，绿茵场上出人意料的结果一次又一次地告诉我们，足球，真的是圆的。

【N角度】荷兰队VS哥斯达黎加队——围棋解读

围棋是汉民族传统文化中的瑰宝，体现了汉民族对智慧的追求。古人常以"琴棋书画"论及个人的才华和修养，其中的"棋"指的就是围棋。围棋，古代称为弈，相传已有4000多年的历史。围棋的规则十分简单，却拥有十分广阔的落子空间，棋盘有横竖19条线，总共有361个交叉点，所以下法变化多端。围棋被认为是目前世界上最复杂的游戏之一。

当荷兰队在点球大战中以4:3战胜了哥斯达黎加队的时候，我们冷静下来反复思考，荷兰队主教练范加尔的每一个战术安排，仿佛都在诠释着《围棋赋》中的经典："略观围棋，法于用兵。三尺之局，为战斗场。"

荷兰人的确是在以一种对弈中的严谨战术布局战斗。反观哥斯达黎加人，或许他们以为点球大战是自己"彼强自保"、战胜强大对手的唯一突破口。因为与希腊人的点球交锋让他们积累了足够的信心。但是今天，荷兰教练范加尔在对弈中"弃子争先"的奇谋——克鲁尔，成为了他们难以逾越的"巨型风车"。

范加尔现在或许会用围棋十诀中的"攻彼顾我"调侃哥斯达黎加人：将要攻击对方时，要想到自己的安危与发展，以及和全局的配合。虽然哥斯达黎加人的黑马之路走到了尽头，但是他们可以高昂着头接受英雄般的赞誉。他们或许正如围棋对弈中"动须相应"的道理：要有全局观念，时时刻刻都要将全局的形势放在首位，局部要和全局呼应配合。在辉煌之后，必须经历痛苦才能最终成功。

哥斯达黎加人必须从"棋差一招"的失败中获得战术的升华，读懂对弈中的战术真谛。而荷兰人只不过是兵行险招后的奇谋制胜。此时此刻，面对前方更加强大的阿根廷队，他们应该时时牢记《围棋赋》中的警示："要时时刻刻未雨绸缪、深谋远虑，这样胜利才是一种必然的结局。"

名言汇总：

1. 略观围棋，法于用兵。三尺之局，为战斗场。

——《围棋赋》

2. 要时时刻刻未雨绸缪、深谋远虑，这样胜利才是一种必然的结局。

——《围棋赋》

【动物世界杯】归家的4种感受

又有患难四兄弟退出了巴西绿茵的动物大战，它们默默地体会着残酷的法则，被终结者必须离开。

比利时红隼带着仰天长叹的遗恨，向着大西洋的彼岸飞翔。随着双翅的强有力的振动，红隼自豪地回忆着一次次辉煌的搏杀。然而，唯一的一次失利，也是最后的失利，成就了潘帕斯雄鹰的绝杀。红隼深刻地读懂了这样一句话："你不能样样胜利，但你可以事事尽力。"

法国雄鸡永远都不会呆若木鸡！它们只会以自己惜败的悲壮，激励着绿茵英雄们闻鸡起舞！它们已然冲破了自我的藩篱，却也同样是以唯一的一次失利成就了强大的对手，而它们一飞冲天的壮志不会熄灭。运气的确跟雄鸡开了个玩笑，但是，法国雄鸡应该这样开导自己："你不能左右天气，但你可以改变心情。"

哥伦比亚雄鹰依然雄心勃勃地展翅高飞。它们虽然为没能实现最终的宏愿而沮丧和懊悔，但是崭露头角的年轻的鹰王，瞬间耀眼夺目，成为哥伦比亚鹰群的骄傲！它用辉煌告诉我们："你不能决定生命的长度，但你可以控制生命的宽度。"

哥斯达黎加大王蛇毫无遗憾地盼望着回家，因为，在家乡它们必然会享受到热烈而盛大的欢迎。大王蛇已然创造了令人刮目相看的奇迹,心满意足,踌躇满志,大王蛇期待着来日更加出色与辉煌。它们明白:"现实是此岸,理想是彼岸,行动是连接的桥梁。"

归途很短,但也很漫长,如果从另外一个角度来看,又何尝不是踏上 4 年一个轮回的新的征程。

25　7月7日

《豪门盛宴》解读世界杯

【张斌语录】

这 4 支球队(巴西、荷兰、德国、阿根廷)在半决赛所造成的各种可能性和有可能创造的历史奇迹,的确太值得期待了。两场半决赛,分别是 2002 年世界杯决赛和 1974 年世界杯决赛的重演。而我们只要闭上眼睛一想这其中无数的可能性,就会心潮澎湃。因为荷兰队进入四强,一个新的世界冠军是有可能产生的;因为巴西队和阿根廷队的存在,南美大陆上最经典的决赛是有可能的;如果两支欧洲球队半决赛都赢了,那么那个"在南美大陆欧洲球队不能夺冠"的梦魇也可以就此结束了。这个半决赛让人的心中充满无限期待。

【N 角度】巴西队 VS 德国队——"2002 年的他们都去哪儿了?"

在 2002 年韩日世界杯的最终决赛中,巴西队与德国队这两个获得冠军次数最多的国家展开了他们在世界杯史上的第一次交锋,最后,巴西队凭借"外星人"罗纳尔多的两粒金子般的进球 2:0 战胜德国队,第 5 次赢得了世界杯冠军。当年,带领巴西队夺冠的功勋教练就是斯科拉里,而在球场另一端与他斗法的德国队主帅则是沃勒尔。

经历是非曲折、悲欢离合,本届世界杯的四强对阵已然尘埃落定。巴西队与德国队再次相遇在世界杯的舞台。如果我们换一个角度思考，从两国12年前的交锋去展望即将开始的对阵时，可能会得到完全不同的情趣。就像歌德定位历史的那样："历史给我们的最好的东西就是它所激起的热情。"

时光荏苒，当我们回首2002年世界杯决赛的英雄时，有些人的身影依然清晰，有些人则已经渐渐离我们远去。当年带领巴西队夺冠的功勋教练斯科拉里在经历辗转后，如今再次带领桑巴军团向着大力神杯之梦发起冲击。而当年站在绿茵场另一端与他斗法的沃勒尔则已经成为德甲勒沃库森队的体育主管。也许再次见面，已经没有了剑拔弩张的刺激，有的只是英雄惜英雄的海阔天空。

当年为巴西队夺冠立下汗马功劳的"3R"组合如今也已渐渐离开了足球世界的中心舞台。2002年世界杯打进8球、决赛梅开二度的罗纳尔多早已脱下战袍，摇身一变成为了巴西世界杯筹委会主席。里瓦尔多则在去年宣布退役，如今在家享受着与家人的平静生活。而"3R"里最年轻的罗纳尔迪尼奥虽然回到巴西联赛米内罗竞技队效力，但是2013年的南美解放者杯和世俱杯上的精彩发挥也让我们依稀看到了2002年世界杯上他的意气风发。

来看看德国队。当年一路精彩发挥，保送德国队进入最后决赛的门神卡恩，早已离开了绿茵场，一度做起了德国二台电视台的评球嘉宾。当年因为半决赛黄牌停赛而无缘决赛的另一位核心巴拉克则在经历了一番是非曲折后，带着国家队出场99次的遗憾纪录遗憾退役，令人唏嘘不已。

法国文学家雨果曾经说过："历史是什么：是过去传到将来的回声，是将来对过去的反映。"12年前尘封的足球恩怨如今在南美大陆上再次上演，昔日英雄虽然已经离我们远去，但是新的王者会在今朝的巅峰对决中，再次随着历史的发展延续经典。

名言汇总：

1. 历史给我们的最好的东西就是它所激起的热情。

——歌德

2. 历史是什么：是过去传到将来的回声，是将来对过去的反映。

——雨果

【绝对巨星】穆勒

4年前的南非，21岁的新人穆勒捧走了金靴。4年后的巴西，他在首战就上演了帽子戏法，向世界宣告：2.0版的穆勒将更加犀利。

德国队和葡萄牙队一战，穆勒成为了世界杯历史上单场攻入葡萄牙队3球的第一人。葡萄牙人从此对这个名字咬牙切齿，更是不寒而栗。

第二场迎战加纳，穆勒成为了打破僵局的功臣，一脚通透的右路传中，助攻格策攻破对方大门。

最后一场小组赛，对阵克林斯曼率领的美国队，又是穆勒一锤定音，锁定胜局，帮助德国队豪夺小组头名出线，避开了H组头名比利时队。

挺进八强的道路上，德国战车遭遇到了阿尔及利亚队顽强的抵抗，比赛被拖进了加时。加时赛第2分钟，穆勒左路突入禁区，传中助攻许尔勒破门，德国队终于取得了领先，并最终以2:1淘汰对手，惊险晋级。

极具威胁的助攻、一锤定音的进球，德国队的所有进攻中几乎都有穆勒的身影。如果更加成熟、更加稳定、更加犀利的穆勒能继续上佳的发挥，将有很大机会连续两届蝉联世界杯金靴奖，成为世界上第一个完成这项壮举的球员。

26   7月8日

《豪门盛宴》解读世界杯

【巴西队传奇教父——斯科拉里】

如果说这届巴西队的星光略显暗淡，那么巴西球迷会告诉你，没关系，我们有斯科拉里。这个倔强的老头在巴西球迷的心中就如同俯瞰里约的耶稣像一样，曾经引得无数黄衫支持者的顶礼膜拜。究其缘由，当然就是在东亚土地上，那个梦幻般的2002。

2001年，四星巴西在世界杯南美区预选赛步履维艰，有可能面临史上首次无缘世界杯的尴尬。2001年6月,危难中的巴西队请来了斯科拉里,这位曾经叱咤南美足坛的冠军教头肩负着历史的重担开始了一段传奇般的执教历程。

之后的6场预选赛,巴西队在斯科拉里的带领下绝地反击,成功抢得最后一张飞往亚洲的机票。2002年的韩日世界杯,巴西队小组赛顺利出线,斯科拉里倾力打造的巴西"3R"组合大显神威,几乎包办了巴西队所有的进球,一路将桑巴军团送到了横滨的决赛战场。罗纳尔多打破纪录的两球最终帮助巴西队第5次加冕金杯。斯科拉里首次征战国际大赛便收获冠军之名。

2004年,蛰伏两年的斯科拉里挂印葡萄牙国家队,目标直指葡萄牙本土举办的欧洲杯。虽然首战爆冷输给希腊队,但是葡萄牙队在之后的比赛中连克西班牙队和俄罗斯队成功晋级。四分之一决赛面对英格兰队,里卡多的神奇发挥护送葡萄牙人进入四强,而半决赛,斯科拉里的战术打乱了荷兰队的节奏,2:0,葡萄牙队进军决赛。虽然神奇的斯科拉里最终敌不过更加神奇的希腊神话,但是他依然收获了所有葡萄牙球迷的爱戴。

2006年的德国世界杯,斯科拉里已经成功完成了葡萄牙队的新老交替。小组赛昂首出线之后,葡萄牙队在一场红黄牌大战中又一次让荷兰人成为了失败者。八强战再遇英格兰队,两年前的里卡多神勇依旧,再次护送葡萄牙队进入四强。虽然最终无缘继续创造历史,但是斯科拉里已经把自己的性格融进了葡萄牙足球。

敢于冒险,眼光独到,风格强硬,功利主义至上,斯科拉里就是这样一个性格教练。欧洲杯预选赛面对塞尔维亚队,斯科拉里一记老拳打在了德拉古蒂诺维奇的脸上,爆发了双方的大混战。他仿佛在告诫所有对手:你敢挑衅,我就揍你。2008年的欧洲杯,斯科拉里的葡萄牙队虽然小组顺利出线,但在四分之一决赛中折戟,巴西老帅也结束了他在葡萄牙队的光辉岁月。他的下一站,是蓝军切尔西。

但是,斯科拉里的切尔西生涯只维持了224天,性格刚硬的斯帅与切尔西众星"八字不合",最终只得告别了斯坦福桥。

当他重新拿起桑巴军团教鞭,所有人都希望这个神奇的老头能在巴西的球衣上再添一颗星，就像他 12 年前做的那样，而斯科拉里麾下的巴西队只差两场比赛就可以成就霸业。虽然失去了内马尔，但是巴西队还有一个斯科拉里，这位桑巴足球的教父依然会用自己的方式让整个巴西再次疯狂。

【绝对巨星】大卫·路易斯

明天凌晨巴西队对德国队的世纪之战，2002 年世界杯决赛的豪华对阵双方，却因巴西头号球星内马尔的伤退以及队长蒂亚戈·席尔瓦的黄牌停赛而显得有些不尽完美。桑巴军团的副队长大卫·路易斯将扛起重任，镇守后场，指点江山，带领东道主稳步向家门口的大力神杯进发。

5 场比赛，东道主巴西队的发挥时好时坏，锋无力的问题困扰着他们，但后防线的表现始终可圈可点。大卫·路易斯虽然是第一次参加世界杯，但揭幕战中 11 次解围的数据足以证明他首发中卫的牢固地位。

大卫·路易斯是后防线上的定海神针，飞身铲球、勇猛抢断，力保城门不失。他又常在前场穿针引线，助攻队友得分。积极参与进攻的路易斯技术十分全面，凌空抽射、头球攻门、点球得分，四分之一决赛中的一记角度刁钻的直接任意球直挂死角，更是技惊四座。

首次参加世界杯，路易斯的表现十分抢眼，若然东道主真能如愿捧杯，路易斯必将得到一枚闪闪发亮的奖章。

【迪斯蒂法诺：传奇远去】

德国队巴西队大战在即，遥远的伊比利亚却传来噩耗，皇马传奇球星迪斯蒂法诺因病辞世，一段传奇宣告陨落。迪斯蒂法诺 4 天前刚刚度过自己 88 岁的寿辰，庆生的余温还未散去，他竟悄然离开了世界。悲伤、惊愕瞬间笼罩世界各地，虽然我们早就清楚地知道，这位年近九旬的老人已佝偻着身躯，步履蹒跚地走向人生的终点，我们还是希望这一刻晚一点到来，晚一点，再晚一点。

有人说过，当一个人的回忆超过梦想，那么他的人生就可以称得上完美。在这个纯白的国度里，唯有迪斯蒂法诺有资本带着他沉甸甸的荣誉和回忆告诉世人，我曾在这里，实现了所有人的梦想。

迪斯蒂法诺的职业生涯开始于阿根廷豪门河床俱乐部。他在南美洲效力8年，在193次出场中贡献了149球，进球效率"恐怖"之极。1953年9月，27岁的迪斯蒂法诺登陆欧洲加盟皇家马德里，从此开启了他人生当中最璀璨的篇章。他在西甲首秀中大放异彩，攻入一球帮助皇马4:2拿下桑坦德竞技队。而这仅仅是个开始。一个赛季过后，迪斯蒂法诺用28次出场换来了27个进球，这让他在西甲射手榜上傲视群雄，也让皇马收回了阔别21年的联赛冠军。至此"金箭头"的名号响彻足坛。1954年2月28日，在与马竞的同城德比中，迪斯蒂法诺攻入了一粒充满了想象力的脚后跟进球。这粒进球是那一时期迪斯蒂法诺在皇马精彩表现的缩影，无法替代，不可阻挡。在他的带领下，皇马连续5次夺得欧洲冠军杯，而迪斯蒂法诺也成为了至今为止唯一一位连续5场冠军杯决赛中都有进球的球员。其中1960年的决赛被一代代皇马人奉为神作。在格拉斯哥的汉姆顿球场，迪斯蒂法诺和匈牙利球星普斯卡什包揽了球队的全部7粒进球，两人携手痛击了法兰克福，也将传奇永远地镌刻在了皇马的荣誉簿上。在迪斯蒂法诺为皇马效力的11个赛季里，他共在冠军杯比赛中出场58次攻入49球，并在1958年和1962年荣膺冠军杯最佳射手。白衣十余载，他共为皇马斩下8个联赛冠军、5个欧冠冠军、一个国王杯冠军和两个拉丁杯冠军。他用难以置信的数据，让皇冠队徽一次又一次地在欧洲足球的圣殿上闪耀。

但在国家队层面，这位传奇巨星的足球履历却显得很不完满。他先后为阿根廷、哥伦比亚、西班牙3支国家队效力，攻入进球不计其数。可惜终其一生，迪斯蒂法诺的世界杯那一栏却是空白。1950年、1954年的世界杯阿根廷队拒绝参赛。而1958年，获得西班牙国籍的迪斯蒂法诺，没能带领西班牙队出线，致使他再次无缘世界杯。1962年，"金箭头"曾无限接近世界杯，可这一次伤病拦住了他的脚步。

从2000年起，迪斯蒂法诺被任命为皇家马德里俱乐部的终生名誉主席，在这里他享受着全世界最高规格的拥戴。每一个加盟的皇马球员都会从迪斯蒂法诺手中接过白色战袍，他们在一次次交接中完成皇马精神最伟大的传承。百年庆典时，迪斯蒂法诺代表皇马接过了世纪最佳俱乐部的奖杯，微微颤抖的双手，托起了他亲手创造的白色帝国。

如今，迪斯蒂法诺告别了这个世界，这个世界也告别了一段传奇。虽然无法参与你的过去，但是那些身披白色战袍的孩子们却会在你的故事中勇敢前行。当你远去，皇马再不见那位老人慈爱地守护着伯纳乌的每一寸希望；当你远去，我们终于清醒地意识到，那支一往无前的金箭头，却终究攻不破生命最后的城池；当你远去，你的功勋和荣耀将会永远镌刻在伯纳乌的上空，陪伴着一代又一代的皇马战士迎接下一个未来……

【N角度】德国队 VS 巴西队——体育多元化角度解读

迈克尔·舒马赫，德国一级方程式赛车车手，在16年职业生涯中刷新了多项纪录，共夺7次总冠军，被称为"F1之王"。埃尔顿·塞纳，巴西著名的赛车手，曾经于1988年、1990年、1991年3度夺取F1世界冠军。塞纳是赛车历史上最受欢迎的车手，受到车迷的爱戴，更被誉为F1史上最伟大的车手之一。

德克·诺维茨基是一名德国职业篮球运动员，司职大前锋，联盟中最卓越的球员之一，效力于NBA达拉斯小牛队。2011年，诺维茨基领衔的小牛队以4:2击败热火队夺得球队历史首个总冠军，同时获得了总决赛最有价值球员。蒂亚戈·斯普利特，巴西最出色的天才篮球少年，多年前就闻名NBA联盟，声望一直在骑士队瓦莱乔之上。2010年加盟NBA马刺队，担任大前锋和中锋。

贝克尔生于德国海德堡赖姆，德国职业网球男运动员，曾是单打世界排名第一，6个大满贯单打冠军得主。他的外号叫德国金童。巴西选手库尔滕是法网的宠儿，曾经3次在那片红土地上称王，被誉为"红土之王"。他极有个性的发型、比阳光还灿烂的笑脸，以及他每一次举起冠军奖杯时的画面，已经珍藏在球迷心中。

德国队与巴西队在足球场上的巅峰对决，吸引着全世界球迷的关注。如果我们换一个思路，从两国体育多元化中去感受两国的足球对决，可能会得到完全不同的感受。

作为 F1 赛车运动的大国，舒马赫的存在让人对德国的 F1 运动印象深刻。而德国足球那严谨、一丝不苟并且带着独特技术流的打法，好像正是在印证舒马赫驾驶时在非缠斗情况下做的飞驰圈：赛车按照预先设计的路线行云流水般游走，与其说是在惊险斗牛，不如说是在翩翩起舞。

巴西同样是 F1 的狂热国度，巴西足球以技术至上的拉丁足球为核心，在发展中也逐渐吸收了欧洲足球的战术纪律性和对抗强度的优异特点。他们在足球场上所诠释的美，正如埃尔顿·塞纳在过弯的驾驶过程中的特点：要么彻底放掉油门让赛车在随风漂移中展现技术的魂，要么立刻全油门让赛车在极速奔驰中展现速度的美。

两国在篮球领域也同样具有时代的对决。效力 NBA 达拉斯小牛队的诺维茨基代表着德国体育的形象，他飘逸的风格和独步江湖的"金鸡独立"衬托着德国足球高大威猛、运动能力出色的特点；效力于圣安东尼奥马刺队的斯普利特则在篮球场上捍卫着巴西人的骄傲，而他机敏善变的球风同样衬托着巴西足球小快灵的局部作战习惯。

在网球领域，曾经的德国网球"金童"贝克尔开创了属于德国的网球时代；而巴西网球名将库尔滕则在红土场上证明：巴西人不单单是脚下功夫出色，手上功夫同样过硬。而比较两个国家近 4 届奥运会的整体成绩，德国奥运军团以 63 枚的总金牌数遥遥领先于近 4 届都没有排进前 10 名的巴西奥运军团。

当德国队与巴西队在绿茵场上展开激战，我们如果想象着那是舒马赫与塞纳在 F1 赛道上的风驰电掣，是诺维茨基与斯普利特在"牛马大战"中的内线对决，是贝克尔与库尔滕的隔网之战，是奥运会上两国竞技项目的全面竞争，那么这场足球大战或许会更加刺激，更加扣人心弦。而这样的体育多元化较量也正应了顾拜旦所说："奥林匹克最重要的不是胜利，而是战斗。"

名言汇总：

奥林匹克最重要的不是胜利，而是战斗。

——顾拜旦

【动物世界杯】巴西鹦鹉 VS 德国灰熊

鹦鹉是典型的攀禽,对趾型足,两趾向前两趾向后,适合抓握,鸟喙强劲有力,可食用硬壳果。它们羽色鲜艳,常被作为宠物饲养。它们以其美丽的羽毛、善学人语技能的特点,更为人们所欣赏和钟爱。鹦鹉主要分布于热带森林中。

德国灰熊外形与黑熊相似,但毛色不同,多为棕褐色或棕黄色。脚掌裸露,具厚实的足垫。大型食肉目动物,体重可达200千克。虽然体型庞大,但它们的行动却出人意料地敏捷,可以每小时50公里高速奔驰。用在树干留下的抓痕或咬痕来向其他熊宣告地盘。在它们讲究秩序的社会中,留下深刻的足印即代表对入侵者的阻喝。

巴西鹦鹉在贝洛奥里藏特著名的米内罗绿茵场上,尽情展示着依然华丽而威武的羽毛,不过,连续5场的奋力搏杀,却给它带来了令人心痛的伤痕累累。它那最锐利的攻击武器——巨大的钩形喙,因为内马尔的因伤缺席而迟钝了许多。更糟糕的是,作为巴西鹦鹉绿茵智慧的一部分,席尔瓦也同样不能投入到与对手的作战之中。悲壮之情深深地笼罩着巴西鹦鹉,挥之不去。

强悍的德国灰熊不动声色地在米内罗绿茵场频频做着标记,它已然把这里当作了冲击胜利的非它莫属的领地。它那由3块强健肌肉施魏因斯泰格、克罗斯、厄齐尔所组成的灵活且威力无穷的熊腰,足以令对手不寒而栗。而后掌诺伊尔严密守护着最后的命门,似乎有了强烈的万无一失的保证。而克洛泽绝不是老掉牙,它的突然爆发也足以咬穿对手的要害。

命运的天平似乎已经开始向德国灰熊这一边倾斜了。不过,巴西鹦鹉当然懂得什么是"哀兵必胜",《里约大冒险》不过是一出虚构的喜剧,而今天的绿茵大冒险则是置之死地而后生的破釜沉舟!强大的地气会给巴西鹦鹉金刚般的不败之身,激情似火的巨大上升气流则托举鹦鹉顽强地飞翔。德国灰熊绝不会得意忘形,它将小心翼翼地去迎击对手!双方都在期待着一场惊心动魄的鹦熊大血拼!

27 | **7月9日**

赛场 | **巴西 1:7 德国**

赛前硝烟：

在历史上，巴西队与德国队共交锋21次，巴西队12胜5平4负占据绝对优势。2002年韩日世界杯决赛是双方唯一一次在世界杯上交锋，结果巴西队凭借罗纳尔多的梅开二度击败德国队，加冕"五星巴西"——时任巴西队主帅的就是斯科拉里。德国队方面，唯一亲历了上次交锋的人则是打进15球，与罗纳尔多暂时并列世界杯历史射手榜首位的克洛泽。

双方在联合会杯的比赛中也两度狭路相逢，巴西队同样保持全胜。双方最近一次交锋是在2011年的友谊赛中，德国队在斯图加特主场3:2击败巴西队，当时进球的施魏因斯泰格、格策和许尔勒，他们现在也都是球队的核心成员；为桑巴军团进球的罗比尼奥和内马尔，前者未能入选大名单，后者因伤缺阵，均无缘再会日耳曼战车。而在自己的地盘上，巴西队已经保持42场不败，上次输球还要追溯到2002年击败德国队夺得世界杯冠军后的一个月，"魔鬼主场"名副其实。

此外，在世界杯前5场比赛中，巴西队3胜2平保持不败，打进10球丢4球，其96次犯规和10张黄牌都是四强球队中最多的。德国队在世界杯前5场比赛中4胜1平，成绩优于巴西队，进10球丢3球的攻守数据也比巴西队漂亮。在控球一项上，德国队在前5场比赛场均控球率达到58%，仅次于阿根廷队；其3577次传球和2938次传球成功以及82%的传球成功率都属四强中的翘楚。而德国队只吃到4张黄牌，也是本届世界杯最"干净"的球队。

在世界杯历史上，两支球队均以战绩彪炳著称。巴西队102战70胜17平15负，7次杀入决赛5次夺元；德国队104战64胜20平20负，同样7进决赛而3次加冕。此外，德国队还是历史上第一支连续4届杀入世界杯半决赛的球队。

本场比赛，德国队主帅勒夫挑选了与四分之一决赛相同的首发。德国队进球纪录保持者（70球）克洛泽迎来个人国家队第136场，也是世界杯第23场比赛（仅次于马特乌斯的 25 场），他是第一位连续 4 届随队杀入半决赛并均有亮相的球员。不过，稍显暗淡的是，克洛泽的 15 个世界杯进球里居然没有一球是在半决赛或者决赛里攻入的。

对于此役的东道主巴西队来说，前后两条线均存在隐患。队长中卫席尔瓦累计黄牌停赛，上赛季在拜仁有着精彩发挥的铁卫丹特顶替其与大卫·路易斯搭档；前场绝对核心内马尔椎骨骨裂缺阵，新秀伯纳德力压威廉、拉米雷斯等众多好手，得到老帅斯科拉里的临危受命，成为内马尔的替身。

在开场奏国歌时，巴西队此役的队长大卫·路易斯和门将塞萨尔还高举着内马尔的 10 号球衣，表示全队与内马尔同在，此役也是巴西队为受伤的内马尔而战。

北京时间 7 月 9 日凌晨 4 时，2014 年巴西世界杯首场半决赛在贝洛奥里藏特的米内罗体育场进行，东道主巴西队迎战上届世界杯季军德国队。最终，德国队凭借在 18 分钟内的五星连珠"闪电战"以及下半场替补杀手许尔勒的梅开二度，7:1"屠杀"巴西队，昂首晋级决赛。

第 10 分钟，德国队用自己最擅长的方式打破僵局，穆勒利用角球机会为德国队先拔头筹。第 22 分钟，克洛泽攻入世界杯第 16 球，超越罗纳尔多，独占世界杯历史射手榜头把交椅。第 24 分钟和第 25 分钟，克罗斯 1 分钟内收获两球。第 28 分钟，后腰赫迪拉又接厄齐尔传球，扩大比分。第 68 分钟，许尔勒接拉姆助攻，门前包抄叩关成功。第 79 分钟，又是许尔勒禁区左侧小角度奉献世界波。临近伤停补时阶段，奥斯卡攻入挽回颜面的一球。

日耳曼战车角球抢点先拔头筹，马塞洛禁区内索要点球未果

第 11 分钟，德国队全场第一次角球机会，克罗斯角球精准送至门前收获助攻，穆勒在无人盯防的情况下，右脚轻松垫射打破僵局，1:0，德国队取得梦幻开局。此球是穆勒本届杯赛的第 5 个进球，世界杯第 10 球。此外，他为德国队出战 55 场，已经攻入 22 球。第 16 分钟，马塞洛左路衔枚疾走，突入禁区后被

巴西德国 1

拉姆铲断后摔倒。慢镜头显示，拉姆先碰到了皮球，铲断很干净，主裁判罗德里格斯明察秋毫，巴西球员索要点球未果。

克洛泽加冕世界杯历史射手王，克罗斯 1 分钟内梅开二度

第 20 分钟，克洛泽开始发威，他先是接赫迪拉传球，禁区边缘低射被塞萨尔扑住。随后，克罗斯禁区外围断球后直塞，克洛泽又在禁区内与穆勒一个交叉掩护配合，由穆勒送上嫁衣，克洛泽一波两连击完成进球，德国队 2:0 领先。凭借在罗纳尔多母队上收获的进球，克洛泽也成功超越罗纳尔多，成为世界杯历史射手王。第 24 分钟，厄齐尔中路策动攻势，拉姆右路套边后，低平球传中，穆勒门前包抄未果，克罗斯后点左脚劲射破门，3:0，德国取得 3 球领先。仅 1 分钟后，巴西队后防线彻底崩塌，克罗斯前场断球后分给赫迪拉，后者没有贪功，而是选择横传，克罗斯收获空门，4:0，德国队遥遥领先。整个巴西痛苦地闭上了眼睛。

巴西德国 2

巴西德国 3

巴西德国 4

德国队 18 分钟内五连斩

第 29 分钟，缺少后防核心的巴西队防线已经彻底崩盘，德国队前场 3 打 3，赫迪拉接厄齐尔助攻，打进本场比赛第 5 球，5:0，德国队晋级决赛几乎板上钉钉。巴西队上一次在世界杯上单场丢掉 5 个球，还要追溯到上世纪，1938 年世界杯 6:5 击败波兰的比赛中。上一次在世界杯半决赛上出现一队打进 5 球的局面，也是巴西队创造，在 1958 年世界杯上，巴西队 5:2 大胜法国队。

巴西德国 5

第 37 分钟，穆勒禁区前沿被古斯塔沃放倒，德国队获得禁区前沿位置不错的任意球机会。"小猪"的任意球攻门未能威胁到巴西队大门。第 41 分钟，奥斯卡禁区内的打门被胡梅尔斯用身体封出。第 43 分钟，赫迪拉与伯纳德争抢高空球时抬脚过高犯规，马塞洛将球传至门前，依然未能对诺伊尔把守的德国队大门构成威胁。半场结束，5:0，部分刚刚在凌晨打开电视机的中国球迷都以为自己在做梦，不敢相信自己的眼睛。

巴西队进攻雷声大雨点小,"门卫"诺伊尔一夫当关露王者相

下半场双方易边再战,费尔南迪尼奥、浩克下场,保利尼奥、拉米雷斯替补出场;德国队方面,勒夫撤下有伤在身的胡梅尔斯,默特萨克入替。第47分钟,奥斯卡禁区内挑球过人,赫韦德斯与奥斯卡相撞后双双倒地。1分钟后,弗雷德和默特萨克禁区内身体接触后倒地,裁判拒绝判罚点球。第50分钟,巴西队策动了一次有威胁的攻势,奥斯卡分球给右路的拉米雷斯,后者底线附近低平球传至门前,诺伊尔做出关键扑救。第51分钟,奥斯卡近在咫尺的右脚劲射还是被诺伊尔横身化解。2分钟后,诺伊尔迎来本场比赛最高光的时刻。他先是挡住了保利尼奥反越位成功后的单刀劲射,接着又封堵了他跟上的第二脚补射。

第57分钟,打进一球的克洛泽被许尔勒换下,单独享受现场德国球迷的起立鼓掌。主教练勒夫也上前与他相拥祝贺。第59分钟,弗雷德禁区边缘打门再次被诺伊尔化解。第60分钟,穆勒禁区边缘的冷射被塞萨尔飞身托出横梁。

第61分钟,大卫·路易斯将球分向右路,麦孔杀入禁区后与博阿滕有身体接触后倒地,罗德里格斯犹豫了一下,与助理裁判沟通后给了巴西队角球。奥斯卡开出角球后,制空权再次被德国人控制。第66分钟,大举压上的巴西队后防线形成真空,德国队反击几乎形成单刀之势,幸亏塞萨尔及时出击,抢在许尔勒之前将球破坏。回过头来,保利尼奥门前倒勾射门,再次与进球擦身而过。

巴西德国6

许尔勒替补登场梅开二度,德国队造世界杯历史第一惨案

第68分钟,巴西队城门再度失守。拉姆禁区右侧低平球横扫门前,许尔勒轻松推射破门,6:0,德国队的进球狂潮还在继续。许尔勒收获本届杯赛第2球。随即,斯科拉里做出调整,碌碌无为的弗雷德被威廉换下。

巴西德国7

第77分钟,穆勒和大卫·路易斯在拼抢时产生摩擦,后者失去理智的一脚对人不对球的猛抢,好在穆勒及时闪过未被踢到。第79分钟,厄齐尔边路将球交到禁区内,许尔勒禁区左侧接球后,顺势一记难度颇高的小角度世界波,皮球擦着横梁第7次飞进巴西队球门,7:0,许尔勒也以3粒进球成为本届杯赛上名副其实的替补杀手。第84分钟,拉米雷斯禁区边缘转身射门被诺伊尔扑住。第

87 分钟，奥斯卡禁区底线小角度射门依旧无功而返。第 90 分钟，马塞洛后场长传，奥斯卡禁区内盘过博阿滕后面对出击的诺伊尔冷静推射，7:1，东道主巴西队终于攻入挽回颜面的一球，避免了被零封的尴尬。

巴西德国 8

最终，德国队以不可思议的 7:1 大胜巴西队，率先晋级决赛，距离捧起冠军只剩一场比赛。而刚刚吞下世界杯最大比分失利苦果的巴西队，只能参加季军争夺战。巴西贝洛奥里藏特的米内罗体育场也见证了这一世界杯历史"第一惨案"。

双方出场阵容：

巴西队（4-2-3-1）：12-塞萨尔/23-麦孔、13-丹特、4-路易斯、6-马塞洛/17-古斯塔沃、5-费尔南迪尼奥（8-保利尼奥，第 46 分钟）/7-浩克（16-拉米雷斯，第 46 分钟）、11-奥斯卡、20-伯纳德/9-弗雷德（21-威廉，第 69 分钟）

主教练：斯科拉里

德国队（4-2-3-1）：1-诺伊尔/16-拉姆、20-热罗姆博阿滕、5-胡梅尔斯（17-默特萨克，第 46 分钟）、4-赫韦德斯/6-赫迪拉（14-德拉克斯勒，第 76 分钟）、7-施魏因斯泰格/18-克罗斯、8-厄齐尔、13-穆勒/11-克洛泽（9-许尔勒，第 57 分钟）

主教练：勒夫

《豪门盛宴》解读世界杯

【绝对巨星】克洛泽

7:1，德国战车以所有人都没有预料到的方式碾压过东道主巴西队，亲手写就了五星巴西最新的一页耻辱纪录。这场比赛给全世界球迷留下的印象，除了让人瞠目结舌的大比分，就是世界杯历史上新任射手王克洛泽的加冕。对阵巴西队打入进球，在巴西人面前破掉巴西人的纪录，克洛泽的这一壮举令外星人罗纳尔多一下子跌回到地球。

7 月 9 日

多点开花的德国队将巴西队的后防线一次又一次地撕碎,但老将克洛泽对于球队的作用远远大于滚屏显示的7个进球功臣之一那么简单。本届世界杯开幕前,36岁的克洛泽被普遍认为仅仅是一个替补,但K神默默地以渐入佳境的表现证明了自己并非空有其名。他不仅在淘汰赛中赢得首发登场,而即使是替补,他也是一名能改变赛果的超级替补。从2002年到2014年,跨越了整整4届世界杯12年的历史,跨越了2006年在家门口未能圆梦的悲伤,不老的K神,终于以传奇的姿态站在了今天的米内罗竞技场,站在了历史的最顶端。他的传奇还在继续,下一站,马拉卡纳,克洛泽将在这座足球圣殿追寻他荣誉簿上还缺的那一个决赛进球,为德国队的夺冠大业奉献自己的一切力量。

【关键先生】克罗斯

看台上巴西球迷的眼泪,评论席罗纳尔多的黯然神伤,今晨的米内罗竞技场,克罗斯的完美表现成为巴西人噩梦的开始,15分钟策划4球,69秒打进2球成为历史第一,时隔12年,克罗斯带领德国战车成功复仇。

第11分钟,克罗斯右侧角球到禁区,穆勒门前8米处推射轻松破门。德国队梦幻般的开局似乎在预示着桑巴军团已被提前宣判出局,然而正是克罗斯的神奇发挥将德国人的梦想照进现实。第23分钟,克罗斯策动攻势,帮助老将克洛泽超越了罗纳尔多的世界杯进球纪录。

第24分钟,克罗斯后点左脚推射打进球门左下角;第26分钟,克罗斯前场抢断,赫迪拉禁区左侧横传,又是克罗斯在门前9米处轻松射进空门。德国人用眼花缭乱的配合一次次地洞穿东道主的球门,而克罗斯的两粒进球只相隔69秒,也就此成为世界杯历史上个人连续打进2球用时最短的球员。当比赛结束的哨音响起,比赛最终以7:1这样的超现实比分结束。赛前谁也不会想到,东道主巴西队会以全线崩盘的方式黯然离去。

德国队从小组赛到对巴西队的"血洗",不仅是因为拥有锋利的射手,也跟稳固的中场有着密切的关系。而德国队强大的中场核心正是克罗斯,他上场90分钟,全场2次射正打进2球,全场最高83次触球,传球成功率高达93%。

一场伟大的比赛总有大心脏，"稳压器"托尼·克罗斯当属本场比赛关键先生。

【张斌语录】

巴西，世界杯103场比赛；德国，105场比赛。这是世界杯赛场上参赛场次最多的两支球队，同时也是进球最多的两支球队。今天凌晨给我们带来了一场可以说是不可思议的比赛，7:1，这是继1958年之后世界杯半决赛进球最多的比赛。比赛怎么了？为什么会是这样？巴西人其实已经竭尽全力了。看看斯科拉里的布阵，那是他唯一可以选择的首发阵容了。我们看到了大卫·路易斯和塞萨尔一起举起了内马尔的球衣，看到了全场球迷振臂高呼。但是只需要11分钟，他们的防线就被攻破了，而从第2个球到第5个球只用了179秒。很多人会说，当我看第3个球的时候，我以为是第2个球的慢动作重放。为什么会有这样灾难性的比赛结果出现呢？有人说斯科拉里的排阵有问题，战术选择有问题；有人说大卫·路易斯戴上队长的臂章，这可能是一个错误。这是错误吗？比赛的结果认定也许它是个错误，但是赛后斯科拉里说了，要向全国球迷请求一次宽恕。

【震撼巴西的6场失利】

终场哨响起，巴西队与德国队之间这场万众瞩目的比赛，在世人不可思议的目光中结束。7:1，德国人用最残酷的方式，在每一个巴西人的心上烙下了深深的伤痕。他们万万没想到，那个关于马拉卡纳的梦想竟会在这个夜晚变成梦魇，牢牢地困住每一寸黄绿色的土壤。

这一夜，巴西人仿佛回到了64年前的那一天。1950年7月16日，将近有20万球迷涌到马拉卡纳球场，想要见证桑巴军团在家门口捧起大力神杯。下半场比赛开始仅1分钟，伯利亚卡为巴西队首开纪录，他们几乎已经迈上了冠军奖台。但第66分钟，场上风云突变。乌拉圭球员斯齐亚菲诺，将已经开始狂欢的巴西人拉回现实。第79分钟，乌拉圭队的吉贾再次突入禁区，劲射得分。2:1，乌拉圭人把胜利守到了最后一刻，马拉卡纳球场死一般的沉寂，悲伤填满了整座球场。在家门口痛失冠军的巴西人在随后的几年中卧薪尝胆，在这块拥有优良足球血统的大地上，开始了巴西足球最伟大的建造。8年后，他们赢来了丰收，加林查在黑白银幕里翩翩起舞，17岁的贝利展现过人天赋，这时候的巴西把曾经的绝望留给对手，把未来的希望还给桑巴足球。

1966年，巴西足球长成了手握两个世界冠军的足坛霸主。正当人们期待着桑巴军团上演三连冠奇迹时，他们却以最不体面的方式走下神坛。在英格兰，他们成为世界杯历史上第2支小组赛出局的卫冕冠军。首战巴西队以2:0轻取保加利亚队，之后却接连以两个1:3倒在匈牙利队和葡萄牙队的脚下。世界杯的折戟让巴西足球再一次开始反思，不过这一次他们并没有沉寂太久。因为这一时期，有一个人为整个巴西足球甚至巴西体育带来了深远的影响，他就是阿维兰热。他为巴西足球铺出了一条正规、健康的康庄大道，短短几年的休整，巴西队就再次捧起了雷米特杯，并将它永远地留在了桑巴大地上。

1974年，卫冕之师巴西队再次高调来袭，小组赛第2轮他们迎来了克鲁伊夫领衔的荷兰队，那一年巴西倒在了荷兰人全攻全守的橙色旋风下。荷兰门将手脚并用拦住了巴西人一次次犀利的进攻，久攻不下的巴西人开始急躁。第50分钟，内斯肯斯为球队先拔头筹。十几分钟后，克罗尔将球挑入禁区，克鲁伊夫飞身凌空垫射将球再次送入球门。克鲁伊夫这记精彩绝伦的进球，不仅拦住了巴西队晋级的脚步，也让"飞人"的名号从此传扬。巴西人带着遗憾回家，也再次开启了他们重新追梦的征程。

1982年，桑塔纳率领着巴西足球历史上最强大的阵容赶赴杀场。济科、苏格拉底、法尔考、儒尼奥尔等组成了所向无敌的桑巴战舰。巴西人期待着这批才华横溢的球员能带回新的荣耀。但是这一次一个叫作罗西的年轻人横在了他们与半决赛之间。虽然苏格拉底和法尔考为巴西队两度扳平比分，但是他们挡不住罗西神奇的脚步，他用第3个进球掐停了巴西人的向往。在华丽和实用的碰撞中，巴西人迷失了自己。在之后的日子里，他们将实用的技战术融入华美的足球艺术中，巴西队慢慢蜕变为一支前有华丽进攻后有稳固防守的王者之师，巴西足球再一次迎来腾飞。

1998年，桑巴军团在法兰西大地上高歌猛进，他们不负众望一路杀至决赛，所有人都认为他们将再次书写传奇。上半时，齐达内就用两记头球粉碎了巴西人的自满，伤停补时阶段，珀蒂再次攻陷塔法雷尔的十指关，3：0，"高卢雄鸡"干净利落地把卫冕冠军斩于马下。整个巴西足坛一片哀鸣。不过仅仅4年后，人才辈出的桑巴大地，孕育出了新的传奇，"3R"组合带着巴西人的梦想在亚洲闪耀。

2010年的南非，褪去了豪华阵容的巴西人，在四分之一决赛中迎战橙衣军团，这一次他们同样没有跨过去。比赛开始第10分钟，罗比尼奥就为球队打开好局。但塞萨尔的出击失误和梅洛的恶意犯规，导致巴西队将胜利拱手让出，斯内德带领着橙衣军团昂首晋级。此时的桑巴军团亟待找到新的领袖。而这个人正在桑托斯俱乐部大放异彩，4年后，这个叫作内马尔的男孩，将扛起整个巴西的希望。

只可惜今天，内马尔并没有像前辈们一样开启新的时代。不过这远不是绝望之时，毕竟美丽的桑巴足球曾在经历过这样多的波折后，一次次赢回了世人的尊重。每一场失利都是下一次腾飞的开始，这就是巴西人的足球信条。我们有理由相信，在不久的将来，桑巴军团就会带着下一个传奇回到梦想的战场。

【N角度】荷兰队VS阿根廷队——冰与火之歌解读

《冰与火之歌》是由美国作家乔治·马丁所著的主流奇幻小说。故事主要发生在一个虚幻的大陆：维斯特洛上的七大王国。兰尼斯特家族的家徽是鲜红土地上的金色咆吼的猛狮，他们是所有家族中最富有的家族。马泰尔家族的家徽是一轮红日被金枪所贯穿，有一个可以形容他们族人特质的族语：不屈不挠。

荷兰队与阿根廷队之战，吸引关注的同时也会唤起许多球迷内心的回忆。因为在世界杯的舞台上，两支球队为我们奉献过太多难忘的经典对决。如果换个角度，从两支球队的历史恩怨去品味他们的再次相遇，可能会得到完全不同的感受，我们不由得想到的是乔治·马丁的史诗奇幻小说《冰与火之歌》。

兰尼斯特家族是《冰与火之歌》中虚构的一个显赫家族。族徽是鲜红土地上的金色咆吼的猛狮，族语为"听我怒吼"。此外，兰尼斯特家族还有一句非正式的格言："有债必还。"这句话甚至比家族箴言更有名。

而纵观荷兰队，他们队徽上的雄狮与兰尼斯特家族有着异曲同工之妙。在本届世界杯上，荷兰队也在怒吼中完成了复仇。小组赛上，他们为卫冕冠军西班牙队准备了一场挽歌般的"橙色葬礼"。他们毫不留情地以5:1大胜对手，报了上届决赛饮恨的一箭之仇，与智利队携手出线，目送西班牙队早早踏上归程。

对于《冰与火之歌》中的另一个家族马泰尔家族来说，他们的家徽是一杆贯穿红日的金枪。"不屈不挠"的家族箴言让他们长期傲立于九大家族之中。

阿根廷国旗上的太阳与马泰尔家族的族徽遥相呼应。纵观本届杯赛阿根廷队的表现，不屈不挠的五连胜也让他们信心十足地奔向他们渴望的大力神杯。

当荷兰队与阿根廷队在足球场上展开激战，我们如果在历史与现实中想象着：一边是克鲁伊夫、博格坎普、罗本兰尼斯特家族一般的"听我怒吼"，一边是肯佩斯、巴蒂斯图塔、梅西马泰尔家族一样的"不屈不挠"，那么，这场大战的恩怨情仇或许会在期待中升级，激情四溢。

乔治·马丁或许会这样对"无冕之王"荷兰队说：飞，都是从坠落开始的。而对于28年无缘大力神杯的阿根廷队来说：我们生来便是为了受苦，而受苦会让我们坚强。这或许是对他们最好的勉励。

名言汇总：

1. 飞，都是从坠落开始的。

——乔治·马丁

2. 我们生来便是为了受苦，而受苦会让我们坚强。

——乔治·马丁

【动物世界杯】潘帕斯雄鹰VS荷兰狮群

无论怎样，潘帕斯雄鹰在圣保罗的绿茵场上都有理由目无一切对手，这是因为五战连胜的骄人战绩，还因为在苦苦期盼了24年之后，雄鹰再一次攀升到了这样的高度！这两个鼓动着鹰翅更加强有力飞翔的理由，也同时是雄鹰必须战胜荷兰狮群的最雄辩的理由。快速而犀利的鹰嘴梅西或许是让对手不得不承认潘帕斯雄鹰不可战胜的更好的理由。而伊瓜因、马斯切拉诺与加戈，个个都是扑向对手的雄鹰制胜的利爪。

荷兰狮群同样把这里当作了志在必得的狩猎场，因为它们同样要乘着五连胜的咄咄逼人之势，最终把对手求胜的欲望撕成碎片。它们自从踏进绿茵世界大战的疆土以来，还从未得到过绿茵王者的荣耀与光环。而如今，在太久的渴望的驱使之下，它们必须踩着对手的失败，才能窥见王者荣耀的曙光。同仇敌忾的狮群上下一心，并且不乏英勇善战的雄狮，罗本、斯内德、德容，甚至状态并不是太好的范佩西也足以让对手生畏。而狮群的灵魂与大脑范加尔，会让狮群在围猎中大显神威。

作为空中霸主，潘帕斯雄鹰有着高高在上的绿茵尊严与优势；作为森林草原之王，荷兰狮群必然会勇猛地向任何敢于挑战它们权威的对手发动势不可挡的攻击。在双方都想称王并且都绝对不乏勇气的状态下，唯一正确的法则不是勇者胜，而是大智大勇者才能胜！

【荷兰阿根廷经典对决】

1974年的联邦德国世界杯，荷兰队在复赛中与阿根廷队狭路相逢，这是两队首次在世界大赛上相遇。第10分钟，克鲁伊夫开启了橙衣军团的进球模式。紧接着，后卫克罗尔为球队将场上比分改写为2:0。下半时天空突降瓢泼大雨，但这并没有浇灭荷兰队的进攻烈焰。暴雨下的克鲁伊夫像是海之精灵驾驭着海浪，他再下一城并妙传莱普，莱普鱼跃冲顶将比分锁定为4:0。这是两队交锋史上，比分最为悬殊的一次。足球教父米歇尔斯统领着他的橙衣军团，将全攻全守足球表现得淋漓尽致，橙色旋风席卷全球。

4年后的阿根廷世界杯，两队一路过关斩将，在布宜诺斯艾利斯顺利会师，他们携手为世界足球史献上了一场巅峰对决。克鲁伊夫负气退出国家队，而阿根廷队的实力则今非昔比。南美寒冷的冬天，在阿根廷球迷的热情中彻底融化。不过顽皮的阿根廷人竟然玩起了消失，他们让对手和球迷足足等待了5分钟，才姗姗来迟，紧接着又挑起事端，向荷兰队球员手上的绷带提起抗议，一切都向着对荷兰人不利的方向发展。第38分钟，阿根廷队前场反抢成功，肯佩斯拿球后，过掉克罗尔，抢在容布勒德出脚前将球送入球网，主场球迷陷入疯狂。随着比赛进行，迟迟打不开局面的荷兰人显得有些急躁，双方的动作越来越大。终场前7

分钟,荷兰人终于叩开了对手的球门,范德克尔霍夫起脚传中,南宁加甩头攻门,场上比分被扳为 1:1 平。几分钟后,伦森布林克几乎给东道主致命一击,只是门柱拒绝了他的射门,大力神杯曾距离荷兰人毫厘之间。比赛被拖入了加时。肯佩斯成为了阿根廷队的英雄,他在第 105 分钟,穿越了荷兰人整条防线后,将球送入球网。当时留给荷兰人的时间只剩下 15 分钟。第 116 分钟,肯佩斯突入禁区后疑似用手停住皮球,贝尔托尼抽射破网,3:1。阿根廷人在自己的家门口登顶世界,而荷兰人则再一次功败垂成。

1998 年的法国世界杯,20 年后两队再次在世界杯赛场上相遇。那场比赛冰王子博格坎普跳动着华美的舞步,导演了最完美的复仇。第 12 分钟,年少成名的克鲁伊维特接到博格坎普的传球后,一记精彩的抽射为荷兰队取得领先。阿根廷人也毫不示弱。5 分钟后,贝隆送出助攻,洛佩斯反越位成功,将双方带回了同一起跑线。这场漂亮的对攻战直到第 76 分钟才发生转折,阿根廷队获得反击机会,纽曼不得已将对方球员放倒,吃到本场比赛第 2 张黄牌,被罚出场。但终场前几分钟,场上局面再次发生改变,奥尔特加在禁区内假摔,并与范德萨发生争执,不冷静的他一头撞到了荷兰门将,范德萨略显夸张的倒地致使主裁判将奥尔特加直接红牌罚下。常规时间最后一分钟,福克兰·德波尔送出 60 米精妙长传,博格坎普停球回扣摆脱阿亚拉防守,外脚背轻巧一挑将球送入球网,博格坎普用这样精彩绝伦的方式完成了绝杀。这粒技惊四座的进球不仅把宿敌阿根廷人提前送回了家,也在世界杯的历史书页里留下了永恒的经典。

28 | 7月10日

赛场 | 荷兰 2:4 阿根廷

赛前硝烟:

这是这对宿敌在正赛中的第 9 次交锋。此前,荷兰队以 4 胜 3 平 1 负领跑两队胜负比。其中在世界杯决赛圈的4次对战，荷兰队2胜1平1负同样占据上风，阿根廷人虽然只有一胜，却价值连城。在1978年本土进行的世界杯决赛，当时两队在90分钟战成1:1的情况下，阿根廷人凭借加时赛的连入两球最终以3:1胜出夺冠。

纵观荷兰队，不但在历史交锋上占据优势，而且在双方最近5次过招中，荷兰队也以2胜3平，保持不败。本场比赛之前，荷兰队在决赛圈近12战常规时间内取得其中10场胜利，并且最近6次面对南美球队保持不败金身；阿根廷队最近16场世界杯比赛（不计点球决战结果）也只输一场。两队最近的状态都可谓火爆异常。

本场比赛对于梅西来说，是第92次代表阿根廷队出战，他也超越阿根廷传奇球王马拉多纳，独占队史第6位。此役，阿根廷队球员臂戴黑纱纪念刚刚去世的前辈迪斯蒂法诺。

北京时间7月10日凌晨4时，2014年巴西世界杯第2场半决赛在圣保罗竞技场举行，两队在120分钟内互交白卷。在点球大战中，阿根廷队凭借门将罗梅罗的神勇发挥，以4:2击败荷兰队，第5次杀入世界杯决赛。

凭借此役获胜，阿根廷队也将在北京时间7月14日凌晨3时，与德国队在里约热内卢的马拉卡纳大球场进行争夺第20届世界杯冠军头衔的最后决赛。

超越传奇，梅西任意球小试牛刀

比赛伊始，以速度见长的两队，攻防节奏都进入三档模式。相比较而言，荷兰队以攻代守的意味稍加强烈。第12分钟，阿根廷队中场核心马斯切拉诺虽然在边路成功抢断罗本，但解围落点稍逊，斯内德中路得球后不做调整直接远射打偏。两分钟后，阿根廷队获得位置极佳的任意球，本场比赛超越马拉多纳出场次数的梅西，主罚任意球左脚射门穿越荷兰人墙，不过角度靠近中路，没有对西莱森构成威胁。第24分钟，加雷接左侧角球与弗拉尔小禁区边缘抢点头球，高出横梁。第44分钟，因迪故意犯规阻挡梅西吃到黄牌。上半时比赛，两队0:0暂时言和。

马斯切拉诺补时高光，献教科书般抢断救主

易地再战，双方依旧拼抢激烈。扬马特一次前场滑铲直接与比格利亚迎面相撞，导致后者受伤倒地。第68分钟，杀得兴起的扬马特在争抢头球时又与罗霍迎头相撞。第71分钟，拉维奇在左路尝试射门被后卫直接封堵。第75分钟，恩佐·佩雷斯右路斜传至禁区，伊瓜因拍马杀到，飞身射门打在边网，错失绝佳机会。第81分钟，阿根廷队做出两处人员调整，帕拉西奥和阿奎罗替补出场。第83分钟，罗霍外围打门被门将西莱森没收。3分钟后，克拉西同样以远射还以颜色，但以偏出告终。第90分钟，荷兰队创造杀机，罗本与斯内德精妙配合后杀入禁区，在左侧射门被及时回防的马斯切拉诺一记后腰教科书般的补位精准抢断，球被挡出底线。90分钟比赛结束，场上毫无建树，只能进入加时赛。

阿根廷队挥霍两次必进球机会

本次加时赛是世界杯半决赛历史上的第8次，也是本届世界杯第7次加时比赛。第106分钟，阿根廷队右后卫萨巴莱塔在拼抢时与库伊特相撞受伤。第110分钟，德弗赖35米外远射打偏。第115分钟，阿根廷队迎来第一次良机，帕拉西奥接马克西·罗德里格斯挑传7米处头球攻门，此次射门因力量不足被西莱森稳稳化解。两分钟后，梅西右路底线突破后传远端再造杀机，马克西·罗德里格斯在无人盯防情况下，10米处扫射没有吃正部位，又被西莱森牢牢将球摁住。第120分钟，扬马特右路横传，库伊特中路顺势扫射，被防守球员直接堵枪眼。最终两队在120分钟比赛里互交白卷，只能进入残酷的点球决战。

罗梅罗"戈耶切亚"附体，两次扑救护送阿根廷进决赛

本场点球大战，是本届世界杯的第4次点球大战，也是世界杯历史上的第26次以这样残酷的方式决胜。第1轮，荷兰中后卫弗拉尔的点球被罗梅罗轻松扑出，阿根廷队梅西左脚打左侧破门，西莱森扑错方向，阿根廷队1:0领先；第2轮，罗本骗过罗梅罗左脚打右下死角命中，加雷大力右脚打中路上角得分，阿根廷队2:1领先；第3轮，斯内德的点球再次被罗梅罗扑出，阿奎罗低射左下角得分，阿根廷队 3:1 领先；第 4 轮，库伊特轻松主罚命中，而他曾经利物浦队友马克西·罗德里格斯的射门，西莱森方向判断正确，但依然无法阻止皮球入网，4:2！阿根廷队点球击败荷兰队，晋级决赛！

荷兰阿根廷点球

双方出场阵容：

荷兰队（5-3-2）：1- 西莱森 /5- 布林德、4- 因迪（7- 扬马特，第 46 分钟）、3- 德弗赖、2- 弗拉尔、15- 库伊特 /8- 德容（16- 克拉西，第 61 分钟）、10- 斯内德、20- 维纳尔杜姆 /11- 罗本、9- 范佩西（19- 亨特拉尔，第 96 分钟）

主教练：范加尔

阿根廷队（4-2-3-1）：1- 罗梅罗 /4- 萨巴莱塔、15- 德米凯利斯、2- 加雷、16- 罗霍 /14- 马斯切拉诺、6- 比格利亚 /8- 恩佐·佩雷斯（18- 帕拉西奥，第 81 分钟）、10- 梅西、22- 拉维奇（11- 马克西·罗德里格斯）/9- 伊瓜因（20- 阿奎罗，第 82 分钟）

主教练：萨维利亚

《豪门盛宴》解读世界杯

【绝对巨星】罗梅罗

今天凌晨在荷兰队与阿根廷队之间进行的这场半决赛显得有些乏味，两支强队都采取了谨慎的打法，120 分钟鏖战之后，阿根廷队门将罗梅罗成为了比赛的主宰者。

凭借凌厉的眼神和敏捷的身手，罗梅罗一上来就震慑住了对手，第 1 轮的神勇扑救，大大增强了蓝白军团的气势。第 3 轮面对斯内德的大力轰门，他没有一丝犹豫，坚定地把球扑了出去，运气选择了罗梅罗，他威武的怒吼将一直留在人们的脑海之中。

他的运气并非凭空而来。2008 年北京奥运会，年轻的罗梅罗以替补身份随队出征，因为主力门将的突然受伤，临危受命的罗梅罗才有了机会在奥运会的舞台上展现他的才华。这名有准备的 B 角，凭借门前精准的判断、快速的反应和敏捷的动作一路护送阿根廷国奥队夺得金牌。在那以后，他的球衣号码就从 18 号变成了 1 号。

今年罗梅罗的表现同样出色，他在对阵波黑队的比赛中做出了 5 次关键扑救。第 2 轮蓝白军团 1:0 战胜伊朗队，锁定 16 强席位，人们都在谈论梅西的绝杀，但如果没有罗梅罗的神勇扑救把守城门，阿根廷队也无法取得胜利。蓝白色的梦想，需要有火力全开的锋线，更需要机敏果敢的罗梅罗。

【关键先生】罗梅罗

今晨的圣保罗科林蒂安竞技场，当阿根廷队需要一个英雄来成就比赛时，被上帝选中的，24 年前是戈耶切亚，24 年后是罗梅罗。他神奇的表现打破了比赛的平静，点球大战，罗梅罗犹如戈耶切亚灵魂附体，扑出了荷兰队中卫弗拉尔和斯内德主罚的点球。这一刻，罗梅罗成为国家英雄，把飞翔的荷兰人挡在决赛外。

如果说 24 年是一个轮回，更多的相似体现在轮回中，那就是戈耶切亚在 24 年前一战封神成为阿根廷传奇时 27 岁。而今天站在半决赛点球大战门前的罗梅罗，也是 27 岁。同样的 27 岁，罗梅罗复制了同样名为塞尔吉奥的阿根廷队门将戈耶切亚的壮举。

半决赛迎来点球大战，重担压在罗梅罗身上，面对范加尔四分之一决赛最后一刻换门将的神话，这一次胜利者却是罗梅罗。而早在 2008/2009 赛季的荷甲联赛，罗梅罗成为阿尔克马尔队主力门将，当时的球队主帅正是范加尔，曾有过 18 场比赛不失球纪录的罗梅罗也在那一年帮助阿尔克马尔获得荷甲联赛冠军以及荷兰超级杯冠军。2011 年，罗梅罗从阿尔克马尔队加盟当时还身处意乙的桑普多利亚队，这一决定出乎很多人的意料。不过罗梅罗还是用出色的表现帮助球队成功升入意甲，并在第二个赛季保级成功。

今晨击败荷兰队之后，罗梅罗落下衣服，露出了贴身背心，胸前写着几行字:"在点球大战中,运气会站在我这边。"可见,无论最终是否真的幸运女神降临到了罗梅罗身上,他都已经在赛前为点球大战做好了充足的心理准备。

【张斌语录】

足球比赛并不一定都是快意恩仇,也不一定都是汹涌澎湃,像今天凌晨这场比赛(荷兰队与阿根廷队),就有很多隐忍在里边,有很多克制在里边。你看比赛时的感觉,似乎时光在慢慢流逝,但是精彩凝固住了。巴西队主教练斯科拉里说:"7步到天堂。"意思就是踢7场比赛,能进入决赛。但是很可惜,巴西队的第6场比赛就是地狱。而荷兰队并没有下地狱,荷兰队只是回到了人间而已。昨天的阿根廷队确实一步迈进了马拉卡纳球场,这是巴西人最不愿意看到的,大家都知道巴西阿根廷之间很特殊很微妙的心理,就是他们绝对不允许阿根廷人进入自己的后院去撒野,而决赛居然有阿根廷队而没有巴西队。

当巴西不能进入决赛之后,所有的中国媒体甚至我自己,其实心都悬了起来,会不会出事儿?会出多大的事儿?时间已经过去不止24小时了,从巴西传回的消息基本上是一片平静。我在今天的朋友圈当中看到大家分享的一条消息,我认为是极有价值的。有人把巴西队输球之后那一天的16家报纸的头版集纳在一起,有说耻辱的,有说悲伤的,有说失败中的失败的,有泪水的,有掩面而泣的,有无语的。但是你发现,其中并没有一句话有暴力的倾向,也没有任何怒气。巴西人算是平静地接受了这个事实。巴西的足球历史上曾经出现过1950年的全国沉寂,也出现过1970年拿到第3次冠军——被认为是巴西人的登月的那一次夺冠。很多人认为这一次的夺冠应该能为巴西人的内心起一点疗伤治痛的作用吧,但是巴西人接受,进四强就可以了。平静的巴西未来会继续平静下去吗?我们不知道,但是相信巴西对抗苦难对抗失败的承受能力超乎我们想象。让足球简单。

【悲情四侠】

当马克西·罗德里格斯的点球冲破西莱森的阻拦落入球网,12码前的郁金香落寞凋零。在每一曲属于无冕之王的礼赞里，悲情如影随形。虽然橙色的梦想依旧未能圆满，但所有人都会将他们铭记，范佩西、罗本、斯内德、库伊特，他们倾其所有将足球演绎为勇敢者的游戏。

首战西班牙队，范佩西用一记魔幻的鱼跃冲顶吹响了复仇的号角。罗本风一般的速度，将西班牙人远远地抛在身后，当他两度洞穿卡西护卫的城池，4年前的遗憾也随之消散。斯内德虽然没有叩开斗牛士的城门，但是他亲手导演了两粒精彩的进球，将南非的眼泪彻底留在了昨天。第2轮面对澳大利亚队，罗本再次让世人见识了"小飞侠"的风驰电掣，面对他的高速强突，后卫只有追赶之功毫无防守之力，只能眼睁睁地看着离自己越来越远的罗本稳稳地将球送入球网。在这场比赛中，范佩西继续闪烁着罗宾侠的锋芒，他用一粒进球带领着橙衣军团再造不可阻挡之势，高调前行。最后一轮，荷兰队迎战同样提前出线的智利队，罗本不辱队长使命，成功领航，护送荷兰队以全胜战绩挺进16强。而在那场比赛里，我们又见库伊特满场飞奔的身影，能攻善守的他早已青春不再，却从未见他停下奔驰的脚步。

八分之一决赛，荷兰队表现并不理想，他们甚至一度被墨西哥队逼上绝境。第88分钟，斯内德力挽狂澜，他的怒射为橙衣军团掐停了死亡倒计时。补时第2分钟，罗本彻底扭转乾坤，他带球突破，马克斯伸腿将其带倒，罗本略微夸张的倒地，在最后时刻将橙衣军团送入八强。

跌跌撞撞地闯入八强，荷兰队遭遇黑马哥斯达黎加队。这场本该没有悬念的比赛，被顽强的哥斯达黎加人拖入了残酷的点球决战。屡屡在12码前倒下的荷兰人这一次笑到了最后。范加尔的神奇打碎了荷兰人的心魔，他派上的4员大将，范佩西、罗本、斯内德、库伊特，全部命中，4人的稳定发挥拯救了球队也成就了传奇。

只可惜今天，英勇神武的罗梅罗挡在了他们的面前，他扑出了荷兰队的两粒点球，也扑出了荷兰人无法实现的梦想。斯内德呆呆地伫立在那里，满眼望去，全是自己2006年的遗憾和2010年的心碎。范佩西静静地挥手致意，挥别青春年少的自己，也挥别世界杯留给他最刻骨的回忆。罗本落寞地走到场边安慰着痛哭不止的儿子，同样的赛场，当他第一次走来，他还只是翩翩少年，同样的赛场，当他最后一次离开，他已为人父，在顶天立地之间守候着家人和橙衣军团走向新的明天。他们用金色的岁月装点着橙衣军团最华美的书页，无奈大力神杯却总是近在咫尺又远隔天涯。4年后的俄罗斯，我们可能已经没有机会再看见黄金一代闪耀，但我们依旧充满期待，期待一代代勇敢的荷兰人一往无前，追逐金杯的梦想，期待有一天橙色的郁金香会在世界杯赛场上旖旎绽放。

【动物世界杯】为尊严而战

巴西高原轻柔的风，带着热切而强烈的乡土的呼唤。巴西鹦鹉在自己的家园遭受了严重的内伤之后，唯一能够抚慰伤口与心灵的，就是重新振作精神，重新振翅飞翔，全力以赴地去迎接这最后的绿茵挑战，以回馈沉甸甸热辣辣的乡音乡情。勇士之所以为勇士，就是永不缴械投降，而顽强的斗志便是巴西金刚鹦鹉最后的武器！强者不是不可以流泪，而是要含着眼泪依然顽强地飞翔！

在巴西利亚，金刚鹦鹉势必要让自己华丽的羽毛重新绽放尊严的光芒。因为这是生命与灵魂最重要的一部分，这也同时是绿茵法则中最深刻也最有价值的一则。巴西鹦鹉的每一片翎羽都将成为犀利之剑，都将义无反顾地刺向对手，以一场最后的胜利结束悲壮的征程。

同样悲壮并且同样必须振作起来的就是荷兰狮群，在失去王者领地争夺权之后，惜败的遗憾令它们千年等一回的悲壮显得更加难以承受。然而，绿茵沙场绝不相信眼泪，荷兰狮群必须重新抖动起曾经辉煌的鬃毛，同样要为尊严而战！昨天一瞬间的怯懦，或许就是今天勇猛的加倍爆发。在巴西利亚，荷兰狮群绝不希望再次成为被围猎的猎物，它们誓要做大开杀戒的好猎手！当雄狮不再被失败所击垮时，它将成为威力无比的真正的猛狮！

【历史上的德阿之战】

德国战车承载着欧洲豪强最后的希望，杀入了决赛，单挑巴西队之后又将迎来另一支南美霸主阿根廷队。4天之后的马拉卡纳，两队第3次在世界杯决赛上相遇，鹿死谁手，尽此一役。

　　时光流转到 1986 年的墨西哥城，坐满了 11.4 万人的阿兹台克体育场，阿根廷队与联邦德国队联袂奉献巅峰对决。马拉多纳遭遇严防死守，但队友布朗和巴尔达诺连下两城，阿根廷队在前 60 分钟就取得 2:0 领先。但顽强的日耳曼战车无所畏惧，有伤在身的鲁梅尼格打进一球，激励了全队的士气，德国人在最后 10 分钟将比分扳平。不过，他们还没来得及为此而欣喜，上帝创造的马拉多纳就给了他们致命一击。瞬间的才华爆发秒杀了中场 3 人的前后包夹，看似漫不经心的脚背一弹送上巧妙直传，助攻队友布鲁查加将皮球送入网窝。这一绝杀帮助蓝白军团捧起了第 2 座金杯，给贝肯鲍尔和他麾下的小伙子们留下了沉重的叹息。

　　4 年之后，球王率领卫冕冠军淘汰东道主意大利队，再次剑指金杯，而对手仍然是德国人。在满场嘘声和脚踝重伤的影响之下，马拉多纳不再神奇。枯燥的闷战在第 84 分钟迎来了转机，沃勒尔突入禁区被圣西尼放倒，裁判直指 12 码点。布雷默操刀命中，联邦德国队用一个点球锁定了胜局。1:0，新科世界冠军高举起奖杯，像是在宣泄 4 年前决赛失利的郁结。16 年前的冠军队长、16 年后的冠军教练，贝肯鲍尔自此正式登上了世界足球的万神之殿，无所不能、不可战胜的威名传遍了世界的每一个角落。

　　1990 年卫冕失败，遗憾离开亚平宁之后，阿根廷队经历了长达 24 年的低潮，一直无缘半决赛。24 年后的今天，蓝白军团终于再一次杀进了决赛，而这一次，马拉多纳的 10 号球衣穿在了另一位天才梅西身上。历史上的两次决赛交锋，一次促成了马拉多纳的加冕，一次写就了贝肯鲍尔的伟业。传奇仍在继续，今年的马拉卡纳，又将见证什么样的奇迹？

【世界杯五大刀客】

NO.5　内马尔——屠龙刀

　　"武林至尊，宝刀屠龙；号令天下，莫敢不从！"屠龙刀有上百斤重，锋利无比，强力的磁性能吸天下暗器。得此刀者，乃为武林至尊。

　　承载着万千巴西球迷"大力神杯"之梦的内马尔，在巴西队中的影响力相当于屠龙刀之于江湖的绝对地位。本届杯赛上，内马尔也以优异的发挥帮助东道主向着冠军一路过关斩将。只可惜在四分之一决赛中，内马尔遇到了对手"倚天剑"般凶狠的防守，从此一刀折为两段。而巴西队也在随后的半决赛以1:7惨败给德国队，没有了屠龙宝刀，东道主的"足坛武林至尊梦"也在瞬间戛然而止。

NO.4　詹姆斯·罗德里格斯——雪饮狂刀

雪饮狂刀乃《风云》中的上乘兵器，聂风家传宝刀。刀长三尺七寸，天下至寒之物。

"金鳞岂是池中物，一遇风云便化龙"，当哥伦比亚新星詹姆斯·罗德里格斯一记石破惊天般的雪饮狂刀完爆乌拉圭队守门员穆斯莱拉时，全世界都在惊呼又一位"风云式的少侠"惊艳亮相。虽然罗德里格斯在四分之一决赛不敌内马尔领衔的东道主巴西队，但是"九霄龙吟惊天变，风云际会浅水游"，罗德里格斯聂风般雪饮狂刀的风云故事，还会在足球江湖上流传。

NO.3　克洛泽——青龙偃月刀

青龙偃月刀，又名"冷艳锯"，重82斤，是《三国演义》中关羽使用的兵器。关羽也凭借这把宝刀纵横沙场几十载，华夏大地未逢敌手。

与巴西队的半决赛，德国队的克洛泽"过五关斩六将"般机敏的补射，为德国队扩大比分的同时，也超越传奇射手罗纳尔多以16球的成绩独占世界杯历史最佳射手头衔。12载光阴，4届世界杯，站在射手之巅的"足坛关公"克洛泽也会在即将到来的决赛上继续书写青龙偃月刀般光辉的传说。

No.2　罗本——小李飞刀

小李飞刀，古龙笔下《多情剑客无情剑》中的武器，为"小李探花"李寻欢所用。刀长三寸七分，虽用一般寻常钢铁锻造，但一经出手，速度奇快，例不虚发。

荷兰队的"小飞侠"罗本虽然面容朴实无华，但在足球场上却有着小李飞刀般的特质，速度奇快的他常常令对手猝不及防。本届杯赛上，罗本的长途奔袭更是百步穿杨，刀刀致命。"刀，无所不在，无所不至"，足坛小李飞刀的传说，飞翔的罗本在用速度与激情实时诠释。

NO.1 梅西——绣春刀

绣春刀是明朝锦衣卫的标准佩刀。外形不但综合了唐刀、少林梅花刀和单刀的特点，而且兼有轻巧、便于携带和中距离攻击的优异特点。

当今足坛，"阿根廷之王"梅西在球场上也如杀手一般快似闪电，刀出鞘于无形。而千军万马丛中取上将首级如探囊取物般的独门绝技也让梅西独步于当今足坛江湖。"此曲只应天上有，人间能得几回闻。"足坛绣春刀，梅西当之无愧。

29　7月11日

《豪门盛宴》解读世界杯

【张斌语录】

关于决赛，每个人的期待有所不同，但每个人都期待着比赛能够精彩，无论谁拿到冠军，历史都会翻过这一页。1954年，当巴西队没有赢得世界杯回国的时候，机场上打出一条横幅，横幅写得很简单——一切都会过去的。的确，无论是冠军，还是被淘汰，一切都会过去的。无论7月14号凌晨的比赛是怎样的酣畅，等新的一天来临的时候，世界仍是云淡风轻。

【向里约出发，迎接生命之战】

24年前的意大利之夏，马拉多纳率领阿根廷队走进了罗马奥林匹克球场，寻求卫冕世界冠军的殊荣。一场闷战进行到84分钟，布雷默顶住巨大的压力罚进了制胜的点球，新科世界冠军诞生了，贝肯鲍尔的头上笼罩了冠军队长和冠军教练的双重光环，只留下身穿蓝衣的马拉多纳在他最熟悉的这片土地上涕泗横流、痛彻心扉。

对于潘帕斯雄鹰，那个仲夏夜渐渐成了尘封的记忆，褪色了却仍然令阿根廷人心痛。但对于德意志战车，它却是激情鲜活的记忆，德国人依旧能闻到胜利的味道。24年，大力神杯从亚平宁半岛辗转来到亚马孙平原，联邦德国与它的兄弟完成了统一，阿根廷传奇的10号战袍也由马拉多纳交给了梅西，白色战袍与蓝衣信仰之间的对决，将再一次上演。

潘帕斯雄鹰等待了足足24年，才有机会展翅翱翔，飞进决赛。本届世界杯的战绩足以证明，阿根廷队并不是只有梅西一个人在战斗。他与伊瓜因、阿奎罗组成的华丽锋线让对手闻风丧胆，前场飞翼迪马利亚正在与时间赛跑，加紧康复，之前饱受质疑的后防线也经受住了比利时队和荷兰队等火力密集的强队的考验。中场后卫一肩挑的马斯切拉诺在半决赛中奋力封堵罗本的射门造成肛门撕裂，仍旧坚持踢完加时赛的铁血风范让世人景仰。如果这名大将能及时伤愈，将大大增强阿根廷队的夺冠信心。

而德意志战车刚刚以一场酣畅淋漓的7:1大胜巴西队，从门将到前锋几乎场上所有位置都具备世界顶级的配置，除了新科世界杯射手王克洛泽，还有攻击能力强大的穆勒和技术全面的克罗斯可与梅球王对抗。最近几届一直稳定地保持在世界顶尖水平的德国队，剑指金杯，势不可挡。

向里约出发，向足球圣殿马拉卡纳进发，今年的决赛，率先晋级的德国队选择了白色战袍，这将是阿根廷队本届世界杯上首次身披全蓝球衣出战。24年前的世界杯决赛，穿全蓝球衣的阿根廷队输给了穿白色球衣的德国队，准球王能否打破宿命，如愿加冕，德意志战车又能否凭借整体性翻开世界足球史崭新的一页？向里约出发，倒计时正式开始。

【舌尖上的世界杯】俄罗斯红菜汤

东斯拉夫人在东欧草原建立了世界上疆域最大的国家——俄罗斯，它地跨亚欧两大洲，气候多种多样。同样，久负盛名的"俄式大餐"也能体现出俄罗斯人多元的文化。

说到俄式大餐，不得不提的就是红菜汤。色泽鲜艳的红菜汤总能给冬日寒冷的俄罗斯添些许暖意。准备洋葱半个、大辣椒两个、胡萝卜一根、红菜头一个和一定量的圆白菜，切丝。把蒜切片，茴香切成碎末状，西红柿切碎。同时加热两锅，一个倒入热牛骨汤，放入土豆，直到土豆变得酥软。一个用牛油炒准备好的蔬菜配料洋葱、胡萝卜和红菜头，同时加入香叶和番茄酱，热炒10分钟。将炒好的蔬菜混合物倒入鲜美的牛骨汤中，加入圆白菜、西红柿、大辣椒和茴香，充分地搅拌，加入少量的盐和白胡椒粉。最后，放入牛肉，加少许鸡肉粉、牛肉粉和白糖出锅。盛盘，撒上茴香末和酸奶油。一道地地道道的红菜汤就出锅了。

不管是舌尖还是脚尖，俄罗斯人都有着对美食和足球独特的感知方式。生性坚韧的俄罗斯人，不畏严寒，用他们的顽强创造着体育强国的梦想。而对于美食，他们兼容并包，代代相传。2018年，东欧大地的俄罗斯将第一次迎来世界杯。4年后，将会是谁举起大力神杯，我们拭目以待。

30　7月12日

《豪门盛宴》解读世界杯

【张斌语录】

世界杯上人们经常会说："这场比赛没有失败者。"失败者一定是有的，只是我们用一种尊敬的方法送别失败者而已。而决赛再残酷不过了，只有一个胜利者。其实世界杯是一个什么游戏？就是1个冠军和另外31支球队的故事。刚才说到7:1，大家还是笑起来了，因为大家对比赛的印象会非常深，当然对比赛印象最深的还是巴西人。这两天巴西人开始逐渐地谈论7:1的原因到底是什么，很多人说不要再指责斯科拉里，也不要再指责国脚们，一场比赛的胜负完全不是他们决定的。这样一个足球强国走到今天，一定发生了重大的问题。巴西体育部长出来说了，我们要调整什么？不是换主教练，也不是换球员，我们要为这个国家的孩子们提供更多踢球的场地，提供更多踢球的可能性，这才是一个国家最该做的事情。难道巴西也遇到这样的问题了吗？在我们看来，巴西可是个足球的天堂，只要你愿意踢球，一定有非常充足的条件。但是看来巴西足球真的发生了一些微妙而根本的变化，但愿巴西足球所有的变革就从今天的第3名的比赛开始吧，给孩子们场地，给孩子们时间，让他们可以热爱这项运动。

【克罗斯】

今天凌晨国际足联公布的巴西世界杯金球奖10人候选名单中，德国队共有4人入围，其中最让人眼前一亮的莫过于首次入围的进攻核心托尼·克罗斯。

这个与K神名字相似的小伙子，一开始就被许多人看作不折不扣的天才，2007年率领德国U17国家队勇夺季军，同时收获世青赛最佳球员称号。在拜仁一线队的几年光景，克罗斯球技大有长进，球风渐趋成熟，稳定的表现为他赢得了主力位置，更是逐渐成为球队举重若轻的进攻核心，新宇宙队的全面崛起、五冠王的千秋大业都少不了克罗斯的功劳。

本届世界杯上，脚法出众、头脑清晰、技术全面，克罗斯的完美表现引爆了德意志的疯狂，而他在定位球上的表现更是惊艳。首战对阵小组中最强对手葡萄牙队，克罗斯开出角球，胡梅尔斯头球破门，扩大比分。四分之一决赛遭遇法国队，克罗斯的任意球传中再显奇效，助攻队友一锤定音，帮助德国队闯进四强。

7:1血洗巴西队的半决赛中，克罗斯是当之无愧的主角，69秒内独中两元，15分钟策划4个进球的恐怖数据成为了东道主的梦魇。第一个进球，克罗斯开出落点绝佳的角球，穆勒轻松推射破门，开启了德意志的进攻狂潮。克罗斯继续着神奇的发挥，策动攻势帮助老将克洛泽打破世界杯进球纪录。这位年轻中场核心不甘只为他人作嫁衣，连续配合并亲自两度攻破对手大门，两粒进球仅仅相隔69秒，克罗斯成为了世界杯历史上个人连续打进两球用时最短的球员。7:1，这样超现实的比分背后，是克罗斯全场最高的83次触球，是他高达93%的传球成功率。克罗斯堪称德国队稳固而强大的中场发动机。

德意志战车一路所向披靡，驶向马拉卡纳，他们的决赛之路上，不仅有一众犀利的射手，更有年轻却无比强大的中场核心克罗斯。两天后的马拉卡纳，巴西世界杯决赛，将是这个小伙子证明自己的最佳机会。

【阿根廷队的精神领袖：马斯切拉诺】

24年后阿根廷队再进世界杯决赛，如果说梅西是这支阿根廷队的核心，马斯切拉诺便是它的灵魂。这位真正不可或缺的老将在与荷兰队的半决赛中从一度被撞成脑震荡倒地，到奋力封堵罗本的射门造成肛门撕裂，但仍旧坚持踢完加时赛的铁血风范让世人景仰，这一战，马斯切拉诺是个英雄。

无论是在国家队还是俱乐部，马斯切拉诺都是一名顾全大局、重情重义的真汉子。1984年出生于圣洛伦索的马斯切拉诺，18岁开始自己的职业生涯，2006年开始闯荡欧洲足坛。从西汉姆联一度打不上主力到利物浦中场的重要一员，马斯切拉诺完成蜕变，并在2010年成功登陆诺坎普正式加盟巴塞罗那俱乐部，这也为巴萨中场添加了一道不可或缺的屏障。他一举帮助球队连续获得2011年欧洲冠军杯、西甲联赛冠军以及超级杯冠军。那一年，巴塞罗那几乎获得了欧洲大陆的所有荣誉，马斯切拉诺效力的球队越来越强，而他取得的成就也愈发强大。当然，他对于阿根廷国家队的作用也已变得不可或缺。

2010年南非世界杯，马斯切拉诺虽没有太多的抢镜表现，但身为近几届世界杯最年轻的队长，还是率领当时的阿根廷队杀入八强。年轻的马斯切拉诺在那时已经是这支球队当之无愧的灵魂人物。

本届世界杯的前6场比赛，马斯切拉诺打满了阿根廷队的每一分钟。作为阿根廷队后腰，他扮演的不仅仅是一个拦截者的角色，而阿根廷队的进攻也往往是从他的位置发起的。只是他从来不以速度见长，当罗本终于飞起来的时候，当罗本抬起左脚要施射致命一击时，马斯切拉诺横身倒地，右脚拦截。不论这是不是他最后的抗争，但从后腰到中卫，马斯切拉诺一直在战斗。

再过两天，阿根廷队将迎来冠军之战，如果这名中场后卫一肩挑的大将能及时伤愈，将大大增强阿根廷队的夺冠信心，这也是马斯切拉诺冲破德国国家队的中场铁壁的最好机会。想要夺冠，赢字当头，工兵型的马斯切拉诺能否站在马拉卡纳，我们无法思量，只有静静等待。

【改变世界杯的"五大配角"】

NO.5　世界杯决赛最"暖"配角——布鲁查加（阿根廷）

毫无疑问，1986年的世界杯是属于马拉多纳的一届世界杯。但在决赛上，布鲁查加担当了助阿根廷队封王的重任。决赛与德国队一役，马拉多纳那看似漫不经心、实则暗藏杀机的绝妙一传，助攻布鲁查加打进关键一球，最终阿根廷队3:2力克德国队捧起大力神杯。"人之相知，贵在知心。"马拉多纳的相衬也最终成就了布鲁查加的世界杯决赛最"暖"配角。

NO.4　世界杯决赛最"疯"配角——塔尔德利（意大利）

1982年世界杯决赛，塔尔德利左脚怒射将意大利队对联邦德国队的领先优势扩大为2:0，破门后塔尔德利如同失去了理智一样甩开所有队友的拉扯，满脸热泪展开双臂一路狂奔，以充满激情的怒吼庆祝自己的进球。"人生得意须尽欢，莫使金樽空对月。"最"疯"配角塔尔德利，永载世界杯决赛史册。

NO.3　世界杯决赛最"奇"配角——赫斯特（英格兰）

1966年世界杯上，英格兰队主力前锋杰米·格里夫斯的负伤成就了另一位配角——赫斯特。在与联邦德国队的决赛中，赫斯特更是完成了丑小鸭到天鹅的蜕变。他先是在常规时间为英格兰队扳平比分，随后更是在加时赛左右开弓，不但为英格兰队捧得冠军，更是完成了不可思议的世界杯决赛帽子戏法。"雷鸣惊滚动天地，电闪如龙下凡间。"最"奇"配角赫斯特，决赛唯此一人。

NO.2　世界杯决赛最"妖"配角——马特拉齐（意大利）

对于马特拉齐来说，2006年的世界杯赛注定是一次永生难忘的经历。作为替补，马特拉齐先是抓住了内斯塔受伤的机会，坐稳了主力，又在决赛与法国队的比赛中，上演了从罪人到功臣的惊天转变。他先是在禁区内犯规致使本队落后，随后头球将功折罪。加时赛中，马特拉齐更是继续经典表演：他先是激怒法国队灵魂齐达内，导致他恶意报复被罚离场，然后又在点球大战中射进关键点球，为意大利队夺得大力神杯立下头功。"长驱直入九万里，枪林弹雨夺金魁。"世界杯决赛最"妖"配角，马特拉齐一战封神。

NO.1　世界杯决赛最"强"配角——布雷默（德国）

作为德国三驾马车之一，布雷默的双脚技术极为平均，左脚精准的传中和右脚主罚定位球与大力射门更是其看家本领。他的"主力脚"到底是哪只至今仍是很多球迷心目中的谜。1990年世界杯决赛对阵阿根廷队，德国队在临近补时阶段获得点球，队中核心马特乌斯由于个人原因让出了罚球权，面对点球门神戈耶切亚，作为左后卫的布雷默用迷惑性的右脚冷静将点球罚进死角，帮助德国队最终捧得大力神杯。"此曲只应天上有，人间能得几回闻。"世界杯决赛最"强"配角，布雷默当之无愧。

31　｜7月13日

赛场　｜巴西0:3荷兰

赛前硝烟：

在世界杯历史上，两队在4次碰面中各胜两场，难分伯仲，其中得失球为5:7。在1974年世界杯第2轮中，荷兰队2:0战胜巴西队。在1994年世界杯四分之一决赛中，巴西队3:2险胜荷兰队。在1998年世界杯半决赛中，两队常规时间内打成1:1平，巴西队通过点球淘汰荷兰队。在2010年世界杯四分之一决赛中，荷兰队2:1逆转10人巴西队晋级。

北京时间7月13日凌晨4点，2014年巴西世界杯季军争夺战在巴西利亚的国家体育场拉开帷幕，荷兰队3:0大胜士气低落的东道主巴西队，夺得季军。范佩西开场两分钟点球中鹄，小布林德上半场为荷兰队扩大领先优势，小将维纳尔杜姆在伤停补时阶段将比分锁定为3:0。

荷兰队点球打破僵局，裁判判罚招惹争议

开场85秒范佩西直传，罗本在右路向中路高速插上，眼见形成单刀之际，巴西队队长蒂亚戈·席尔瓦用犯规动作将其拉倒，主裁哈伊莫迪处以巴西队"极刑"，并向蒂亚戈·席尔瓦出示黄牌警告。范佩西主罚点球，将球轻巧推入球门右上死角，荷兰队1:0取得领先！不过慢镜头显示，蒂亚戈·席尔瓦犯规地点疑似在禁区外，点球判罚有待商榷。

巴西荷兰1

本次进球，荷兰队创造两个历史"第二"：罗本凭借此次造点，跻身世界杯历史上第2快的点球；范佩西152秒破门则是荷兰队世界杯历史上第2快进球。而这个丢球也是巴西队在世界杯历史上第100个丢球，纪录并不光彩。

荷兰队进球再现争议

本场比赛主裁哈伊莫迪注定成为东道主巴西队的"苦主"。第16分钟，罗本中路直传，德古斯曼禁区右侧底线将球吊入禁区，大卫·路易斯头球解围不力，禁区12码处无人盯防的小布林德从容左脚卸下球来，用不擅长的右脚轻松将球打入大门上角。2:0，荷兰两球领先！不过在罗本直传时，德古斯曼处于稍稍越位的位置上，荷兰队再次因为争议进球获利。

巴西荷兰2

巴西队惨遭荷兰小将羞辱

第91分钟，罗本直传，扬马特右路底线倒三角传向中路，无人盯防的小将维纳尔杜姆中路小禁区外右脚抽射破门。3:0！随后，荷兰队用效力于英超斯旺西队的第三门将沃姆换下西莱森。第94分钟，麦孔前场右侧右脚抽射将球送上看台。最终荷兰队3:0完胜东道主巴西队，成为本届世界杯季军的同时，也在老对手伤口上再次撒盐。

巴西荷兰3

双方出场阵容：

巴西队（4-2-3-1）：12-塞萨尔/23-麦孔、3-蒂亚戈·席尔瓦、4-路易斯、14-马克斯韦尔/8-保利尼奥（18-埃尔纳内斯，第56分钟）、17-古斯

塔沃（5-费尔南迪尼奥，第46分钟）/16-拉米雷斯（7-浩克，第72分钟）、19-威廉、11-奥斯卡/21-若

主教练：斯科拉里

荷兰队（3-4-1-2-）：1-西莱森（22-沃姆，第92分钟）/3-德弗赖、2-弗拉尔、4-因迪/15-库伊特、6-德古斯曼、16-克拉西（13-韦尔特曼，第89分钟）、5-布林德（7-扬马特，第69分钟）/20-维纳尔杜姆/11-罗本、9-范佩西

主教练：范加尔

《豪门盛宴》解读世界杯

【绝对巨星】罗本

打满7场比赛，其中包括两场加时和点球大战，收获3个进球，传球准确率一度高达100%，罗本的第3次世界杯之旅十分精彩，缺的只是一个冠军。半决赛被点球淘汰的遗憾难以抚平，但30岁的小飞侠凌厉依然，几乎是凭借一己之力为无冕之王赢得了季军。

本届世界杯的三四名决赛刚刚开场，罗本就凭借速度优势形成单刀，在禁区线被拉倒，橙衣军团85秒就获得点球，范佩西主罚命中，取得领先。

随后，小飞侠送出直传策动攻势，导致大卫·路易斯头球解围失误，小将布林德抓住机会抽射得手。

两球领先的橙衣军团并没有放慢脚步，罗本继续多次组织进攻，下半时补时阶段再建一功，上演了一场完美的告别战。

2006年的罗本尚显青涩，2010年的罗本也还没有这等杀伤力，而2014年的巴西，飞翔的荷兰人真正飞起来了，两次让人过目难忘的长途奔袭，淘汰赛上屡建奇功，已过而立之年的他更多地给队友制造机会，除了球技上的长进，还有了更多的协作、谦逊和担当。巴西世界杯给我们留下了最好的罗本，他值得这份橙色的荣耀。

【张斌语录】

我们等待了32天，终于等到了决赛之夜的到来，也许两支球队并不是你最钟爱的球队，但他们的确是经过63场比赛的彻底锤炼与淘汰所产生出来，至少是在这届比赛当中最具有观赏性和最具有战斗力的两支球队了。

【传奇】诺伊尔：一步成神

决战一触即发，诺伊尔能否在万众瞩目的马拉卡纳封神，悬念很快就要揭晓。本届世界杯，诺伊尔给"门卫"赋予了全新的含义：门将+后卫。在过去的6场比赛中，德意志战车状态并不稳定，只有诺伊尔始终守卫着德国队最后的防线，他在高接低挡之间护送德国队一路杀入决赛。12天前，在雨夜湿冷的阿莱格里港，德国队在阿尔及利亚队面前尽显狼狈，若不是诺伊尔在德国队的球门前筑起了一道隐形的屏障，德国队也许去不到马拉卡纳的终极战场。那场比赛中，他除了镇守着身后的城门，还一肩挑起了德国队的后防重任。数据说明一切，诺伊尔共有5次勇猛的出击，像一名后卫一样铲断解围，将险情全部化解，整场跑动距离高达5.4公里，传球成功率为75%。他清道夫式的表演，一手将德国队送入了八强。除了精彩的防守，诺伊尔还经常狂奔至前场参与进攻。2012年欧洲杯，他在与意大利队比赛的最后一刻，中圈内一记鱼跃冲顶将球送入对手的禁区，惊得意大利人一身冷汗。本赛季，拜仁慕尼黑队与"魔力鸟"的蓝军在欧洲超级杯决赛狭路相逢。他送出的这记精彩绝伦的前场冲顶，为拜仁的夺冠更添光彩。

诺伊尔的稳健发挥，很难不让人联想起德国队的传奇门将卡恩。2002年，第一次以主力身份参加世界杯的卡恩，率领着老迈的德意志战车赶赴沙场。德国队虽不是夺冠热门，但卡恩依旧竭尽全力左扑右挡，他怒吼着激励德国人杀入横滨决战场。只可惜，一个人的德意志战车终究抵挡不住11个人的桑巴军团，在日本，卡恩成为了最后一个倒下的英雄。

相比功勋前辈，诺伊尔无疑更加幸运。他身前站着的是10个斗志昂扬的年轻战士，他面对的不是令人胆寒的3R组合。只差一步，诺伊尔守护下的德意志战车就可七战功成。明天凌晨的马拉卡纳，我们期待着诺伊尔超越传奇，成就新的荣耀。

【重回马拉卡纳，等待梅西一步成王】

当阿根廷人时隔 24 年后再次走进世界杯的决战场，潘帕斯的队长袖标已经从马拉多纳手中传递到了梅西的臂膀，面对同样的对手，似乎历史在静静地提示，只差一座金杯，他们就可以完成球王衣钵的完美传承。

其实，在 4 年前的南非，马拉多纳亲自注视下的梅西在 22 岁的年纪就已经成为了阿根廷队的队长。然而就像 1982 年初出茅庐的马拉多纳一样，年轻的梅西还不足以将整个阿根廷队扛在肩上。4 年的时间，可以淬炼一代球王。

1986 年，没有人否认那是一个人的世界杯，那段激情燃烧的岁月只属于马拉多纳。小组赛阶段，尽管各队像韩国人那样，如同伐大树一样一次次地放倒马拉多纳，也无法阻止他带领"潘帕斯雄鹰"全速前进的脚步。而本届杯赛的小组赛阶段，阿根廷队在梅西的率领下不可阻挡，梅球王用连进 4 球的表现一次次在关键时刻为球队打开胜利之门。这一次，他已经像当年的马拉多纳一样，独自扛起了整支球队。

而上一个在世界杯连进 4 球的阿根廷人正是 1986 年的马拉多纳。淘汰赛阶段，在送走了乌拉圭队之后，那场因他而著名的英阿大战被写进了世界杯的经典。这些在电视上播放了近 30 年的经典画面，现在看起来依然激动人心。半决赛，马拉多纳再次独中两元，其中包括一粒足以载入史册的单骑闯关，几乎凭一己之力将"潘帕斯雄鹰"送进决赛。

本届世界杯，当阿根廷队在八分之一决赛遭遇瑞士人的混凝土防守，梅西在最后时刻拿球冲出重围，助攻迪马利亚绝杀对手。四分之一决赛遭遇比利时队围剿，梅西依然从容梳理着球队的进攻。半决赛面对荷兰队凶狠的贴身逼抢，阿根廷队 10 号在拼了一整场后还可以轻松突破送出威胁传中，随后又在点球大战直接命中，稳住军心，带领阿根廷队杀入马拉卡纳。

伴随世界杯的脚步，历史一点一点解读着两个足球时代的基因密码。只差一步，梅西就可以复制当年马拉多纳的神奇，将 2014 年世界杯变成梅西的世界杯。

两代球王的登基之战面对的是同一个对手，这也许就是历史有意的安排，今夜的马拉卡纳，等待梅西一步成王。

【N角度】从"我们是冠军"的角度解读决赛

德国队与阿根廷队之战，吸引着全世界球迷的关注。因为两队都有着各自浓厚的历史积淀和鲜明的特点，而如果今晚让他们共同用一句话表达自己的心声，那必然是："我们是冠军！"

虽然在世界杯的夺冠次数上德国队略胜阿根廷队一筹，但两队在决赛上的直接交锋却是平分秋色、难分优劣。纵观德国队本届杯赛的表现，首战4球大胜C罗领衔的葡萄牙队，昂首晋级复赛；虽然对阵阿尔及利亚队与法国队略有瑕疵，但7:1狂胜巴西队让他们有十足的自信喊出"我们是冠军"。

对于阿根廷人而言，小组赛稳扎稳打、淘汰赛步步为营，主帅萨维利亚让梅西串联起了最好的阿根廷队。在浇灭本届杯赛最嚣张的"橙色火焰"后，他们也带着些许狂妄对"我们是冠军"进行着坚定的诠释。

在今晚的决赛拉开帷幕前，我们闭目沉思：脑海里回荡的也许是马拉多纳1986年夺冠后的纵情庆祝；是"德国三驾马车"的灿烂笑容；是克洛泽绚丽的空翻；是梅西王者般的激情嘶吼……这一切的记忆与想象如果汇聚成这场大战的主旋律，那一定是："我们充满信念与热情，我们为冠军而战！"此时此刻，阿根廷诗人博尔赫斯会这样叮嘱他的后人："英雄们就这样战斗，可敬的心胸无畏无惧。"而歌德也会这样教导德国队："凡是自强不息者，最终都会成功。"

名言汇总：

1. 英雄们就这样战斗，可敬的心胸无畏无惧。

——博尔赫斯

2. 凡是自强不息者，最终都会成功。

——歌德

【动物世界杯】英（潘帕斯雄鹰）雄（德国灰熊）际会

在里约热内卢的马拉卡纳绿茵决斗场，德国灰熊已然真真切切地嗅到了绿茵王冠的诱人味道，这是灰熊久别而熟悉的味道，久别是因为在经历了 24 载风风雨雨之后，终于又有了重逢的机会。

作为一个整体动作异常协调且灵活的顶级杀手，德国灰熊的威力的确令人生畏！在与加纳鳄鱼、美国白头海雕以及阿尔及利亚骆驼的激战中，灰熊始终都保持着主动，于波澜不惊之中，游刃有余地掌控着局面。

回首在巴西绿茵场上的六番生死搏杀，潘帕斯雄鹰先后成功地猎杀了波黑、波斯两狼，击败了尼日利亚、比利时鹰隼，而顽强的瑞士奶牛与强悍的荷兰雄狮，也都无一例外地被潘帕斯雄鹰所捕获。虽然每一场的激战似乎都是以险胜而结束的，但是潘帕斯雄鹰在实力与运气上，的确总是要比对手高上一等。

德国灰熊早已用尖牙与利齿做好了大发熊威的全部准备，而潘帕斯雄鹰在经历了大战的艰难洗礼之后，已然英（鹰）气勃勃，而第 3 次想要加冕绿茵王冠的渴望，必将令潘帕斯雄鹰越加神勇。复仇的鹰翅已然可以遮天蔽日地展开，鹰与熊的胜负宿命或许从今天开始被彻底颠覆！

32 | 7月14日

赛场 | 德国 1:0 阿根廷

赛前硝烟：

历史上德阿两队对决 20 次，德国队 6 胜 5 平 9 负稍逊一筹。在 2012 年双方最近一次交手中，阿根廷队在客场 3:1 击败德国队。不过，阿根廷队对德国队的交手心理优势大多来自友谊赛的胜利，世界杯决赛阶段德国队与阿根廷队 6 次遭遇，3 胜 2 平 1 负，占据上风。阿根廷人唯一的一次胜利却含金量十足。在 1986 年世界杯决赛中，迭戈·马拉多纳率领阿根廷队 3:2 力克日耳曼战车，首捧大力神杯。但4年之后，德国队便在意大利世界杯决赛中1:0击败对手，报了4年前的一箭之仇。此后，德国队在2006年和2010年世界杯与阿根廷队都相遇在四分之一决赛中，前一次德国队在本土凭借"神奇的小纸条"点球淘汰阿根廷队，后一次更是4:0狂屠马拉多纳执教的阿根廷队。

在晋级决赛的道路上，德国队5胜1平，进17球丢4球的成绩，在世界杯历史上无人匹敌。除此之外，德国队已经在国际A级赛事里保持17场不败。反观阿根廷队，在世界杯前6场比赛中同样取得5胜1平的成绩，虽然只进8球，主教练萨维利亚却营造了阿根廷队4场比赛不丢球、淘汰赛阶段不丢球的"本届世界杯最佳防线"。

在世界杯历史上，德国队是第1支连续4届打进半决赛的球队，这也是他们近4届世界杯里第2次晋级决赛。从20世纪50年代开始，每个10年间德国队都能杀入世界杯决赛。而历史上德国队共8次进入世界杯决赛，冠绝世界杯历史。

本次晋级决赛是阿根廷队历史上第5次挺进世界杯决赛，也是阿根廷队时隔24年后首次杀入世界杯决赛。这是世界杯决赛史上第10次出现欧洲球队与南美球队的对决，南美球队赢下其中7场。不过，此前从未有过欧洲球队在南美洲举行的世界杯上夺冠。

刚刚打破罗纳尔多世界杯总进球纪录的德国老将克洛泽是两支球队中唯一参加过世界杯决赛的球员。而克洛泽和队友托马斯·穆勒也是仅有的两名连续两届世界杯进球都达到5个的球员。反观阿根廷队，梅西在本届世界杯上创造了21次进球机会，是本届世界杯创造机会最多的球员，但梅西在世界杯复赛阶段还未取得过进球。德国队进球纪录保持者（71球）克洛泽迎来个人国家队第137场，也是世界杯第24场比赛，仅次于前辈马特乌斯的25场。克洛泽也是第一位连续4届随队杀入半决赛并均有亮相的球员。

此外本场比赛，德国队挑到了白色的主队球衣，而阿根廷队则身穿深蓝色客队球衣。此前两队两次在决赛（1986年、1990年）交锋，都是穿主队球衣的一方笑到了最后。本场比赛，巴西马拉卡纳球场内涌入74748名球迷。

北京时间 7 月 14 日凌晨 3 时，2014 年巴西世界杯决赛在里约热内卢的足球圣地马拉卡纳体育场开战，德国队 1:0 力克老对手阿根廷队，第 4 次捧起大力神杯。两队在常规时间内 0:0 互交白卷。第 20 分钟，托尼·克罗斯头球回传失误，伊瓜因浪费单刀。第 29 分钟，伊瓜因破门，但队友传球时，"小烟枪"已经越位，进球无效。上半场补时阶段，赫韦德斯利用角球机会头球冲顶击中立柱。第 46 分钟，梅西在门前无人盯防的情况下低射稍稍偏出。加时赛第 113 分钟，许尔勒左路传中，格策门前飞身左脚垫射攻入制胜一球。

德国多人任意球经典配合再现，伊瓜因斜射偏出远角

第 2 分钟，穆勒前场停球准备突破时受到罗霍侵犯，德国队赢得禁区前沿任意球。德国队再次使用 5 名球员的任意球配合战术，可惜克罗斯最后的射门被人墙挡出。阿根廷队迅速策动反击，伊瓜因禁区右侧小角度斜射，皮球偏出远角。第 10 分钟，阿根廷队前场连续传递，比格利亚禁区外的远射打在赫韦德斯身上弹出底线。拉维奇主罚角球被胡梅尔斯顶出，他在右路得球后再次低平球传中，又被诺伊尔将球摘下。第 12 分钟，拉姆右路 45 度将球吊入禁区，克洛泽在德米凯利斯的干扰下未能抢到皮球。1 分钟后，克洛泽又在禁区前沿被德米凯利斯放倒，德国队再获绝佳位置的任意球。克罗斯将球直接传向后点，加雷抢在赫韦德斯包抄前将球解围。第 16 分钟，加雷在抢球时，一记拐肘不慎击中克拉默，后者经过队医治疗后继续比赛。

博阿滕门前竖起铁闸，穆勒连造右路良机

第 36 分钟，穆勒左路突破成功后分球，许尔勒迎球怒射被罗梅罗飞身扑出底线。不过裁判最后剥夺了德国队的角球机会，而是判罚厄齐尔在门前有意干扰罗梅罗视线。第 39 分钟，梅西反越位成功，凭借速度超过赫韦德斯杀入德国队禁区并将球轻巧挑过已经出击的诺伊尔，好在中卫博阿滕在皮球过线前及时解围。第 40 分钟，穆勒被罗霍放倒，裁判并未理睬，许尔勒略带报复性的犯规被里佐利口头警告。第 42 分钟，马斯切拉诺后场出现失误，穆勒右路传中，厄齐

尔禁区边缘轻巧一分，克罗斯迎球推射，可惜力度稍欠火候，被罗梅罗轻松没收。1分钟后，穆勒禁区右侧一扣，左脚送出传中，克洛泽抢点稍迟，未能完成射门。补时阶段，克罗斯角球轰炸，赫韦德斯跃起头球，皮球重重砸在立柱上，德国队错失上半场最佳进球机会。半场结束，两队暂时0∶0战平。

梅西浪费必进球，诺伊尔再现"门卫"本色

下半场双方交换场地，阿根廷队在半场休息时做出人员调整，阿奎罗替下表现平淡的拉维奇。第46分钟，梅西高速插上，在无人盯防的情况下禁区内左脚低射，皮球偏出远角，丧失个人全场最好机会。第53分钟，许尔勒禁区边缘遭遇萨巴莱塔侵犯，但主裁判里佐利拒绝吹停比赛。第56分钟，阿根廷队后场发动进攻，马斯切拉诺长传找锋线上的伊瓜因，诺伊尔再现"门卫"本色，出击单拳将球击出，同时膝盖也撞倒了伊瓜因，此举令后者大为光火。

第74分钟，梅西与萨巴莱塔在右路连续配合，梅西在禁区右侧向中路连续横向盘带后搓射远角，皮球偏出。第76分钟，萨维利亚用帕拉西奥换下浪费多次机会的伊瓜因。第79分钟，德国队角球被阿根廷队解围，在外围经过数次传递后，由穆勒将皮球传向禁区，埋伏在禁区内的赫韦德斯无法转身，错失射门良机。第81分钟，德国队再次觅得杀机，拉姆右路突破后横传中路，又是克罗斯在无人盯防下推射，皮球略微偏出。此时，有一名兴奋的球迷冲入场地内，比赛一度中断。第85分钟，萨维利亚用完最后一个换人名额，加戈替下佩雷斯，加强中场控制力。第87分钟，德国队用格策换下克洛泽。全场德国球迷用掌声送别这位传奇老将。第90分钟，格策的远射被本场比赛表现神勇的罗梅罗没收。最终，两队在90分钟内握手言和，准备加时赛。

罗梅罗扑出许尔勒近距离劲射，帕拉西奥浪费绝佳机会

加时赛开打，第91分钟，德国队左路策动进攻，许尔勒接格策回做，小禁区附近劲射被罗梅罗神勇挡出，厄齐尔跟上再射被比格利亚"堵枪眼"封出。阿根廷队随后发动反攻，"门卫"诺伊尔再次及时出击，抢在阿奎罗之前摘下皮球，

化解险情。第96分钟，罗霍左路传中，胡梅尔斯失位冒顶，身后的帕拉西奥胸部停球稍稍偏大，面对出击的诺伊尔选择挑射，皮球稍稍偏出，浪费加时赛绝佳机会。加时赛上半场两队比分仍然是0:0。

"小猪"血染征袍，格策飞身射入金球

加时赛下半场，第106分钟，比格利亚和马斯切拉诺双人飞铲侵犯"小猪"。克罗斯任意球传向门前，回防的帕拉西奥头球解围。第108分钟，阿奎罗和"小猪"争顶时抬肘动作过大，"小猪"的眼眶下部被打破，血染征袍。第113分钟，许尔勒左路带球衔枚疾走，在吸引防守后，将球传向禁区，后排插上、无人看防的格策在小禁区内胸部卸下来球，左脚飞身将球送入远角，1:0！德国队终于在加时赛下半场打破僵局。这个进球是格策本届杯赛的第2个进球，也是本届杯赛的第171球，并将阿根廷队的不失球纪录定格在了418分钟。第119分钟，德国队用默特萨克换下厄齐尔，加强防守。第121分钟，梅西任意球射门射向看台。最终，德国队凭借格策加时赛金子一般的进球，1:0力克阿根廷队荣获大力神杯。

德国阿根廷1

双方出场阵容：

德国队（4-2-3-1）：1-诺伊尔/16-拉姆、20-热罗姆博阿滕、5-胡梅尔斯、4-赫韦德斯/23-克拉默（9-许尔勒，第31分钟）、7-施魏因斯泰格/18-克罗斯、8-厄齐尔（17-默特萨克，第119分钟）、13-穆勒/11-克洛泽（19-格策，第87分钟）

主教练：勒夫

阿根廷队（4-2-3-1）：1-罗梅罗/4-萨巴莱塔、15-德米凯利斯、2-加雷、16-罗霍/14-马斯切拉诺、6-比格利亚/8-恩佐·佩雷斯（5-加戈，第85分钟）、10-梅西、22-拉维奇（20-阿奎罗，第46分钟）/9-伊瓜因（18-帕拉西奥，第76分钟）

主教练：萨维利亚

《豪门盛宴》解读世界杯

【关键先生】格策

夜幕中的耶稣像静谧地眺望着远处的马拉卡纳球场。整整一个月的梦想,永不消沉与放弃的德意志战车24年之后再次登上世界足球之巅。在全球亿万球迷的注视下,当队长拉姆奋力举起大力神杯的那一刻,德国人就此打破了"欧洲球队从未在美洲大陆夺冠"的魔咒。这个夜晚,注定是德国人的昂扬之夜。

荣耀时刻总有关键先生,而这便是在第88分钟被换上的19号中场球员马里奥·格策。主教练勒夫的秘密武器终于派上用场了,在加时赛113分钟格策终建奇功。许尔勒左路加速带球盘过马斯切拉诺,格策鬼魅般地出现在禁区内的无人区域,胸部停球后左脚将球送入网窝,正是这个进球给德国足球史增加了第4颗星。格策在世界杯决赛用进球证明了自己的能力,仿佛很好地回答了加时赛中场交换场地时勒夫对格策说的那句话:"现在需要向全世界证明,你比梅西更出色。"

如今的格策年仅22岁,这位不世天才17岁时初登德甲赛场,代表多特蒙德在德甲出战83次,打入22球,并以主力身份帮助"大黄蜂"连续夺得2010/2011赛季和2011/2012赛季的德甲联赛冠军。2013年,格策选择加盟拜仁慕尼黑,师从名帅瓜迪奥拉,格策获得的不仅是进球,还有更快的成长。格策的到来,让拜仁本就攻击力极强的中前场如虎添翼。

决战马拉卡纳,一球成名的格策在赛后久久仰望天空,仿佛不敢相信眼前的场景。颁奖时,当格策把四星德国的队服穿在身上的那一刻,这位少年的奇幻之旅从里约热内卢开始起航。没错,这是格策!生于1992,成于2014!

【张斌语录】

1. 世界杯真的就这样结束了,33天,我们每天晚上伴随着您跟世界杯发生情感的交集,其实《豪门盛宴》到最后一期的时候,这个情绪已经不是顶点了。因为在我看来,当终场哨声吹响,当金杯举起的时候,我们所有人的情感已经经历了一次高潮。再想达到一次情绪的高点,已经很难很难了。今天的节目不过是一次机会,让我们将关于世界杯的思绪再一次碰撞在一起。在昨天的决赛转播当中,可能场上的镜头你似曾相识,但是有一个景观确实是世界足球转播历史上你以前几乎没有看到的,那就是从基督山的角度去看马拉卡纳球场,数次给人带来一种壮美的自然景观对于心灵的那份震撼。尤其到最后夕阳如血的时候,你看到那座体育场你会觉得,什么都无法与这自然景观相抗衡,所有眼前的一切不过是过眼烟云而已。

2. 昨天的德国队,昨天的阿根廷队,应该说在这样一个人类庆典和竞技场上,足够尽力了。但是若想保证120分钟完全是完美的表演,这几乎是不可能的。因此当比赛结束之后,大家各取所需就好。其实,德国球迷可以坚信地说,我陪伴你24年才等到冠军;阿根廷球迷会说,我愿意再有28年跟你一路去追寻冠军。对于梅西而言,虽然没有世界冠军去定义球王,但如果你爱他,心中你早已把他册封为自己的球王,他是你的球王,我想已经足够了。

3. 世界杯距离我们太过遥远,其实我们看到的不过是64场的比赛。对于真正的世界杯的情愫与内涵,我们知道的仍然很少,关于足球,我们了解的还是很少。但是每4年,年轮都向外慢慢地扩展一圈。在这33天的过程当中,您曾经欢喜过,悲伤过,也咒骂过,这一切都是这个时代再正常不过的特征。在这样的环境之下,我们面对足球是怎样的态度?其实从容就好,各取所需就好,不要将自己的情绪强加于他人。足球,在这样一个时代,它的确能让所有人忘记生活当中的平淡,为生活找到一份传奇,而足球其实也不过是过眼云烟的22人90分钟的一种运动。什么可以拨动我们的心弦?什么可以让我们对足球始终痴迷?相信就是这项运动的深刻的魅力。希望您准备好一份良好的心态、一个宽广的胸怀,去接受世界杯之后所有能够扑面而来的足球的精彩。我们也期待《豪门盛宴》未来能够进一步走进您的生活,记住我们的那份嘱托,热爱足球,只有足球可以。凭什么记住2014?因为巴西,因为陪我们度过每一个夜晚的比赛。向世界杯致敬。向足球致敬。

【N角度】向阿根廷的英雄与幕后"英雄们"致敬

当德国人凭借加时赛的关键进球锁定大力神杯时,他们本届杯赛上优异稳定的表现证明着王者之师的实至名归。而反观阿根廷队,他们的英雄梅西一次次在逆境中力挽狂澜、只手托起阿根廷人大力神杯之梦般的完美表现也在不断诠释着英雄之于团队的真谛。就像拿破仑所说:"我们应当努力奋斗,有所作为。这样,我们就可以说,我们没有虚度年华,并有可能在沙滩上留下我们的足迹!"

虽败犹荣的阿根廷人,有理由为他们的英雄梅西收获世界杯金球奖而纵情欢呼,而他们更有理由为这支团队的每一个人纵情呐喊。当回首阿根廷队本届世界杯的激情表演时,我们看到的是迪马利亚蝴蝶穿花般的精彩进球,看到的是小将罗霍初生牛犊不怕虎般的横空出世,看到的是铁血队长"小马哥"冰封世界般的致命封堵,他们在英雄梅西身边无怨无悔地扮演着扶持红花的"幕后英雄"。而这样的演出也让我们有理由相信他们的王者归来,就像拿破仑在远征之时对于人生的诠释:"人生的光荣,不在于永不言败,而在于能够屡仆屡起。"

曲终人散时,夏梦了无痕。德国人已经在南美大陆完成了对足球世界的征服,用行动读懂了"没有懒人戴的皇冠"的深刻含义。而对于阿根廷的英雄们来说,或许多年来德国人的努力与行动正是他们最好的参照,此时此刻他们也有理由高昂着头,聆听拿破仑的教诲:"伟大的人物就像一颗流星,注定要燃烧自己,照亮他所处的时代!"请让我们在这美丽的夏天,向王者之师与英雄致敬!

名言汇总:

1. 我们应当努力奋斗,有所作为。这样,我们就可以说,我们没有虚度年华,并有可能在沙滩上留下我们的足迹!

——拿破仑

2. 人生的光荣,不在于永不言败,而在于能够屡仆屡起。

——拿破仑

3. 伟大的人物就像一颗流星,注定要燃烧自己,照亮他所处的时代!

——拿破仑

【动物世界杯】德意志灰熊绝杀潘帕斯雄鹰

在里约热内卢那充满激情与记忆的马拉卡纳绿茵场,德意志灰熊与潘帕斯雄鹰进行精彩而激烈的决斗,最终德意志灰熊以一记绝杀而闪耀封王。

然而,回溯绿茵动物世界大战的每一场厮杀,都是那样的难忘,那样的惊心动魄,那样的值得记忆。因此,来自五大洲的动物,个个都是绿茵王者,个个都是绿茵枭雄!

来自荷兰、英格兰、克罗地亚以及喀麦隆的雄狮们,它们在狩猎场上的一次次威风凛凛的围猎与攻击,不论成败如何,都极力地彰显了它们内心渴望称王的强烈欲望。

阿根廷、哥伦比亚、墨西哥、美国、厄瓜多尔、比利时、法国、意大利、尼日利亚,这些来自南美、中北美以及欧洲、非洲的猛禽,每每在绿茵上空发动一次次犀利的俯冲与猛扑,那强有力的翅膀以及令人生畏的利爪,都为巴西绿茵大战留下深刻而不可磨灭的印痕。

欧洲双熊德国灰熊与俄罗斯北极熊,雄赳赳,气昂昂。欧洲双牛西班牙公牛与瑞士奶牛,俨然是绿茵牛魔王。

哥斯达黎加大王蛇、智利鸵鸟、乌拉圭骏马、洪都拉斯美洲豹、葡萄牙野山羊、波黑狼、阿尔及利亚骆驼、加纳鳄鱼以及科特迪瓦大象,还有希腊和平鸽,它们都以自己最擅长的捕猎方式,以自己独特的习性,在巴西绿茵留下多姿多彩的身影,深刻体现了绿茵王国的动物多样性。

来自亚洲赛区的韩国太极虎、澳大利亚袋鼠、日本神龟与波斯狼,它们用气壮山河的悲壮,捕获了难得的教训与清醒。

巴西金刚鹦鹉凭借天时地利人和以及吉祥物犰狳的祝福,收获了五味杂陈的绿茵坚果。坚果的名字叫作桑巴与伤疤。

以绿茵大战的方式持续一个多月的动物狂欢节终于圆满落幕,每一颗饥肠辘辘的雄心,或被胜利与荣耀喂饱,或被失落与不屈填满。因此,每一种动物在返回家园的时候,都是沉甸甸地满载而归。

俄罗斯那广袤的绿茵旷野在热切地期盼着,四年一度的绿茵世界大战与动物狂欢节将准时上演,精彩不容错过!

与足球一起前行

2014年《豪门盛宴》制片人兼总导演 辛少英

读着这一篇篇记录着世界杯的美文，仿佛巴西世界杯的日子又扑面而来……连续33天，每天伴着比赛迎来晨光，之后是开会、编辑、彩排，夜幕降临就开始直播……所有的准备工作都要在几个小时内完成，一天接一天，我们艰难地向前走着，完全没有时间回顾。世界杯结束后的第二天我们就投入到《谁是球王》中国足球民间争霸赛的节目中。今天，当我回首《豪门盛宴》，发现我们用各种元素解读的世界杯是那样的有趣，那每天匆忙写就的解说词仿佛是经过了深思熟虑一般，不仅文字优美，内涵也很丰富，每一篇都闪烁着智慧的光芒。这些文字不仅记录了世界杯，也能给人留下一些有益的思考。

《豪门盛宴》的第10年，我们给予它更广阔的视野和更开放的思路，我们用文学、用绘画、用戏剧与电影、用美学与哲学等多角度解读世界杯，有了赵忠祥解说的"动物世界杯"，有了各国大使津津乐道的"舌尖上的世界杯"……之前，我曾担心这样的解读是否会牵强。开赛第一天，看到国际足联传来的斗牛士与西班牙队的画面，对足球的共同理解让我仿佛与国际足联有了会心的一笑。之后国际足联传来的许多官方宣传片似乎都与我们的创作思路相同：在蓝色背景下探戈舞蹈中的阿根廷队、交响乐演奏中的德国队、滴答转动的表盘中的瑞士队……当然，我们会从足球的历史与文化中试图挖掘得更深、更具体，可能正是每一集的出其不意让观众以及参加节目的嘉宾和各国大使都感到兴致盎然。

足球是有灵魂的，它能够折射出一个民族的特点，特别是在每一场精彩激烈的比赛中，完全可以清晰地窥见这些足球民族的民族性以及深厚积淀的历史渊源。

当我们用这种思路做节目时，仿佛找到了与天地相通的钥匙，出现了无数的机缘巧合，也正是这些看似巧合的内容成就了一期期的节目：6月14日荷兰队对西班牙队的比赛，我们设计了《当凡·高遇上毕加索》的小专题，试图用两位著名画家的绘画风格诠释"全攻全守"与"Tiki-taka"两种足球战术，热爱绘画的西班牙与荷兰大使在听了我们的解释后，饶有兴趣地来到了节目现场，开启了大使级的会话；6月16日，主持人小尼来了，我们用《开门大吉》来形容世界杯开赛以来场场有进球的精彩，当晚出现了尼日利亚队与伊朗队0:0的比赛，如果晚来一天，就无法谈及这一主题；6月17日，领导指示要做一些与少儿有关的内容，那一天来的比利时大使带来的正是《蓝精灵》和《丁丁历险记》，我们立刻用这两个儿童喜爱的卡通人物来表现那些首次参加世界杯的年轻人，希望他们在探险路上勇往直前；阿丘的到来，正好用他主持的《客从何处来》探究比利时队众多的外援球员的来历；巴西队百场的那天，王铮亮用他的歌《时间都去哪儿了》贴切地回顾了巴西队在世界杯上的百场经典；美国队在德国教练克林斯曼的带领下历史性地闯入八强，我们用"好教练、好丈夫、好父亲和好球员"的"四好先生"来形容克林斯曼，当晚嘉宾恰巧来了刘国梁，他感同身受地谈了"四好先生"的不易；喜欢克洛泽的李宇春来的那天正是德国队大胜了巴西队，我们为她设计了与她的偶像克洛泽一起跳舞的情节；一个月前确定参加节目日期的法国大使恰巧赶在法德大战的前夜，对我们做的"法国浪漫主义绘画与德国的哲学"做了精辟的论述；在介绍作为世界文化遗产的巴西城市黑金城时，直到主持人都上台了我们也没有找到可以与之相关的串联词，此时手机上推送了一条新闻"京杭大运河申遗成功"，我立刻通过耳机将这一消息告诉了正在台上的张斌，张斌马上用京杭大运河与巴西的这座文化遗产城市相对比……

看似的机缘巧合，其实都与我们这支有创意又灵动的创作团队有关。比赛无法预知，外交上的繁文缛节不能马虎，嘉宾的表演要与当日足球内容相结合，小片的设计既要有深度又要活泼，撰稿既要有丰富的足球知识又要有开放的思路，编辑不仅要在极短的时间内从浩瀚的历史片库中准确找到素材，还要有融会贯通的思路和娴熟的编辑技巧。与此同时，我们还精心设计了赵忠祥老师和其他主持人的配音、球迷的反馈、虚拟技术的包装、张路和孙葆洁老师与编辑合作的《战场》和《天生有裁》[①]，当然还有现场观众的组织，对赞助商诸多回报的体现等等。紧张的直播后，我们不敢怠慢，试图讨论出第二天的节目主题，以便能尽早着手准备，但几乎是一筹莫展。当我们拖着疲惫的身躯回到房间，夜里从巴西传来的一场场比赛，又给我们提供了无数的灵感。这就是世界杯，它像大片一样，总有讲也讲不完的故事……我们的《豪门盛宴》仿佛是一台庞大的机器在跟随巴西的赛程运转着，在没有比赛的日子里，我们制造了"幽默世界杯""追忆世界杯"和"世界杯欢歌"等主题，让这台机器一直有效地运转。

我忘不了编前会上的激烈争论，忘不了机房中编辑们那急匆匆的脚步，更忘不了直播中台前幕后各工种的精诚合作与同舟共济……李铭的沉稳、鹏宇的机敏、高军的灵活、刘嘉对足球历史的掌控、卿羽对各种文化的解读、刘磊的艺术包装、陈星对嘉宾的蹲守、莎莎玲玲在使馆区的周旋、赵桓的导播、李然扮演的MR.GOAL、徐良胜的球迷拍摄、杨青小潘在现场的调度、孙卫红黄轶凡在机房的坚守，当然还有幕后策划林小龙的睿智、主持人张斌的举重若轻……我发自内心地感谢我的团队！当然我也要感谢台领导李挺副总编对节目的总体把握和在细节上的耐心指导！感谢江和平总监和李岳副总监对节目的鼎力支持与细致把关！正是因为我要感谢的人太多，无法一一列举，所以我请求编者将最后一天直播后我们的合影放在书中，当然，在这张"全家福"的照片中还是有很多人没有出现。

当最后一期节目直播时，我不停地收到观众带有惆怅的短信："张斌老师充满感情、诗一样的语言，经典的画面，美妙的音乐，使人守候着屏幕久久不愿离去！""今天是最后一集《豪门盛宴》，我老公发愁明天没节目看了……真的是好节目！"甲丁也来信："从精致的短片、燃情的解说（好几次泪水充盈）、顺畅的流程和丰富的资讯，看得出你们付出的心血。而整个直播过程体现的从容和自

[①]《天生有裁》是《豪门盛宴》栏目中裁判解读比赛判罚的环节。

信，是我在央视直播现场从未见过的。真的佩服！"而最让我感动的是，就在那个结束了的日子，就在那个再也没有比赛和直播的夜晚，那些已经习惯了夜以继日工作的同事们竟然纷纷在微信圈里报到，他们像战士一样，希望早上继续开会、继续编辑，有些甚至说："离巴黎欧洲杯也就1300天，让我们每天做一台《豪门盛宴》……"我的心被深深震撼了，这些年轻人是多么的好！他们热爱工作，热爱这个集体，他们是体育频道的脊梁！在高强度工作了一个月后，我们结下了深厚的友谊。此刻我的心得到极大的满足，这正是我作为制片人和总导演做的最重要的工作，那就是调动了大家的积极性，让来自不同部门的人紧紧地团结起来，是他们的创意与劳作让《豪门盛宴》熠熠生辉。

要说巴西世界杯给我留下最深印象的画面不是进球，不是欢呼和哭泣，而是巴西队惨败后的天象。当转播的镜头从贝洛奥里藏特球场摇向天空，那血色的黄昏把整个天空映得通红，仿佛映照出巴西人滴血的心灵。那时的北京晨曦微露，我拉开窗帘，映入眼帘的竟也是满天红色的朝霞，那是好久没有过的像水洗了一样的灿烂的朝霞，不知疲倦的太阳已经从巴西来到了北京，那冲破了一道道云层的万道霞光仿佛给人注入了希望与力量。那一刻，我想到了很多，不仅想到当晚节目，想到了即将举办的《谁是球王》中国足球民间争霸赛，甚至也想到了中国足球光明的未来。当晚的节目，我们用"全球同此凉热"的开篇将巴西的晚霞和北京的朝霞做了对比，编辑了"震撼巴西的六场失利"，从历史的角度分析了巴西足球强盛的原因。我记得解说词是这样说的："美丽的桑巴足球在经历过这样多的波折后，一次次赢回了世人的尊重。每一场失利都是下一次腾飞的开始，我们有理由相信，在不久的将来，桑巴军团就会带着下一个传奇回到梦想的战场。"我特别想用这段话献给中国足球，希望从谷底奋争起来的中国足球能够有美好的明天。

这本书的出版正逢中国足球改革的春天，希望记录了巴西世界杯那些世界强队沉浮的《豪门盛宴》能够为中国的足球带来一些思索。

后记二

世界杯的味道——《豪门盛宴》

中央电视台主持人　王　梁

　　和世界杯的缘分似乎在我小时候啃着玉米陪爸爸熬夜看球时就已经埋下了种子。而我不曾想到的是，我这个小时候只是跟着爸爸熬夜"看热闹"的"看球助理"，有一天会有幸在《豪门盛宴》的主播台上成为全国球迷熬夜看球的"看球助理"。

　　2010年，一直主持影视、旅游、益智、文化等各种不同类型节目的我接到主持世界杯《豪门盛宴》午夜版的邀请。因为时差的关系，在南非世界杯期间有很多精彩的赛事直播中国球迷必须熬夜观看。领导希望通过开辟《豪门盛宴》午夜版，还原普通老百姓男女老少一起熬夜看球的状态，并希望通过我的跨界身份和以往相关栏目的主持经验，以女性视角以及文化影视等各种另类视角解读世界杯，引发更多女性观众及平时不看球的观众对世界杯的兴趣，从而让更多的人参与世界杯。对于我来说，这是一个全新的挑战，也是一个新鲜的主持体验。我在不断感受世界杯的过程里，找到了在《豪门盛宴》午夜版里自己的角色定位。我觉得，世界杯其实不仅仅是64场比赛，它是每隔4年的那个夏天全世界的集体狂欢；它是以足球作为通用语言，每隔4年一次的世界各国文化的碰撞与交流；它更是那一个月里，除了铁杆球迷之外，会把亿万普通观众也裹挟进来的特殊的一种生活方式。世界杯就是一个杯子，它给了每一个人情绪集中释放的空间，盛满了这一个多月里每个人独特的悲喜和酸甜苦辣……于是，第一次，我尝试着在

《豪门盛宴》午夜版的主播台上和全国球迷以特别的方式分享世界杯。所以，每天深夜在《豪门盛宴》午夜版和足球专家、明星嘉宾及男主持一起看球聊球时，我都会为嘉宾们准备"看球夜宵"及熬夜小贴士，平衡一下传统的嘉宾技战术分析的高冷范儿。大家在演播室"边吃边聊边看"，话题也一下子轻松宽广了许多。观众们开玩笑说，午夜版的《豪门盛宴》很提神，就像隔壁邻居一家子在看球聊球的"平民夜宵"一样，很亲切。甚至有观众说，本来不看世界杯的，现在就想熬夜看看我给男球迷们又准备了什么好吃的，我们又要聊什么有意思的话题。在短信互动平台上，每天有各种各样和世界杯相关的观众问题。一些以往不敢发问的入门级球迷也开始勇敢地和我们互动，让我帮着请嘉宾解释"什么是帽子戏法"，女球迷请教"怎么看懂越位"等。当然这样做的意义更多的在于实时把观众的心情穿插进来，与专家们对某一场球赛的点评和预测形成互动和碰撞。

还记得有一场小组赛，2006年卫冕冠军意大利队在对新西兰队的比赛中先失一球，让很多人大跌眼镜。虽然后来意大利队将比分扳平，仍然令很多人对卫冕冠军心灰意冷。于是，很多人说，意大利悬了。当嘉宾们正表达着对上届卫冕冠军意大利队的担心时，短信互动平台上一条短信进来了，写着一个上海的意大利球迷对自己喜爱的球队坚定的支持和信心，还有，一点点执着的坚持。这位朋友反复地发了好几次这条短信，并在短信里说："一定要读我这条短信啊，我从小时候就开始关注意大利队，这么多年了，现在状态不佳的意大利队反而更需要我们的支持。"

我一直在想，为什么足球可以让人如此痴狂，为什么世界杯可以让全世界的人如此投入？后来渐渐明白，足球场也许正是人生的浓缩版。球迷对球队的爱有时候像极了我们人生里的爱情、友情或亲情，从最初莫名的吸引或特别的缘分，到后来相伴一路走来，相信每一个铁杆球迷都有和自己喜欢的球队同悲喜、共进退、一起成长的经历和体验。博格坎普曾经说过："当你开始支持一支球队，你支持它并不是因为它拥有的奖杯，或某一个球员，或是它光辉的历史，而是因为你在那里找到了自己，你找到了心之所属。""选我所爱，爱我所选"，当自己喜欢的球队表现不尽如人意时，球迷们也恨过、恼过、烦过、伤心过，但从未动摇过。即使是"恨铁不成钢",最终很多球迷仍然选择用宽容去化解心底的那份无奈和不快,无怨无悔地追随……足球让我在力量与对抗之外,看见了另外一种宽容的美丽。

我一直愿意相信,当球迷们把自己对足球的爱和喜欢的球队紧紧联系在一起时,球迷们的力量也许会间接转化为一种能量,影响到球队。那位上海的意大利队球迷在短信里说:足球,是一种信仰。是的,无论是"疯子教练"贝尔萨,还是澳大利亚"荆棘鸟"科威尔,足球,总是让我们爱得如此狂热,也能让我们爱得深沉。

时间的流逝常常是以让人猝不及防的方式进行的。对于2010年世界杯和2012年欧洲杯《豪门盛宴》的主持记忆还不曾褪色,2014年世界杯已经来了。这是比以往任何一届都引人关注的世界杯,也是比以往任何一届都让人期待的世界杯。因为主办国是"足球王国"五星巴西,大力神杯有太多荣耀的历史和这个国度有关,世界杯有太多的纪录和这个国度有关。当然,也有更多的历史纪录和所谓的"魔咒"定律要到这届世界杯上去续写或被打破。而与2010年世界杯相比,人们对世界杯的态度更加开放包容,大家愿意以更轻松、娱乐、多元化的方式去享受世界杯。各种各样的"伪球迷观战指南""世界杯另类解读"在社交媒体上被广泛传播。《豪门盛宴》日常版也与时俱进地加入了很多鲜活接地气的板块。比如"舌尖上的世界杯",比如"球迷故事",比如"动物世界杯"。而这一次,我是在《豪门盛宴》日常版里,延续和这档栏目深厚的缘分。其实,干的还是"老本行",那就是——"继续和球迷在一起"(主持球迷故事)及边"吃"边"聊"(主持"舌尖上的世界杯""动物世界杯"、明星嘉宾访谈)。这次和张斌老师搭档,让我受益良多。很喜欢张斌老师在我们的节目观赛指南上写的一句话:"只有足球可以。"

2014年在主持《豪门盛宴》的过程里,我充分体验到了足球的强大凝聚力和吸引力。2014年的夏天,因为世界杯,足球成为最热的时尚,陪爱的人看球成为这个夏天最浪漫的事。每一期我们都会从全国各地请来各行各业各个不同年龄段的球迷,让他们现场以自己的方式和大家分享自己的足球故事。和2010年在《豪门盛宴》午夜版隔着短信互动平台和普通球迷交流相比,这一次,和他们面对面地沟通,让我更直观地感受到足球和世界杯的巨大魔力。无论是诗人、画家、建筑工人、救生员,还是大学生、小学生;无论是业余足球教练、志愿者还是志丹少年足球队的孩子们,他们都有着同样的、在这个夏天被世界杯点燃的激情,他们都因为足球而找到了平淡甚至是疲惫生活里的英雄梦想。无论是拉着新娘在足球场举办婚礼的铁杆球迷,还是只爱帅哥球星的女服装设计师;无论是坚持每周走几小时山路去山区学校义务给孩子们上足球课的公交调度员,还是农民工足球队的"发胶哥""内马尔",虽然都是第一次来到演播室面对镜头,但只要说起足球,聊起世界杯,他们丝毫不怯场,都能侃侃而谈,甚至意犹未尽。而他们和世界杯的故事与感情也都真实,质朴,生动。这些普通球迷让世界杯的"豪门盛宴"味道更加丰富,《豪门盛宴》因为有了他们的加入而更添几分质感。

　　说起世界杯的"味道",这次世界杯期间《豪门盛宴》中的"舌尖上的世界杯"板块是一大亮点。我也由在2010年的《豪门盛宴》午夜版为球迷和嘉宾们准备"看球夜宵",变为在各国大使的指导下,带领明星嘉宾和普通球迷一起在现场分享真正的世界杯各参赛国的"豪门盛宴"。马黛茶是风靡拉美的饮品,阿根廷和乌拉圭人都爱在闲暇时来一杯马黛茶。乌拉圭大使在带来马黛茶时特意带来饮茶的特殊茶具,现场教我饮茶方式的同时不忘自豪地介绍马黛茶是球员们的"提神佳品",也是乌拉圭球星弗兰的挚爱。据说弗兰"脚不离球,手不离马黛茶"。我们也有幸在节目现场看到了梅西和弗兰一起饮马黛茶闲聊的照片,对于喜欢他们的球迷来说,这是一种特别的"世界杯的味道"。美食和足球有一个共同点,那就是可以迅速消除人与人之间的陌生感,让人与人之间更容易产生一见如故的感觉。很多明星嘉宾在"舌尖上的世界杯"环节敞开心扉和观众分享自己的"世界杯吃货体验",展示了自己最本真和生活化的一面。他们也让我一下子想起了自己小时候陪爸爸看球时啃着的玉米的香甜。无独有偶,世界级球星也喜欢以"舌尖上的世界杯"来幽默一把。在2014年世界杯期间,我有幸和荷兰球星斯内德在微博上互动,代中国球迷送去问候及祝福。当两场小组赛结束后,我问斯内德对这次世界杯荷兰队的表现有什么预期时,他幽默地回答说:"Well, had some wonderful Spanish tapa, then some rough Australian kangaroo meat, now some Chili as sauce is great. Not picky."（先是吃了些西班牙小吃，好吃极了；再又吃了些澳大利亚袋鼠肉，挺粗；现在正好需要些辣椒［注：英文里辣椒和智利同音］作为调味品。不挑食。）瞧，这就是球星喜欢的"世界杯的味道"，够霸道。

当然，世界杯的味道还有可能是"五味杂陈"，一言难尽。当上届卫冕冠军西班牙队在小组赛第一场就被上届亚军荷兰队"屠戮"时，很多球迷都感受到了一丝涩涩的味道。没有常胜将军，时间会改变一切。当曾经的辉煌变成沧桑，也唯有轻轻吟一首叶芝的《当你老了》送别上届的卫冕冠军。在《豪门盛宴》的节目现场，我与李云迪琴诗合作，用这首诗送别昔日"豪门"，期待他们有一天王者归来，重现"盛宴"。

然而，对于我来说，"足球的真正魅力不在于输赢，而在于有足球的地方就有兄弟。很多年后，当我们老得只能坐在场边，你会发现最怀念的不是足球，而是那群陪你踢球、看球的人"。我在主持2010年世界杯的《豪门盛宴》午夜版前从没想过，有一天我会和足球、和世界杯结下不解之缘。足球的魅力类似人生，你永远不知道下一秒会发生什么。但是，可以肯定的是，在过去的4年里，那些主持《豪门盛宴》的时光，那些有足球、有朋友、有美食的日子，是我人生里最堪回味的饕餮盛宴。就像穆里尼奥所说："有些人、有些情，一生难忘，总有一天，时光倒流，他会回到你身边，而这一切，都是命中注定。"

后记三

小将在成长

中央电视台主持人　杨茗茗

即使没有《午夜报道》和《体育晨报》的工作，总觉得到了凌晨应该期待些什么。世界杯离开已经有一段时间了，直到今天我仍然习惯巴西的时差，几乎我的工作时段都是围绕凌晨或者午夜的。虽然德国人已经在胸前绣上了第四颗星，五大足球联赛也相继开打，世界杯之后的足坛各种新人来旧人去，但我仿佛觉得世界杯还在继续……

之前听过一句话："足球，让女人走开。"女孩和体育，似乎总是有点不搭，特别是当女孩想聊聊足球的时候。前一阵J罗转会皇马闹得沸沸扬扬，茶余饭后和朋友聊起银河战舰，提到了队中另一位90后小将卡瓦哈尔，也是1992年出生的，和我同年，尽管没有J罗星光耀眼，但在皇马作为首发时也建功不少。如果把世界杯报道比作一场球赛的话，我也许更像卡瓦哈尔，一名小将，被认为有潜力，但未来还有很长的路要走。

我的"青训"，就很幸运。说起来，我还真不是那种本来就很狂热的体育迷。要说怎么开始走上体育之路的，那还得先从校园里说起。上中学那会儿，课间最大的娱乐活动就是看男生踢球。而且，女生越看，男生踢得越起劲，比赛就越好看，看的女生就更多。那个时候我就成了伪球迷女生，因为能叫出几个球员名字而在女孩堆儿里沾沾自喜。开始实习的时候，才发现体育没那么简单，于是拼命想多补充体育知识，但是不会有人专门来教的。我就开始很认真地看节目小片，这个方法很有用。因为我知道节目中哪怕细小到人名翻译，编辑们都要反复确认好几次，所以这些都是现成的教科书。那会儿正赶上伦敦奥运会，入行就面对最高级别的赛事，尽管有些应接不暇，却让我集中地学到了很多东西。

之后，就像打游戏的时候打通一个关卡获得相应的技能和装备，紧接着2012年体坛风云人物、2013年中华龙舟大赛、沈阳全运会、索契冬奥会……如同解锁一张新地图要达到某个等级一样，这些经历都是在练级，等到2014年巴西世界杯的报道工作时，我告别了青训阶段，迎来了第一次首发。

其实对足球，最初的印象是2002年韩日世界杯，中国队出线那晚我们家楼下有人放鞭炮。从此每隔4年，都会有那么一个月的晚上能听见小区里回荡着欢呼和嘘声。而当世界杯真的和我发生了联系，除了64场比赛，还有33期大型直播节目，这是一个巨大的挑战，尤其是足球，似乎除了足球宝贝之外都会让女人"走开"。

节目开播的前几期我很紧张，出了很多错，有观众在微博上直截了当地批评我，说的话不太好听，我觉得很有压力很难过。但也有观众留言给我打气，还有比较专业的朋友和我分析当天的节目，细小到某一句话如果换一种说法是不是更好，又让我重拾信心。节目制片人辛少英老师在每一期直播结束以后都会过来鼓励我，张斌老师总会在开播前给我讲很多比赛的相关信息让我能丰富语言，还有节目组里可爱的同事们让我觉得很温暖很有干劲儿。大家对我包容犹如家人，给了我很多勇气，让我从磕磕巴巴念广告到一分钟噼里啪啦全说完，从只知道照着稿子播报到后来尝试表达自己的观点。我留心到，一开始批评我的网友也写下了对我肯定的话，在节目中我也越来越有自信了。也许每个球星都有过出道时的青涩，但是还是要感谢大家对于一名初次首发的小将的耐心和宽容，这给了我莫大的动力，让我克服了紧张，也不再怀疑自己。

世界杯是球迷的狂欢节，《豪门盛宴》还给了我一大收获，让我认识了球迷，也迷上了足球。

在西班牙队出局时，我读到"我觉得这并不是衰落，而是重启，是开启新时代的时刻。'江东子弟多才俊，卷土重来未可知。'这句话送给西班牙，看斗牛士终会王者归来"。在意大利出局时，我读到"今天的意大利踢得难看又保守，但姐20多年来爱的就是赞布罗塔、卡纳瓦罗、布冯、皮尔洛。当那些伟大的球员已不在绿茵场上闪耀，蓝衣军团对我来说已经成了足球的一个象征符号，亚平宁半岛的铁卫们是我在青春年少时关于足球最美好的回忆"。这些老牌劲旅拥有广泛的球迷基础，在球队黯然失色时，我读到了球迷并不因胜负而去留，只为那份钟爱而忠诚。

我想大家一定忘不了半决赛时德国队 7:1 大胜巴西队的那场比赛，那天晚上我和一帮德国球迷一起看比赛，对于德国队赢球他们很高兴，但是这个惨烈的比分也让他们无心庆祝。其中的一个女孩看得直掉眼泪，嘴里一直在说"怎么会这样，巴西队进一个吧"。之后媒体对这场比赛有很多分析和评论，也许现在看来这些场景略显矫情，但这就是比赛发生时最真切的情感体验。球迷，可以支持不同的队伍，但是都有一颗相通的心。

平时的联赛中经常会有这样一些新闻报道，比如球迷闯入球场亲吻球员，球迷不远万里只为亲眼见证一场比赛，球迷由于对比赛不满而闹事……这些消息都是因为球迷对足球太狂热。这让我想到了北京工体的比赛散场之后，路上全是身穿绿色衣服的国安球迷，有的人还拿着小旗唱着歌，这些互相并不认识的人因为有共同支持的足球队而变成了一个组织，我感觉他们就像一支军队，坚不可摧。

《豪门盛宴》里分析比赛有张路指导和张斌老师，看规则有孙葆洁老师。我谈的更多的是情感，是球迷传达给我的真实情感，实实在在的对足球的热爱。国歌响起时天才的泪水；空翻不那么完美的落地拨动球迷那一丝心底的波澜；咬人的"恶人"依旧是国家的英雄；还有一位老球迷，面对失败将自己带了 24 年的大力神杯复制品交给了对手的球迷。我也加入到球迷大军中，这种加入是指情感上的融入，我会跟随比赛而尖叫，会大喊进球功臣的名字，会因射门错失良机而叹息……

足球，因为有胜负才有意义，才让人疯狂。但我看到的足球不仅是胜负，还有那些看球的人，足球丰富了他们的生活，而他们丰富了我的生活。就这样，让足球陪伴着我们的生活吧，一起期待 2016 年的欧洲杯、2018 年的世界杯，那时，小将必定已经成长。